U0087877

韓國史
Korea

悲劇的循環與宿命

朱立熙──著

三民書局

增訂七版序

　　《韓國史》增訂六版問世不過一年半，就要第七版增訂改版，實在很驚喜也很意外。我大膽的假設是，大部分人因為肺炎疫情宅在家中看韓劇之餘，翻閱《韓國史》來對照史實，所以讓《韓國史》大賣。

　　這兩年來，朝鮮半島的情勢有一些變化，也有一些不變。不變的是，文在寅總統的任期還沒結束，無法為他的功過做定論；有變的則是南北韓關係，從 2018 年意外的高潮，到 2020 年跌落谷底，兩韓關係回復到原點，實在令人扼腕。因為不僅兩邊各有各的內政問題，而且也因為雙方背後的老大哥「交惡」，讓兩韓的「民族自主」與「民族自決」更加遙不可及。儘管如此，第七版還是增補了一些新的事件與訊息。

　　倒是 2019–2020 年之間，我個人有了些許的成績可以跟大家分享。2019 年 7 月我把封塵了三十二年的彩色底片數位化，把三百多張 1987 年南韓「六月抗爭」在現場拍的照片送給「李韓烈紀念館」，在韓國媒體上引起一陣小騷動。隔年 6 月在「二二八事件紀念基金會」第一處處長鄭乃瑋的策劃下，於「二二八國家紀念館」辦了一場「1987 人民覺醒：韓國民主見證影像展」，從 6 月 14 日到 9 月 27 日展期長達三個半月，引起了受到電影「1987 黎

明到來的那一天」震撼的臺灣年輕人不小的關注：原來臺灣竟有一位僅有的目擊者！

鄭乃瑋處長像是我的伯樂一樣，讓這些恐怕永遠不會重見天日的照片復活了。所以每一場我親自解說的導覽會，都擠進了一百五十名以上的觀眾，也讓年輕世代見證了原來臺灣與南韓的民主化，不只相似而且還同步進展，大家無不嘖嘖稱奇。

因此，我把「臺韓民主發展對照年表」放進了第七版的附錄裡，這也是我在政大的「韓國政治與民主化」課程中，讓學生受益最大的補充教材。希望讀者可以對比臺灣與南韓這對難兄難弟一路走來的艱辛民主路，是多少前人的流血與犧牲所換來的。我們今天能夠享有自由、民主與人權保障的生活，真的必須要珍惜，必須要呵護。

二戰後，世界各國的現代史，除了韓國，沒有一個國家與臺灣這麼相似。我們有三十八年的戒嚴威權統治、南韓有三十九年的三任獨裁政權（李承晚文人獨裁十二年、朴正熙軍人獨裁十八年、全斗煥軍人獨裁九年），時間幾乎是吻合的。然後同時在1988年步上民主化。

我願在此舉出兩國相似的案例給讀者參考。這些事件的雷同性之高，讓人不免懷疑不是互相影響對方，就是互相模仿或抄襲。在民主化的今天，這些案例確實不堪回首。

一、1973崔鍾吉教授vs.1981陳文成教授的「被自殺」（都是刑求致死後棄屍）。

二、1970全泰壹vs.1989鄭南榕的自焚（都是兩國的第一次，

不過訴求不同）。

　　三、1979 美麗島事件 vs.1980 光州事件（都是「未暴先鎮，鎮而後暴」）。

　　四、1973 金大中綁架案 vs.1984 江南命案（都是無視當事國主權，跨國犯案）。

　　我始終認為，在韓流興起之後，臺灣年輕世代的「哈韓」，讓兩國資訊交流的不對等更形嚴重。南韓的主流媒體因為對中國的「事大主義」幾乎不報導臺灣的新聞，而臺灣的哈韓族對韓國的資訊需求越來越多，除了對 K-pop 與韓國綜藝節目的狂熱之外，也漸漸想要了解更多的韓國歷史與文化（相信這也是本書越賣越多的原因）。

　　但是哈韓族在了解韓國歷史文化之前，卻對自己國家的現代歷史毫無認識，這是我教了十多年「韓國政治與民主化」之後，最感懊惱的事情。於是我希望學生「知韓」之際，也需要「知臺」，讓他們開始研究臺韓在相同年代發生的相似事件，我則提供他們背景史料去做比較研究，一篇篇紮實的研究報告陸續出爐，讓我不勝欣慰。

　　這就像我常舉的一個例子。臺灣人競相去韓國買「香蕉牛奶」，但是韓國根本不產香蕉，那是化學合成的調味奶；哈韓族們對臺灣是「香蕉王國」毫無所知，來自香蕉王國的臺灣人去韓國搶喝「香蕉味牛奶」，這是多麼愚蠢的事情啊！「只知人，卻不知己」，實在無可原諒。

　　所以，我把辛苦製作的「臺韓民主發展對照年表」公開於此

書中，就是希望讀者能夠「知人，先要知己」，相信如此會讓韓國史讀來更加有感。我們都經過無數悲劇的現代史，希望這樣的悲劇不要發生在我們的下一代身上！天佑民主，天佑臺韓！

此外，要特別感謝鄭乃瑋處長為本書的修訂，提供不少精確又中肯的建言，讓第七版更臻完美，銘感五內！

朱立熙

序於 2021 年中秋節臺北宅居避疫中

自 序

　　1973 年，我懵懵懂懂地踏進政治大學東語系韓文組就讀。當時是隨著大學聯考的成績分發（我選填了所有外文科系的志願），我的分數連小數點在內 (411.24) 正好就是阿拉伯文組的入學標準，但是聯招會卻陰錯陽差把我分進了韓文組的第一位。

　　當年剛好發生第一次石油危機，讓阿拉伯文在一夕之間炙手可熱，畢業後馬上就有一流的待遇恭候著。但是，我並未要求轉組，僅僅懊惱被錯誤分發，無福消受中東的「油元」，而將錯就錯，很認分地把韓文唸了下去。

　　如果不是當年的那一股憨勁、對韓國這個國家的印象還不算差，以及用「行行出狀元」來自我期許，恐怕也就沒有今天這本《韓國史》了。投入三十年的韓國研究之後，今天能有機會給自己留下這樣的軌跡，實在是太幸運了。

　　政大畢業、做了四年新聞攝影工作之後，我重拾韓文，到延世大學唸史學碩士課程，唸到第二學期時（1982 年春天），爆發了「日本歷史教科書歪曲事件」，這個事件迅即演變為日韓之間的外交紛爭，並持續延燒了十五年之久。

　　主修韓國近代史，並以日韓關係為研究重點的我，原本是希望以臺灣同樣有過被日本殖民統治的經驗，而能夠站在中立客觀

的第三者立場來探索日韓兩國的千年世仇。但是事件爆發之後，我突然發現，南韓報紙上每天以字海滿坑滿谷的專題報導在批判被日本教科書歪曲的史實，幾乎每一篇專題報導，都可以當我的論文，要撿現成的真是俯拾即是。

但是，仔細讀完報上一篇篇的報導之後，卻讓我冷汗直冒。我發現當時南韓媒體上高漲的仇日情緒，已經掀起了全國人民狂熱、同仇敵愾的民族主義，在這樣的社會氛圍之下，想做為一名公正客觀研究歷史的局外臺灣留學生，是絕不可能的事。我的歷史觀如果稍有偏失，就不可能被指導教授認可。

我這樣的結論，是在一連串與同學、師長的討論與爭辯之後所得到的。滿懷挫折之下，我又多待了一學期，便下定決心「中退」、打道回臺了。後來我的日韓關係史研究，便全靠工作之餘的自修，而且由於兩國間的紛擾不斷，讓我有機會從新聞事件的報導需要，去探索日韓世仇的歷史源頭。

1985 年到 1988 年派駐漢城（今首爾）期間，給我絕佳的機會，在工作中學習與研究。1989 年出版的《漢江變》便是當年的現場紀實，我目睹也親身參與了「第五共和」與「第六共和」的歷史現場。1993 年出版的《再見阿里郎》，則是從自己留學韓國到臺韓斷交的十二年經驗的總結。這兩本鮮活的歷史紀錄，今天都成為很好的工具書，讓我在寫作中可隨時參考查證。

從事韓國研究，在臺灣確實是一條孤寂的道路，不僅知音者少，同行可切磋的更少。能夠在這一條孤寂的路上踽踽獨行，確實需要相當的恆心與意志力。

　　直到後來我在中國東北或漢城遇到來自海峽對岸的韓國（或朝鮮）專家，知道他們都是整本翻印我的書，並逐字細讀鑽研，把我文中的陳述與蘊含的底意，再三推敲、分析與研判，遇到我的時候立即求證，尋求解惑，他們下的功夫之深，讓我這原作者都自嘆弗如。

　　這種時候，雖然有了遇到知音的快樂，但由於政治立場互異，他們讀我的書的動機，純粹是為了政治需要，而不得不讓我對這樣的知音，既喜又懼。我研究韓國問題的智慧財產，就如此輕易地被他們偷去了。

　　儘管如此，我的韓國研究能夠在中文世界受到重視，同時幫大陸的同行認識朝鮮半島南半邊的當代政經情勢變化，還是讓我有著幾分的虛榮。至少，這條孤寂的道路總算沒有白走。

　　這本《韓國史》的完成，也算彌補了當年從延世大學中退的缺憾，我認為這是比那張文憑對我更有價值的東西，感謝三民書局給我這個一償宿願的機會。書中若有錯誤，我負一切責任，並虛心袒懷接受批評指教！

朱立熙

2003 年 6 月底

韓國史
悲劇的循環與宿命

目　次│*Contents*

Korea

第 1 篇

古代社會

朝鮮民族的形成

第一節　朝鮮民族的出現

　　生活在朝鮮半島、並且是韓國史主角的朝鮮民族，與分布在西伯利亞、中國東北、蒙古、土耳其斯坦（突厥）的人一樣，大體是屬於「北蒙古人種」或廣義說是「通古斯族」。朝鮮民族身體的特徵是：黃膚黑髮、高顴骨、寬臉、短頭、中等身材；語言與土耳其語、通古斯語、蒙古語一樣，都屬於阿爾泰語系。

　　從地質學上看，朝鮮在第四期的洪積世就已有動植物的棲息。在圖們江沿岸的鍾城附近與濟州島曾發現這時期的動植物化石與骨片，可推測當時可能已有人類的生存。

一、舊石器時代

　　從 1930 年代起，就有史學家主張韓國史從舊石器時代就開始了。因為在咸鏡北道（現屬北韓）鍾城郡潼關鎮發現了石片、骨

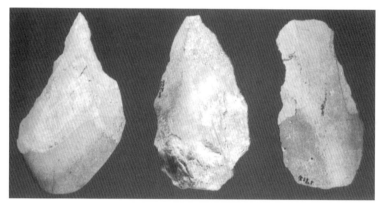

圖 1：打製石器

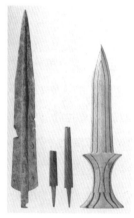

圖 2：青銅器、石鏃、
磨製石劍

角尖器等舊石器時代遺物。但是，由於當地同時也發現許多新石器時代遺物，可能是受限於挖掘技術而造成混淆，加上當時在日本並未發現舊石器時代的東西，因此這一主張並未受到重視。

到了 1960 年代，在十多個地區考古學的挖掘成果，證實朝鮮歷史是有舊石器時代存在。1963 年在咸鏡北道雄基屈浦里的貝塚下，發現了相當於舊石器時代後期文化層的存在，在那裡發現單刃鑿斧與雙刃鑿斧的遺物。後來，1964 年在南韓忠清南道公州郡石壯里也發現舊石器時代後期的文化層，在第六層發現的木炭經測定為約三萬多年前的遺物。此外，也在公州馬岩里、漢城（現改名首爾）面牧洞、北濟州等，採集到舊石器時代的遺物。其中，以 1978 年

在京畿道連川全谷里挖掘出的雙面核石器最為有名，證明了舊石器時代已經分布在朝鮮半島全境。

　　因此，朝鮮半島的歷史與文化起源可以上溯到三萬多年以前。但是，當時生活在舊石器時代的人，並非今天韓國人的祖先，也許他們只能被視為約四萬年前出現的人類「新人」。

二、櫛文土器文化

　　朝鮮半島的新石器時代一般認定開始於西元前 3000 年至 2000 年，遺物與遺跡分布全韓各地。這時期的遺物雖有石器，不過「土器」反而更能代表此時的文化，韓國的新石器文化被稱為「櫛文（即梳齒紋）土器文化」。此一土器文化與西伯利亞及北歐遙相連結，從俄羅斯遠東地區到朝鮮半島東北海岸地帶，以及南、西海岸，經鴨綠江口一直到中國遼東半島，除黑龍江地方以外，在中國東北全域都發現了。

　　櫛文土器底部呈 V 字的尖凸狀，主要為灰色。因為表面上有梳齒狀的紋路，故名為櫛文。這類土器主要發現於海邊與河邊的遺址，尤其在貝塚發現很多。因此，可以推測櫛文土器人是在水邊生活的族群，漁撈、狩獵與採集是他們的生活手段。他們留下的遺物中，石鏃與石槍是用來狩獵，石錘與骨釣是用來漁撈，

圖 3：櫛文土器

像橡果般的遺物，則顯示他們的採集生活。

三、無文土器人──朝鮮民族的祖先

櫛文土器人到後期才開始農耕生活，但農耕技術顯然是向新移住進來的人學來的。 新移住者是具有農耕技術的 「無文土器人」，他們可能把櫛文土器人驅逐或同化了。從韓國史進入青銅文化時期櫛文土器人的遺址就消失來看，青銅器時代應該始於西元前 1000 年至 700 年之間。

無文土器一般是茶褐色，用摻有小石粒的土所做成。外型橢圓，底部平坦，並有把手。因為表面沒有紋路圖案，所以稱之為無文土器。無文土器時代出現於櫛文土器文化的末期，持續到鐵器時代的初期。

與無文土器同時被發現的，還有磨製的半月形刀石，是秋收時使用的農具，這顯示與中國華北地方的龍山文化有相當關聯。無文土器人顯然已具有農耕技術，由於他們具備農業生產力的基礎，如此的文化潛力乃將櫛文土器人驅逐、征服與同化。

從櫛文土器文化變遷到無文土器文化，在韓國史上具有重大的意義。因為無文土器人發展出早期的農耕技術與後期的金屬文化，而他們正是今天主導韓國歷史的朝鮮民族祖先。

四、東夷族

中國的先秦文獻把無文土器人稱為「東夷族」。所謂東夷族，是當時生活在淮河以北沿海一帶，即包括現在江蘇與安徽的一部

分，經過山東與河北再連到渤海灣的遼河與滿洲地區的民族的總稱。東夷族從中國西北地方分出一支到滿洲東南部與朝鮮半島，另一支則遷徙到河北與山東半島。在山東的東夷在殷商時代曾與漢族展開不斷的接觸與爭鬥；到周代曾到達淮河流域而成為一大勢力。秦朝出現後，採行強勢的中央集權大一統政策，東夷族於是漸漸被漢族征服、同化或驅逐。

文獻中出現這種廣義的東夷體系，就是史前考古學中所指的無文土器人，也就是與古亞細亞族不同的北蒙古人種。廣義的東夷族被稱為「朝鮮・濊貊族」，他們經過幾次民族遷徙，在中國東北地區、滿洲與朝鮮半島等地創造了優秀的金屬文化而進入歷史時代。

第二節　古朝鮮

青銅器時代的無文土器人，使用石器、土器與青銅器等，同時提高農業生產力，並開始發展社會組織。他們留下的遺跡有：支石墓、石箱墳、積石塚與立石等，其中的支石墓有助於理解當時的社會狀態。

支石墓從朝鮮半島分布到南滿洲、遼東半島再到山東半島等東夷族居住的地區，是青銅器時代的個

圖 4：支石墓

人墓。由於支石墓的石材巨大又笨重,用做個人墓,顯示已有權力的跡象,因為搬運巨石需要動員相當多人。因此,青銅器時代誕生了政治支配者;韓國歷史上最早出現的國家型態,就在古朝鮮時期。

一、檀君朝鮮

高麗忠烈王時,一然和尚寫的《三國遺事》中出現「檀君神話」。據指出,檀君王儉開國以阿斯達為中心,時機相當於中國的堯帝,約為西元前 2333 年。和中國把黃帝與堯、舜時代視為傳說一樣,「檀君朝鮮」時代也應屬於神話故事。

檀君神話中有桓雄從天而降的場面,象徵了桓雄族的民族遷徙。桓雄族是具有農耕技術的無文土器人,他們與先住的土著熊女族接觸,然後將他們同化。熊女族就是新石器時代人,也就是櫛文土器人。

桓雄族似已會使用半月形的石刀作為農耕用具,這與中國北部的龍山農耕文化相通。因此可推測,屬於北蒙古人種的桓雄族,是從中國西北方經過陝西與河北,而來到遼河、滿洲與朝鮮半島。雖然他們早期帶來了農耕文化,但之後漸漸發展出青銅器文化。

而青銅器文化的發展、生產力的增加以及社會組織的發展,是檀君開國所促成;這中間經過相當長時間的文化累積,才達到青銅器文化與國家成立的階段。而且,檀君朝鮮的領域從遼河西邊的中國東北地方,一直到大同江(位於北韓平壤)的某地方。

後來,檀君朝鮮隨著金屬文明的成長與傳播以及社會的發展,

而轉變為支配族群。同時，也有傳說指出，中國殷商末期派賢人箕子東來，以八條教來教化與治理。「箕子東來說」因係傳說，頗難以採信。但以金屬文化的傳布與朝鮮民族遷徙的層面來看，箕子應不是中國人，而應視為朝鮮民族的宗長。「箕子族」與先到的無文土器人應為同一民族，但具較高水準的金屬文明，而成為掌握勢力的朝鮮民族的一派。

古朝鮮的支配族群後來被稱為「朝鮮侯」，在西元前四世紀，中國的戰國時代自立為王，與戰國七雄的燕國隔遼河並立。支配族由檀君到箕子，再到「韓氏」的轉變時機，相當於中國的春秋戰國時代（前 770–221 年）。此時，燕國以鐵器文明的發展與學術思想普及的實力，將勢力向東擴大。燕國派遣將軍秦開侵奪朝鮮土地二千餘里，使古朝鮮的領域後退到現遼河以東。

二、衛氏朝鮮

秦始皇統一中國之後，對中國東北地方的東夷族採取同化與驅逐的政策。直到秦朝滅亡之後，大部分為東夷族的燕、齊、趙國人民，於是避居到朝鮮。到漢朝時，燕國動亂，大批難民再度東逃，流移民勢力領袖衛滿率千餘眾逃亡避難朝鮮，即在此時，衛滿驅逐古朝鮮當時的統治者準王，建立衛氏朝鮮（約為前 194–180 年）。

衛氏朝鮮在中國史書記載為來自燕國的漢人，因此被認為是中國移民的殖民政權，但在韓國史學界有不同的說法。「國粹派」學者基於民族主義主張，應是受到鐵器文化極大影響的流移東夷

系統朝鮮人，與土著朝鮮人所建立的聯合政權。

　　致力鐵器文化的發展並確立王位世襲的衛氏朝鮮，以優異的經濟與軍事力量將周邊的真番、臨屯等先後征服，擴大了數千方里的領域。衛氏朝鮮的茁壯對漢朝構成不小的威脅，漢文帝時陳武將軍曾奏請先攻南越與朝鮮，可見一斑。

　　到第三代右渠王時，朝鮮對漢朝採取強硬政策。他與父祖不同，阻斷漢江以南的辰國等與漢的直接貿易，而掌控中間貿易的利益。當時受到匈奴來自北方威脅的漢朝，頗擔心朝鮮是否會與匈奴結盟抗漢。後來，漢朝利用東夷的濊君南閭率二十八萬人來降之際，在濊貊設置了滄海郡（前 128 年）試圖積極經略朝鮮，但數年後就廢郡了。

　　朝鮮與漢朝的對決，因為漢朝安撫政策的失敗與使臣涉何被殺而表面化，同時也因為漢武帝開疆闢土的東征軍所引起。漢朝分水陸兩軍進攻，朝鮮右渠王奮力抵抗一年，戰爭呈膠著狀態，主戰與主和出現內鬨，右渠王被主和派弒害，雖然大臣成己堅守抵抗，但首都王儉城被攻陷，衛氏朝鮮為漢朝滅亡（前 108 年）。

　　古朝鮮的社會狀況只能從現僅存三條的「八條法禁」（亦稱「箕子八條教」）略窺一二：一、殺人者死；二、傷人者以穀物賠償；三、竊盜者充做奴婢或以五十萬錢贖罪。由法禁的施行，也可看出古朝鮮社會是階級嚴明，鐵器文明發達並且重視勞動力的社會。

第三節　古朝鮮社會的重組

一、漢郡縣的管轄

　　漢武帝消滅衛氏朝鮮之後，在當地設置樂浪郡、真番郡、臨屯郡與玄菟郡。朝鮮第一次遭到外勢壓迫並成為剝削的對象。不過二十多年之後，在西元前 85 年，就因為土著朝鮮人的抵抗而將四郡合併為二郡。再過十年，玄菟郡從濊貊舊地搬到現在渾河上游的興京老城附近，因為在濊貊舊地遭到高句麗的頑強抵抗。而原併入臨屯郡的地區再劃歸樂浪郡管轄，並在樂浪郡設置東部與南部都尉。

　　漢郡縣後來受到中國本土政局的影響，導致勢力漸趨衰頹。漢朝經過王莽的新朝交替到東漢之際，樂浪郡的土豪王調發動政變，自稱大將軍樂浪太守，與東漢對抗。這個叛亂事件，在西元 30 年被東漢派遣的太守王遵所平定。此後，東漢的東方政策有了重大的轉變，廢除了樂浪郡的東部都尉，並將嶺東七縣的管轄交給當地的土著渠帥。後來，東濊與沃沮形成組織化的社會，就是基於這樣的背景。

　　如同高句麗的壓力，以百濟為中心的韓的勢力，也對樂浪形成威脅。西元二世紀後半，韓的勢力更為強大，連郡縣都無法駕馭，還出現百姓大舉流入韓的現象。為了牽制韓，當時控制遼東與樂浪的公孫氏，於 204 年左右在樂浪郡屯有縣以南的真番舊地

設置帶方郡，強化了郡縣的掠奪政治。

　　但是到魏朝（220–265年）出現時，公孫氏的勢力遭到削除。到晉朝，對郡縣的積極支援更形困難，於是高句麗與百濟的勢力更為強大了。五胡十六國時代，晉朝首都洛陽為匈奴族的前趙所攻陷，樂浪與帶方郡終於臣服於高句麗的美川王（300–331 年）。從西元前 108 年到西元 313 年，長達四百二十年的漢郡縣在朝鮮人不斷地抵抗下，自此宣告終結。

　　從朝鮮民族的立場而觀，郡縣制度的實施是對朝鮮社會的經濟搾取，並助長政治的分化，使自身力量的累積遭到許多困難。不過由於鐵器文化的廣泛傳播，以及對漢朝抵抗意識的成長造成的政治覺醒，反而加速土著社會的組織化，在南北方成長為新的權力社會。

二、三韓部族

　　韓國史上被稱為東夷的無文土器族群，大致可分為濊貊、扶餘系以及韓系。前者是檀君朝鮮、扶餘、高句麗、沃沮、東濊的社會，後者則是成立箕子、衛氏朝鮮及三韓的部落族群。初期的韓系較晚、也從不同的移動路徑南下（遼東→大同江→半島南方），後來因為濊貊與扶餘抵達南方，而使種族的差異模糊。這些韓系部族可稱為馬韓、辰韓、弁韓。

　　由於三韓的移動時間較長，移動地區也較廣泛。相當於箕子朝鮮末期之際，漢江南方就有三韓部族形成支石墓社會。而且，準王南遷或衛氏朝鮮的歷谿卿率兩千餘戶遷徙，就在西元前三至

二世紀，由此看來，此時的部族移動與金屬文化已相當普及，社會變動乃接續而來。

三韓移居到漢江以南並成為當地社會的主角，應在西元前二至一世紀左右，因為當地的櫛文土器文化被消滅，由無文土器文化所替代，正就在此時。衛氏朝鮮時期，以漢江流域為中心的辰韓族建立了辰國，從名稱就可看出三韓的定位，以及擁有金屬文明的部族領袖，能夠活躍地在當地建立數十個邑落國家。這些邑落國家隨著三韓部族定居的區域，有很大的差別。馬韓在京畿、忠清、全羅地方有五十四個國家，辰韓從初期在漢江流域，然後移居洛東江東邊的慶尚道地方建有十二個國家，弁韓在最後落腳的洛東江西岸的慶尚道地方也建立十二個國家。後來，這三個地區更發展為百濟、新羅、加耶的勢力範圍。

在三韓的七十八個國家中，有萬餘戶的大國，也有六、七百戶的小國，總共大約十四、五萬戶。各國都有被稱為「臣智」與「邑借」的渠帥，他們與平民住在一起加以統治。目支國的辰王一度以馬韓王號令三韓，展現相當的威嚴。

三韓社會採祭祀與政治分離，各邑落都另有蘇塗，由天君統治。蘇塗被視為神聖之地，那裡種有大樹，並掛著鈴與鼓，作為宗教儀式使用。農耕社會的三韓，在 5 月的播種期與 10 月的秋收期都會舉行祭天儀式，人民載歌載舞喝酒作樂，這種儀式傳承到今天，成為「強羌水越來」的圓圈舞，讓數十人能夠唱跳於一體。

稻作的普及，使得三韓的灌溉事業也很發達，並建造了碧骨堤（金堤）、守山堤（密陽）與義林池（堤川）。弁韓生產鐵，並

輸出到三韓、濊、樂浪、帶方、倭等地。三韓的文化帶有南方成分的特徵,他們有側髻與紋身的風俗,也講究厚葬,以牛馬陪葬,並且信仰靈魂不滅。

1.扶餘國

西元前三世紀,相當於中國的戰國時代,在北滿洲松花江流域一帶平原上,出現以農安與長春為中心的檀君朝鮮屬國──扶餘國。歷史文獻記載,從西元一世紀初開始,扶餘就是國際上的實力者。很早就從事畜牧與農耕的扶餘,曾在好戰的高句麗與鮮卑之間與他們對決,因而能與中國維繫友好的關係,它能與公孫氏在二世紀末締結婚姻同盟關係,原因也在於此。中國與扶餘親善,也有利於牽制高句麗與鮮卑。

當中國進入五胡十六國的分裂時代,扶餘立即遭到高句麗與鮮卑的侵略(346 年),鮮卑族的慕容廆入侵時,離晉朝南遷不過三十多年,扶餘王玄與五萬餘百姓被俘;後來,在 494 年扶餘被高句麗文咨明王所消滅。

扶餘從一世紀中葉就採中國式的王號稱謂,同時也使王權成為世襲,不過王權似乎還很脆弱。在王之下,有相當於部落首長的馬加、牛加、豬加、狗加,掌管「四出道」,並治理數千、數百家。王與諸加擁有大使、大使者、使者等家臣,在諸加統治的邑落中,有相當於過去氏族首長的「豪民」,豪民再管理相當於百姓的下戶。這些下戶在二千餘里的土地上大致有八萬戶的人家,其下則有奴婢。

扶餘位於寬闊的平原,農業與畜牧業很發達,特產品有名馬、

美珠、赤玉、貂豽。扶餘擁有充足的生產力，民性強勇謹厚，生活富足，他們的餐桌上使用高級食器，國王用玉匣做為棺木，諸加的葬禮有百人殉葬。

每年 12 月，扶餘都要舉行稱為「迎鼓」的祭天大會。每當這一慶典時，百姓們連日飲酒歌舞作樂，政府並釋放罪犯。大概是祭拜民俗神祇，應屬感謝秋收的祭典。當戰事發生時，他們也舉行祭天儀式，並殺牛視其腳蹄來占卜，若腳蹄併攏則為吉兆，裂開則為凶兆。扶餘社會對靈魂不滅思想與崇拜祖先的觀念很強，對於逝者都予以厚葬，也有停靈五個月的情況。

扶餘的法律非常嚴苛，殺人者死，其家屬降為奴婢，竊盜者需賠償十二倍。男女姦淫都處死刑，尤其對婦女的忌妒，也可處死刑。從扶餘嚴酷對待殺人罪、竊盜罪、姦淫罪、忌妒罪等來看，顯然這個社會與古朝鮮一樣，是尊重個人的生命，擁護私有財產與「家父長制」的家族制度。扶餘社會之所以特別厭惡婦女的忌妒，是因為容許一夫多妻制，而且存在著「兄死妻嫂」的制度。

2.高句麗

位於鴨綠江中游佟佳江流域的高句麗，是西元前 37 年由朱蒙所建立。不過，高句麗的土著濊貊族在西元前三世紀左右已形成權力社會；同時，西元前 75 年玄菟郡在高句麗的壓力下被驅趕到興京老城，足以證明高句麗相當強盛。再從高句麗建國神話中，出身扶餘的朱蒙的出現，可知道高句麗是由北方的流移民與土著合作而成立的。

高句麗初期是由許多部落的聯合所組成，核心勢力有消奴部、

絕奴部、順奴部、灌奴部、桂婁部五個部族。起初由消奴部擔任
國王，後來由桂婁部接替。桂婁部的高氏強化了國王的權力與世
襲，壓制了其他部族的勢力並改組五大部族，五部族制度依五個
部落的方向來劃分行政區域。王權的強化與中央集權制的改組作
業，是西元一世紀太祖王時代開始的，到起用乙巴素的故國川王
（179–197 年）時，更加強力推動。

　　在內部進行改組之際，高句麗也透過對外鬥爭來成長。先後
與漢郡縣及扶餘征戰，並征服了周邊的小邑落國家。使得原本農
地狹窄的高句麗，透過戰鬥奪取了土地、奴婢、家畜、穀物，而
有了重要的生存資源。於是，中國人意識到高句麗人是充滿戰鬥
性，並且性好侵略的民族。

　　早期的高句麗，在國王之下設有相當於首相的「沛者」或「對
盧」，其下再有主簿、優（于）臺、丞、使者、皂衣、先人等家
臣。部族首長則稱為大加或相加，也有較特別的稱為古雛加，部
族首長和國王一樣也有家臣。他們與高句麗的支配階層一樣，算
是「坐食者」，也擁有下戶與奴婢可供使喚，甚至可多達萬餘人。
下戶與奴婢要從鄉下地方帶穀食、魚鹽等供奉支配階層。支配階
層的生活豪華，大加、主簿與武士的華麗裝扮，可以從出土的古
墳壁畫中窺知一二。

　　高句麗在每年 10 月都要舉行名為「東盟」的秋收感謝祭，主
要祭拜國祖神與隧穴神，慶典期間男女齊聚，連日歌舞慶祝。當
時的社會還沒有監獄，若有犯罪發生，由諸加評議處理。犯重罪
者可處死刑，其妻淪為奴婢，竊盜者處以十二倍的賠償。婚姻型

態也採所謂「婿留婦家」的入贅制。葬禮採厚葬的方式，以金、銀、寶物陪葬；墳墓則採多次封墳，內部利用石材為棺，外部再堆砌成石塚。

3.濊貊族

與扶餘、高句麗系出同門的濊貊族，很早開始就以現在的咸興地方為中心，鞏固在東海岸一帶的地盤，他們就是沃沮與東濊。從文獻中他們的語言、法俗與高句麗相似來看，這個部族顯然曾在某地與高句麗共同生活過，才移居到這裡。

據推測，他們居住過的地方應是被衛氏朝鮮與漢郡縣支配過的臨屯地方。經過西元前 82 年臨屯郡的廢除，以及西元前 75 年在樂浪郡設置東部都尉，再到西元 30 年漢朝廢除邊郡都尉，而得到了自治。也因此，社會的組織化較遲，各邑落是由自稱「三老」的渠帥所統治。後來，沃沮在西元 56 年受到高句麗的控制。成為高句麗附屬的沃沮人，必須將貊皮、魚鹽、海中食物等背負數千里到高句麗去。如此的經濟壓榨與政治迫害，使得擁有五千戶居民的沃沮社會，發展受到相當大的阻礙。

而擁有二萬餘戶的東濊，從漢郡縣以來，就由侯、邑君、三老等來統治下戶。但是到東漢末期，也是因為遭到高句麗的支配，而使社會無法成長。

由於社會發展不健全，這兩個社會仍留存了相當多原始社會的成分。他們維持氏族的共同生活圈，各邑落擁有的地區若遭任意侵犯，追究責任時可用奴隸或牛馬充當處罰的罰金。在沃沮也有全家族埋葬在一個棺槨的家族共同墓。

　　東濊在 10 月會舉行相當於豐收祭的「舞天」慶典，人民晝夜飲酒作樂，這個祭典顯然是要祭拜老虎。從老虎崇拜這種古代新石器時代的思維，以及這個社會落後的狀況可以理解，東濊的一部分非濊貊族群，似乎帶有靺鞨族的成分。

　　東濊對殺人者也處以死刑。這兩個社會的原始共同體成分中，有些還傳承到今天的韓國社會，例如沃沮的「童養媳制」與東濊的「同姓不婚」等風俗。

三國時代

第一節　三國鼎立與發展

一、高句麗

高句麗對內施行中央集權的五部體制，對外則併吞了沸流國、荇人國、蓋馬國，以及沃沮、東濊等國而擴張了領土。與中國的鬥爭更是顯著，玄菟郡就是因為高句麗的壓力，而不得不幾度變更郡治。

到三世紀左右，高句麗的東川王（227–247 年）更加強與中國的鬥爭，並對準了西邊的遼東。這時，遼東是由公孫氏第三代所掌控。東漢之後的魏朝得到高句麗的合作，將以半獨立狀態割據遼東的公孫淵予以消滅（238 年）。對於遼東的新實力者，高句麗再予挑戰，在 242 年對魏的西安平發動多次攻擊。因此，當魏朝的幽州刺史毌丘儉入侵高句麗時（244 年），東川王只好避難到

南沃沮地方去。

魏兵侵略攻下了首都,雖給高句麗極大的打擊,但到美川王時 (300-331 年) 復仇成功,並將漢郡縣的殘餘勢力驅逐出去 (313 年)。因為當時中國晉朝遭到五胡入侵而南遷,再加上高句麗得力於百濟北進擴張勢力,而達到相乘的效果。

後來,控有中國東北地方與遼東的鮮卑族前燕,以及漢郡縣撤銷後勢力範圍擴張了的百濟,都對高句麗構成了威脅。接任美川王的故國原王 (331-371 年) 與前燕慕容氏作戰時,母后、王妃以及五萬多人都被俘虜,遭到莫大的侮辱;他自己則在平壤與百濟的近肖古王戰鬥時不幸戰死 。 故國原王之後由小獸林王 (371-384 年) 繼任,國家的危難反而成為整建國家體制的契機。這時,引進佛教並設置太學,以文化政策為古代國家統一思想,並將儒家制度化運作,預先做部署;其中還包括頒布律令。

高句麗對外遭到挫敗,對內則以建立制度來克服危機,結果導致它能夠累積勢力 , 而以征服者之姿出現 。 後來的廣開土王 (391-413 年) 與長壽王 (413-491 年) 能夠大肆擴張領土,大致就是基於如此的原因。年號永樂的廣開土王,向南攻略百濟,佔領了漢江以北的土地。並且擊敗西邊的鮮卑族後燕,曾一度進擊到遼西地方,征服東北邊的肅慎,並攻擊扶餘,而成為滿洲的霸主;另一方面,廣開土王也出兵幫助新羅,在洛東江流域將入侵的倭寇殲滅。他任內一共攻下六十四座城、一千四百個村莊。後來,長壽王在滿洲的通溝建立「廣開土王碑」來彰顯他的功績。

長壽王接續廣開土王的豐功偉業,開創了高句麗的全盛時期。

427 年遷都到平壤，更加速南下政策；同時，與中國的南朝與北朝都有交往，謀求提高國際地位，對內則加強行政體制的建立。南下政策進一步與百濟交戰，百濟蓋鹵王戰死，迫使百濟把都城遷到熊津（公州），高句麗南邊的疆界擴張到從南陽灣一路連結到竹嶺。但是，由於傾力於南進政策，使得國力無法向大陸方面伸張，朝鮮民族史的版圖因而大幅萎縮。另一方面，由於受到高句麗的強大威脅，迫使百濟與新羅締結了攻守同盟來共同抵抗。

二、百　濟

以漢江流域馬韓地方為中心的百濟，應是由擁有鐵器文明的扶餘族流民所主導成立的。百濟人因為擁有優秀的鐵製武器，統合周圍的小邑落並蠶食了馬韓的勢力範圍，也經常與漢郡縣勢力以及靺鞨族、辰韓族勢力等發生衝突。一世紀初，百濟擊敗馬韓的辰王勢力而登上盟主的地位。馬韓被驅趕到全羅南道地方，到後來的近肖古王時被完全消滅了。

對三韓而言，他們發展的最大障礙就是漢郡縣。漢郡縣分化了土著社會，並使政治勢力的形成遭到抑制。遭分化的土著社會，成為漢郡縣容易掠奪的對象，許多人更為了自身的利益而與郡縣掛鉤。在一、二世紀間漢強勢運作掠奪政策，到二世紀末時，因土著勢力的強大才告衰微。這時，對漢郡縣的殖民掠奪能加以抗拒的，就是百濟，它顯然是三韓中的老大。

三世紀中葉，百濟到古爾王（234–286 年）時，已成為統一的領導勢力。漢郡縣的鐵器文明雖然阻止了土著社會的組織化，

不過，百濟在 246 年攻擊樂浪時俘虜郡民並使帶方太守戰死，它擁有如此的實力，是因為長期以來學到的文明以及統一了部族勢力所致。古爾王也設置了六佐平制與十六官等，並制定官服色制，建立古代國家的體制。

百濟如此的成長，到近肖古王時才有實力對外擴張領土。往南能殲滅馬韓的殘餘勢力，向北則展開了北進運動，並對一向在帶方舊地爭奪中積極角逐的高句麗，給予致命的打擊。在平壤戰鬥中戰死的高句麗故國原王，就是在這時候。

儘管在近肖古王時充分發揮了古代征服國家的實力，但百濟的發展方向卻與高句麗及新羅全然不同。那是因為高句麗與新羅是靠基層社會的力量來發展，百濟則利用大陸與日本勢力的互動關係，做為成長的基本方向。中國因而一度以百濟為據點並發揮重要的功能；同時，百濟引進日本勢力而使自己在三國的征服活動中處於劣勢，都使百濟無法積極有效地發揮國力。

百濟遭到的致命打擊，是在高句麗長壽王南侵將百濟蓋鹵王（455–475 年）殺害時。不過，遷都熊津的百濟，卻因佔據湖西與湖南的穀倉地帶，而很快恢復了國力。百濟也因為與新羅結盟，而阻止了高句麗的南進政策。百濟到東城王（479–501 年）時將耽羅（濟州）收編，一度還曾統領中國的山東半島等華北地方，並與新羅締結婚姻同盟，然後對高句麗展開北進的反擊。

三、新　羅

新羅位於今天的慶州地方，是擁有金屬文明的朴氏族與金氏

族將周邊六個部族統合之後，在辰韓舊地所建立的。新羅的前三代國王分別是以「居西干」為王號的朴赫居世、以「次次雄」（或稱「慈充」）為王號的其子南解，以及王號「尼師今」的南解之子儒理。從一世紀初，新羅就由大陸移民而來、鐵器文明較先進的脫解族成為支配勢力。這時候，新羅開始征服周邊的邑落，到三世紀時，更將辰韓的全域與弁韓的一部分納入領土。

新羅初期如此對外征服，也導致內部支配結構的變化。從三世紀中葉起，金氏族因王妃族的出現，而與朴氏族及昔氏族發生摩擦。到三世紀後半的味鄒王（262–284 年）以迄於奈勿王（356–402 年）時，才由金氏族鞏固了王位世襲制。隨著如此的發展，尼師今的王號於是改變為具有「大君長」意義的「麻立干」。至於新羅的領土，則擴大到洛東江的西邊。

父死子繼的王位世襲制，到訥祇王（417–458 年）以後才完全確立。這時，新羅才能擺脫高句麗的干預，逐漸強化中央集權體制。到 433 年新羅與百濟為了對抗高句麗而締結攻守同盟，而有了與高句麗對決的能耐。

新羅發展到智證王（500–514 年）時，透過牛隻耕作而提高了生產力；同時，開放的文化政策——透過國號、王號與地方制度的改變——也更加成熟。到下一任的法興王（514–540 年）時，就具備了法令國家的體質。法興王頒布律令並制定百官的官服，認定佛教為古代國家的統一性支配理念，並且使用「建元」的年號做為國家自主性的表徵。智證王與法興王建立國家體制之後，累積了相當的國力，使繼任的真興王（540–576 年）能夠朝征服

國家發展。

　　新羅到智證王時，已經將于山國（鬱陵島）納服，法興王時征服了金海地方的金官加耶（532 年）。到真興王時，新羅與百濟共同出兵北伐高句麗，使得居柒夫等竹嶺以北，鐵嶺以南的十個郡被收編；接著，百濟奪回漢江下游地區，以廣州為中心設置了新州。新羅於是完全控制了包括今天的京畿、江原等漢江地區，一直到西北邊的臨津江沿岸與高句麗為界；西南邊則到平澤及成歡與百濟相鄰。新羅掌控了漢江流域的全部，等於擁有半島中心部的全域，而具備能與高句麗及百濟對峙的政經與地理優勢，使它有了朝向統一三國的積極野心。

　　漢江作戰之後，真興王一度入侵（556 年）東北海岸地帶的咸鏡道地方，後來又對洛東江方面的加耶殘部予以討伐，也征服了今天高靈地方的大加耶與咸安地方的安羅。

　　真興王大肆擴張領土之後，就在當地巡狩並樹立管境碑，到目前共發現四個：昌寧碑、北漢山碑、黃草嶺碑、磨雲嶺碑等。碑文展現妄自尊大，也可看出新羅稱霸三國的野心。

　　新羅真興王的開疆闢土政策，造成三國互相較勁之勢，也促成三國鼎立時代的來臨。新羅因為鞏固了漢江流域，而將高句麗與百濟的勢力阻隔開來，並透過南陽灣的黨項城與中國南北朝的齊與陳相交。高句麗與百濟也都意識到半島內已出現新羅這個新興勢力，而摸索組成聯合陣線來對抗新羅。

　　百濟與新羅真興王一起北伐高句麗之後，因為新羅背信，使得收復的失土被新羅奪走，百濟的聖王（523–554 年）在新羅的

管山城兵敗戰死，以及收復漢江流域失土後卻戰死的高句麗將軍溫達，從這些故事可以知道當時以漢江流域為中心的攻防戰有多麼熾烈了。

四、加　耶

大約一世紀前後，在今天洛東江西邊慶尚道地方形成一個與百濟、新羅不同的文化圈。這地方也就是三韓的弁辰十二個邑落國家的所在。弁辰族在三韓中，具備了更優秀的冶鐵技術，因此能夠擊敗帶著鐵器文明南下的新羅昔氏部族的侵略。弁辰族在這裡定居後，透過相互的征伐而統合了十二個邑落國家，也就是六加耶❶。

西元 42 年從北方帶著鐵器文明來到金海弁辰地方建立國家的首露王族，到二世紀時曾讓新羅非常頭痛。就在這時候，開始生產鐵器外銷到樂浪、帶方、滅、倭等地。後來一路傳承到居登王、麻品王、居叱彌王、伊尸品王、坐知王、吹希王、銍知王、鉗知王、仇衡王，到 532 年遭新羅的法興王所滅。但是被新羅真骨貴族收納的金官國王族，到金庾信時與金春秋族人合作，而成為新羅中期的新支配階層。

---

❶ 六加耶是金官加耶（現金海）、阿羅加耶（現咸安）、古寧加耶（現晉州）、大加耶（現高靈）、星山加耶（現星州）、小加耶（現固城）。其中，金官加耶以首露王為始祖建立了狗邪國，大加耶則以伊珍阿鼓為彌烏邪馬國的始祖，他們各自統御與發展國家，而成為該地區的實權者。

　　在高靈地方的大加耶，始祖伊珍阿鼓之後的世系在歷史上並不清楚，據傳到十六代的道說智王時，被新羅真興王侵略而滅亡（562 年）。其他的加耶國都沒有紀錄可考。只有在今天咸安地方的阿尸良國（阿羅加耶）出現在文獻中，是被新羅的法興王大兵所殲滅。

　　加耶在土器文化方面是與新羅及百濟明顯區分、自成一格的文化圈。加耶到 562 年時為止，維持了數百年與新羅及百濟對抗之勢，顯然是基於雄厚的文化實力才有可能。尤其，加耶族的文化流傳到日本非常活躍，四、五世紀日本的古墳，就與加耶古墳非常相似，同時，原始的日語與弁辰語非常接近。

第二節　與隋唐的鬥爭及三國統一

一、與隋唐衝突

　　西元六世紀後半，當高句麗為了收復漢江流域的失土而連年征戰之際，中國大陸出現了隋朝（581–617 年），大一統三國、西晉以迄於五胡亂華、南北朝以來的長期對立與分裂亂象，在中原建立新的帝國，形成新的國際關係與秩序。這時，外蒙古及西邊的阿爾泰山一帶，由土耳其系統的突厥族所控制，暫時統一塞外地方建立大帝國，但是不久突厥就分裂為東與西（572 年）。由於大陸出現新的勢力，朝鮮半島也受到影響，高句麗與隋隔遼河為界，衝突勢不可免。

1.隋軍攻打高句麗

隋消滅南朝的陳國統一中原，為高句麗的平原王（559–590年）時，為了因應情勢，高句麗採取了加強訓練兵力，貯存軍糧，以及修造兵器等措施。嬰陽王（590–618年）即位後，受到隋文帝誣陷的信函所刺激，於是一改原本穩健的態度，以積極的行動防備隋朝，並數次對遼西、臨榆關、山東等地發動先制攻擊。隋文帝大怒之餘，動員三十萬水陸兵力入侵高句麗，卻遭到洪水與風暴而受挫（598年）。

隋文帝之後，煬帝即位，打破了戰後十多年來相安無事的局面。他計畫連結長江與黃河將中原的經濟圈統合為一，於是關建從洛陽到長州的大運河，定洛陽為東都，為建立大帝國而奠定基礎。

為了實現大帝國之夢，隋認為非先壓制塞外民族不可，而壓制突厥則要制伏東方的高句麗，不過，高句麗看破隋的意圖，反而與突厥建立更密切的關係。

611年6月隋煬帝下詔攻打高句麗，親率百萬大軍分陸路與水路進攻。陸軍正兵一百十三萬人，由宇文述與于仲文分率左右翼部隊自涿郡出發向平壤進軍。水軍則由總管來護兒、副總管周法尚領軍，從山東登州出發越黃海進入大同江，與宇文述部隊會合再攻進平壤。

相較於隋的大軍，高句麗只有數十萬兵力相對應。陸軍由乙支文德率領，水軍則由國王的弟弟建武親率，採「先守後戰」與「清野戰術」與隋軍遭遇。越過遼河的隋軍，為了攻略遼東城投入不少時間與物資，卻久攻不下。由於煬帝親自督戰，便率爾對

平壤直接攻擊。在此之前，經海路抵達大同江的隋水軍，遭到建武率領的五百名決死隊全數殲滅，兵員與糧船全部沉沒。水軍的挫敗，直接導致後來陸軍在薩水的潰敗。

隋的宇文、于兩大將率領的三十萬大軍，為了進攻平壤在鴨綠江西岸集結時，乙支文德先以撤退誘敵，到隋軍追趕到平壤城外三十里紮營，已經師老兵疲。同時，高句麗嬰陽王為探知隋軍實力，派乙支文德以假投降誘敵撤軍，然後再予追擊而大破隋軍，三十萬大軍最後僅剩下二千七百人，乙支文德的勝利被稱為「薩水大捷」。隋煬帝最後仍集結殘兵於烏列忽城下試圖再戰，但仍被乙支文德率領的高句麗軍所敗，只好由德文昇率數千殘兵保護跟蹌奔逃回國。

次年（613 年），煬帝無視國內的反戰，再次出兵高句麗。但是，高句麗的防守更為堅實，隋軍雖有飛樓、橦車、雲梯等攻城裝備，仍無法奏功。後來因國內發生叛亂，使隋軍無法再戰而撤退。煬帝第三次遠征高句麗仍以失敗落幕。後來，因李淵、李世民父子叛亂，攻陷首都，隋煬帝在江都被弒，高句麗才結束與中國三十多年的鬥爭。

2.對唐政策

隋亡唐起（618 年）時，高句麗正是嬰陽王之弟建武即位之年，也就是榮留王（618–642 年）。他因為與隋戰爭時和乙支文德一起立下赫赫戰功，登基後便試圖對唐朝這個大陸新勢力採和睦的態度。他壓抑了武將的北進政策，而採北守南進主義。因此，榮留王接受了唐朝和親的提議，派遣修好使赴唐，並應唐之請，

互相交換與隋戰爭時的俘虜。在和親政策下，道教傳進了朝鮮半島並頗為盛行。

　　唐漸漸有了建立世界帝國的野心，在國內建立均田制與府兵制等制度，開始積極建設累積國力，締造「貞觀之治」。同時，唐也對外擴張，先後對西突厥、鐵勒諸部、高品土渾等，即現在的內外蒙與西藏地方予以征討。後來，唐太宗要求高句麗祭葬隋朝殉難的遠征軍遺骸，並採取強硬政策，於是讓高句麗放棄一貫的和善政策，構建千里長城，開始防備唐的入侵。

　　千里長城還未建成，高句麗就發生政變。以淵蓋蘇文為首的少壯武臣弒害榮留王及一百八十餘名大臣，迎立國王的姪兒為寶藏王（642–668 年），對唐強硬派於是掌握了政權，淵蓋蘇文自任「大莫離支」獨攬政治與軍事大權。對唐強硬派掌權的事實，使得唐朝也受到衝擊。

二、朝鮮半島情勢

　　此時，半島內的狀況是，百濟與高句麗經常對新羅加以攻擊，迫使新羅必須向唐求援。應新羅之請，唐曾派使臣到高句麗勸說停止攻擊新羅。一度曾派營州都督張俊去打高句麗，但因遼河氾濫而撤軍。

1.唐遠征高句麗

　　在緊張的國際關係中，夢想成為世界帝國的唐太宗，於 644 年 11 月以淵蓋蘇文弒害榮留王並屠殺大臣以及追究他獨裁統治的名義，派遣遠征軍討伐高句麗。

次年4月，越過遼河的唐軍雖攻陷了蓋牟等遼東的幾個城，但與趕抵安市城的高句麗軍陷入膠著戰。安市城內存糧充足，軍民士氣高昂，但唐軍的補給路線都被高句麗軍切斷，攻陷的城則都是空城，連軍糧的調度都很困難。再加上遼東地方寒冷逼近，唐太宗希望趕緊攻下安市城。但包圍了三個多月，每天攻擊六、七次，安市城仍是毫不動搖。三萬名高句麗軍再沿赤峰鎮南進，越過長城擊破上谷，駐守那裡的唐朝太子於是向太宗稟告烽火的狀況，太宗乃下令撤軍。安市城主楊萬春與烏骨城主鄒定國急起直追撤退的唐太宗，幸得勇將薛仁貴之助，才將太宗在被活捉之前救出，保住了性命。

經過這一巨大衝擊，使唐太宗不敢再貿然對外發動大規模戰爭，後來是利用高句麗國勢衰敗，打了幾次小型的戰爭。西元649年，唐再發動三十萬大軍遠征高句麗，在準備時因唐太宗崩殂而下遭詔取消。高句麗兩度未被中國的隋唐大軍征服，被認為是朝鮮民族史上的光榮勝利。

2.新羅與唐同盟

在高句麗與隋唐激烈鬥爭之際，半島上的新羅則迭遭百濟的嚴重攻擊。尤其在百濟義慈王（641–660年）積極的侵攻下，新羅失去了大耶城（陝川）等四十多個城，在危難之中，新羅一度向高句麗請求援兵。於是，六世紀中葉擁有半島上最有利位置的新羅，便完全陷入孤立。為了打開活路，新羅只好向隋、唐要求建立同盟。同時，唐帝國與高句麗的正面戰遭到挫敗以後，為了讓高句麗腹背受敵，也需要尋求致勝之道。如此，新羅要制伏百

濟，就如同唐要征服高句麗一樣，敵我間的利害關係是一致的。
而且，唐若想征服高句麗，就必須先征服它背後的百濟，如此，
最優先的順序，就是必須要和新羅建立更密切的關係。新羅與唐
建立同盟關係，是由金春秋到唐交涉而揭開的。為了因應這個情
勢，高句麗於是在 655 年聯合百濟與靺鞨侵攻了新羅邊界上三十
多個城。此時的國際關係，成為「唐－新羅」以及「高句麗－百
濟－倭」南北勢力二分的情勢。

3. 百濟滅亡

百濟一再得到勝利，義慈王等支配階層因而耽溺於享樂，完
全喪失因應激變國際情勢的能力。百濟的朝政荒廢，又將成忠與
興首等忠臣驅逐，任由奸佞營私牟利。此時，唐高宗派蘇定方率
兵十三萬攻打百濟，新羅也派金庾信、品日、欽春等率五萬兵員
相呼應，一起攻擊百濟。唐軍從白江登陸，新羅則越過炭峴攻擊，
百濟的武將階伯只有五千兵力無法敵眾而落敗，義慈王雖從泗沘
轉戰到熊津奮力抵抗，仍使百濟在 660 年遭到滅亡。

百濟滅亡之後，各地展開復國運動，代表性的地區有以王族
福信與僧侶道琛為中心的周留城，以及以黑齒常之為主力的任存
城。一度曾光復了二百多個城，但後來因為內訌而失敗了。

4. 高句麗滅亡

百濟滅亡後，新羅與唐再合力要征服高句麗。661 年蘇定方
從大同江要進攻平壤，但被淵蓋蘇文所擊敗。與百濟的復國軍有
合作關係的高句麗，很容易就將新羅的補給路線切斷。不過，高
句麗的淵蓋蘇文因為獨裁統治而民心盡失，而且連年征戰也讓人

民的士氣鬆懈，加上他死後，兒子間的權力鬥爭導致分崩離析。664 年唐將百濟復國軍完全殲滅後，667 年，命令李勣與薛仁貴率五十萬大軍征討高句麗，新羅軍二十七萬則從南邊出動支援。高句麗經過一年多的掙扎，終於在 668 年滅亡。後來的四年間，雖有復國運動，但都因內訌而失敗。

5. 新羅統一三國

百濟與高句麗滅亡後，唐在朝鮮半島施行軍政統治，並開始對新羅加以威脅與干涉，將半島全域置於唐的統治之意圖已昭然若揭。唐朝也扶持百濟與高句麗的舊王室為傀儡來對抗新羅；同時，任命新羅的文武王為熊津都督，並強迫百濟王子隆締結親善同盟，妨礙新羅統一三國，還拒絕歸還新羅過去的領地。

為了把唐朝的勢力逐出半島，新羅決心展開武力鬥爭。為此，首先要和反唐的高句麗勢力合作，得到他們的後援。而且，新羅也對佔據百濟舊土的唐軍予以攻擊，671 年攻陷了泗沘城，唐只好設置所夫里州來替代熊津都督府。675 年唐派薛仁貴與李謹行攻打新羅，新羅在買肖城與泉城（今天的首爾與禮成江地方）與唐軍遭遇並大敗之，唐只好在 677 年將安東都督府從平壤遷移到滿洲的新城（現撫順）。於是，新羅乃將大同江到元山灣一線以南的半島統一並控制了。

新羅統一了三國，但並不包括高句麗曾擁有過的滿洲地方，雖然不盡完美，但能將民族與領土統合為一，形成民族文化的基礎，從這一點來看，具有非常重大的意義。

第三節　三國的社會與文化

一、三國的官制與身分制度

三國從初期以部族為中心的邑落國家採地方分權,到統一後具備古代國家擁有的專制王權,在社會史上頗具意義。原本分散在地方部族首長的權力,逐漸被收編到中央貴族並由官僚組織所吸收,官僚體制也以族長的勢力為基礎而漸趨一元化。這種支配體制的確立,形成了王族在上的社會身分制度。

1.高句麗

為高句麗建立律令政治的小獸林王(371–384年)時代前後,已大致設置了十二至十四官等。可分為兩個系列,其一為代表族長的「兄」系列(諸兄、小兄、大兄、頭太兄、太大兄);其二為負責徵收貢賦的「使者」系列(上位使者、拔位使者、大使者、大夫使者),結合沛者、對盧、主簿、優臺等官職,顯示一元化的集權體制。

高句麗的十二官等如下:一、大對盧(相當於首相);二、太大兄;三、鬱折;四、太大使者;五、皂衣頭大兄;六、大使者;七、大兄;八、拔位使者;九、小使者;十、小兄;十一、諸兄;十二、仙人。

行政區域則首都與地方各分設有東、西、南、北、內五個部,地方各部的首長為褥薩,城則設有處閭近支(或道使),分別掌管

行政與軍事。

2.百　濟

百濟是由八大姓氏所支配，並由十六官等、六佐平、二十二官府❷等來規範社會。地方行政劃分則分為東、西、南、北、中五方，方的首長為方領，方之下有十個郡，郡設有郡將三人，郡將率七百至一千二百名的軍隊。在全國二十二個主要的邑設有「擔魯」的地方統治機關，派王族掌管。

3.新　羅

新羅以「骨品制」做為身分制度來規範社會。骨品有聖骨、真骨、六頭品、五頭品、四頭品等，這與個人的公私生活有密切

---

❷ 百濟的二十二官府：

內官：前內部、穀部、肉部、內原部、外原部、馬部、刀部、功德部、藥部、木部、法部、後宮部。

外官：司軍部、司徒部、司空部、司寇部、點口部、外舍部、客部、綢部、日官部、都市部。

百濟的十六官等與服色：

紫服：一、佐平，二、達率，三、恩率，四、德率，五、扞率，六、奈率。

緋服：七、將德，八、施德，九、固德，十、季德，十一、對德。

青服：十二、文督，十三、武督，十四、佐軍，十五、振武，十六、剋虞。

百濟的六佐平：

內臣佐平（首相）、衛士佐平（親衛）、內頭佐平（財務）、朝廷佐平（法務）、內法佐平（禮式）、兵官佐平（國防）。

的關係。官職的升遷與住屋、車騎、器物等，依骨品不同而受到限制。

　　尤其，新羅仍留有氏族社會的遺風，特別是「花郎道」的未成年集團，對社會的發展與三國的統一有很大的貢獻。

　　花郎道的生徒受教於圓光法師，並以世俗五戒：事君以忠、事親以孝、交友以信、臨戰無退、殺生有擇，當座右銘。他們遊走名山大川，修練身心。有事時，為國欣然赴戰場。其中，出過金庾信、官昌等在三國統一過程功勞極大的武將。

二、三國的文化

1.漢字與漢文化普及

　　三國時代與漢郡縣及漢族頻繁的接觸與交涉，使得漢字很早就普及了。但是朝鮮民族的語言結構與漢字的表記方式，有極大的差異。為了克服這個問題，必須構思如何利用漢字的音與訓，創造出新的表記法。薛聰所創的「吏讀」，就是由此而來。

　　漢字對介紹中國的思想與制度，貢獻極大。不論是在高句麗普及的儒家經典與《史記》、《漢書》等史書，以及《玉篇》、《文選》等書，在百濟則有五經、史、子，以及表、疏，也有五經博士制度，並且將儒學傳到日本，都可看出漢文化普及的程度。新羅雖然儒家文化的普及較遲，但有像是世俗五戒等展現忠、孝、信的儒家德目，顯示儒家的生活理念已經非常普及了。在高句麗，儒家理念的傳播與教育，還透過國立大學的太學來落實。

　　當古代國家的帝王能夠運用漢字表達自己的意思之後，就開

始記錄自己各種偉大的事蹟。其代表之一是廣開土大王碑以及真興王的巡境碑，另一是開始編纂歷史。高句麗在初期有《留記》一百卷，嬰陽王時博士李文真留下五卷的《新集》。百濟在近肖古王時有高興的《書記》，新羅真興王時，居柒夫也留下了《國史》的紀錄。百濟編修歷史據說經過許多次，從《日本書記》中引用過《百濟紀》、《百濟本紀》、《百濟新撰》看來，顯然史書刊行頗多。

2.宗教信仰

另一個不能忽視的，就是宗教。因為古代國家為了確立體制，宗教做為統治者的意識型態工具，具有重大的功能。而且，君主都把他們的地位神聖化，於是在各方面利用宗教使他們的統治擁有絕對的力量。因此，三國初期的君主大都自命為天帝之子或其代理人，所以崇拜天神成為重要的行事。同時，把日月、星辰、山川視為神聖加以膜拜，並從邑落國家時代就有祭天的活動。

較諸天神崇拜思想更為先進的，是成為宗教思想體系的陰陽五行思想，讓世間事物能有更合理的解釋方法。陰陽五行思想是土、木、金、火、水的五行，東、西、南、北、中的五方位，以及黃、青、白、赤、黑等五色，在高句麗、百濟與新羅頗為盛行。五行思想在三國社會的普及，反映了原始天神崇拜的純粹宗教層面已無法規範，顯示社會的關係結構已經形成。

三國社會在發展過程中，佛教無疑是重要的精神支柱，發揮了極大的作用。雖然佛教首次傳來是在高句麗小獸林王時（372年），由前秦苻堅派遣順道法師攜佛像與經文來傳教，但民間似乎在此之前就已傳來。百濟則是在枕流王元年（384年）由東晉的

摩羅難陀傳來。佛教傳到高句麗與百濟尚稱順遂，但新羅到了訥祗麻立干時（417–458 年）才由阿道經高句麗傳來，因為與傳統思想嚴重衝突，在法興王時（514–540 年）異次頓殉教後，才得到正式的認可。

佛教傳來與普及的過程中，王室扮演了主導的角色。以新羅的狀況為例，後來在佛教普及過程貢獻至鉅的貴族，初期曾激烈反對佛教；而佛教提供了王權中心的古代國家統一性的理念，使得後來佛教與王權掛勾而發展成為王室佛教與國家佛教的地步。

佛教的普及培養了許多高僧，也使三國的精神文化大放異彩。聲名卓著的高僧，有留學中國的高句麗僧義淵、著有《華嚴》與《三論》的僧朗、研究《三論學》並到日本傳教的慧灌與道澄、《說一切有部》的智晃、天台宗的波若、普德的《涅槃經講論》等。百濟在初期提倡律學，有謙益、曇旭、惠仁等高僧輩出，聖王以後，百濟將佛教傳到日本貢獻極大。百濟在律學之外，並盛行三論與成實等空宗，惠現、觀勒、道藏等僧在這方面極為優秀，並成為日本佛教界的支柱。

新羅的佛教由於是在初期的迫害以及後來與政治的掛勾中成長，它與高句麗及百濟不同，更具內涵與深度而且達到獨立的境界。新羅初期活躍的高僧有出身高句麗的惠亮，成為新羅的「國統」僧侶，有留學隋朝以「世俗五戒」聞名的圓光，以及後來的慈藏、圓測、元曉、義湘等高僧。其中，元曉無視戒律而更重視精神世界，並且不受限於特定一宗，廣泛研究各派經典而自成一家。他有《金剛三昧經論》、《大乘起信論疏》等八十多部著作，

影響甚為廣泛與深遠。

　　另一個在東亞世界也佔重要地位的道教思想，在三國時代也頗為盛行。百濟的近仇首王當太子時，就曾引用老子《道德經》的文句，如「知足不辱」、「知止不殆」等。老莊的無為自然說再添加東亞自古以來的長生不老與神仙思想，以及到漢末形成道教思想，在南北朝時代就已傳入高句麗，這可從高句麗的古墳壁畫多帶有道教色彩得到證明。雖然高句麗末期的親唐政策之一——鼓勵崇尚道教——有助於道教的普及，但也因此導致信仰佛教的普德等知識分子不得不離開高句麗，這顯示崇尚道教已不是單純的宗教問題，也與當時淵蓋蘇文的獨裁政治有極深的關係。再從百濟的「山景博」受道教的影響，或花郎道的生活方式呈現的道家無為自然思想等來看，可知道三國時代的宗教生活已受到道教極深的滲透。

3.藝文表現

　　三國時代美術的發展，也足可稱道。三國的美術，是以自然主義為基礎，比較重視全面的印象，而非細部的；比較尊重人性的溫暖，而非冷峻的嚴肅；比較有自然的觀照，而非抽象的表達；並非靜態的畫面，而是包含生動的氣韻。尤其，佛教思想的深化也融入了美術的境界，而呈現高度的美感意識。

　　三國時代的繪畫，主要可從高句麗的古墳壁畫去瞭解。古墳壁畫的藝術價值在於重視氣韻與生動力的表現，這也可看出高句麗人剛健的意志與戰鬥氣概，同時也表現了樂天與素樸的性格。高句麗的古墳主要分布在輯安附近、大同江流域一帶、黃海道北

邊地方。其中，生活風俗的壁畫主要在通溝的角抵塚、舞踊塚、三室塚，畫的多是狩獵、角力場面，以及貴族的生活風俗。平安南道龍岡的雙楹塚與江西大安里的一號古墳，畫有生活風俗與四神圖；龍岡郡湖南里的四神塚與通溝第四號墳、第十五號墳都畫有四神圖。從這些壁畫所畫的狩獵、角力與騎馬戰爭等場面，可看出高句麗人與周遭列強不斷戰鬥的文化屬性。

　　高句麗壁畫另一個特徵就是色彩的運用。像朱黃色、黃土色、紫褐色、綠色等，都使用特殊的顏料，經過千餘年色澤仍未改變。壁畫構圖的遠近處理，也是一大特色。景物依遠近而有大小的立體與透視層次感。高句麗的畫家曇徵並遠渡日本為法隆寺畫壁畫。

　　百濟的壁畫可以在扶餘與公州等地的古墳看到，具有優雅纖細與洗鍊的南方特色。渡日的百濟畫家中，有替聖德太子畫像的

圖 5：舞踊狩獵圖

阿左太子與白加。他們對日本飛鳥時代（六至七世紀）的燦爛文化有極大的貢獻❸。

　　至於新羅，幾乎沒有留下繪畫作品。根據史籍的記載與描述，畫家率居畫的皇龍寺壁畫，老松的神韻生動，常有麻雀與烏鴉飛來棲息云云。直到 1970 年代在慶州發現的一百五十五號古墳的壁畫，從色彩感濃厚的天馬圖，可瞭解新羅繪畫的水準。

　　三國時代也留下了古墳、寺院、塔、城址等建築文化。高句麗建築美術的代表作品有：通溝的將軍塚、龍岡的雙楹塚、江西大墓、安岳第三號墳、天王地神塚等。這些墓塚看似單調，卻展

圖 6：武寧王陵的內觀

---

❸　2001 年 12 月 23 日，日本天皇明仁在六十八歲生日時，首次表明自己有來自朝鮮的血統。此乃源自日本的桓武天皇（737–806 年）的生母為百濟武寧王（501–523 年）的子孫。

現了十足的氣概。百濟的建築物，以石塔最有名，像扶餘定林寺址的五層塔、益山的彌勒寺塔、王宮坪塔、軍守里寺址等可為代表。其中，彌勒寺塔是以木造塔的形式建造的石塔，是韓國最早出現的形式。這些百濟時代石塔的特徵，就是塔根深植於土地，而讓人有安定鞏固之感。

圖7：芬皇寺模塼塔

新羅在六世紀以後，曾建造興輪寺、皇龍寺、祇園寺、實際寺、三郎寺、芬皇寺等寺廟，現在只看得到遺址。其中，從皇龍寺建築物的配置方式來看，與百濟相同，在南北向的縱線上，採取將金堂、講堂、塔等順序排列的形式。而且，現在可以從芬皇寺的模塼塔與瞻星臺看出古新羅建築的斷面。

三國的雕刻遺物幾乎全是佛像。以特異的精神與洗鍊的藝術技巧，以及強烈的自主精神所雕刻出來的這些佛像，具有高句麗的嚴肅與剛毅的特性，越到後期則越呈現出圓熟與謙遜。平壤元五里寺遺址出土的泥佛，以及平川里出土的金銅彌勒半跏像，可為代表作。百濟

圖8：慶州瞻星臺

佛像的特徵是,外型都是圓圓充滿福相的面龐,帶著天真爛漫與樂天的少女般微笑。忠清南道瑞山的磨崖三尊佛的表情,是代表性的例子。不論是主尊佛像睜開的雙眼,或它旁邊的菩薩宛若實體並洋溢著感情的微笑的女人,都是其他國家佛像雕刻所找不到的獨特神情。新羅的彌勒半跏像比百濟的體軀更纖細,臉龐更尖銳,展現了新羅固有的流風;新羅最有名的雕刻家是良志。

此外,三國時代帶有宗教性格的詩歌與音樂也非常發達。新羅的「鄉歌」之文學價值,評價頗高,大多是由花郎與僧侶所留下來的作品。新羅的百結先生、加耶的于勒、高句麗的王山岳等都是傑出的音樂家。樂器也很發達,王山岳改良晉的七絃琴做成玄鶴琴,並創造了一百多首樂曲。由于勒傳到新羅的加耶琴,也有一百八十五首樂曲。

三國發達的學術與文化互相交流與影響,尤其還傳到日本,對日本古代文化的發展發揮了積極的功能,也是值得特別記述的成就。

統一新羅時代

第一節　統一新羅的政治與社會

　　新羅統一三國之後，為了統治寬闊的領土，必須要重整支配體制，於是不免也導致舊有權力結構的變化。

一、重整政治機構

　　首先是王權的變化。新羅到上代君主聖德女王時，一直延續下來的聖骨系統中斷了，中代開始的武烈王（654–660 年）時，成為由真骨系統來繼承王位。而且，加耶族的金庾信的姊姊成為王妃，擺脫傳統由朴氏才能成為母后與王妃的限制，這也意味統一之後專制王權已更為強化。武烈王、文武王、神文王等使用中國式的諡號，同樣意味了王權的增大。

　　專制王權的擴大，相對也使具有貴族身分的官僚，漸漸轉型為行政官僚。因此，隨著律令政治的強化，中央官署也須重組與

擴充。象徵貴族會議的「上大等」的功能被削弱，行政官府的執事部門則更受重視。執事部門首長「中侍」（後來稱「侍中」）的功能，至此成為行政機關的首相，較上大等更受重視。官府擴充後，為加強對官吏的監督而設立司正府。為監督地方官吏而設置的外司正，是王權專制化的必要措施。

統一新羅的中央官署如下：執事部（機密事務）、兵部（軍事）、調部（貢賦）、倉部（國庫）、禮部（儀禮）、乘部（馬政）、船部（船舶）、司正府（官吏監察）、例作府（土木營繕）、領客府（外交）、位和府（官吏位階）、理方府（刑事）、司祿館（祿俸）。

重整政治機構的同時，也採取措施強化官僚政治。景德王時（742-765 年）即為了強化官僚政治的體制，把全國九州的郡縣名稱與官號改為中國式的名稱，顯然也是為了排除真骨階級獨佔權力的作法。但是到下一任惠恭王時（765-780 年），稱號變更的措施因為真骨階級的反彈而還原。而且，元聖王時（785-799 年）原本要設立「讀書出身科」，藉以鞏固國王的專制權與官僚政治體制，但因真骨階級的反對而作罷。不論如何，統一之後強化的王權專制化，使得傳統依骨品制度建構的新羅權力結構，朝另一個方向發展，也就是漸漸使骨品制度開始解體。

二、重整地方制度

統一使領土擴大後，地方制度也要改變。在此之前，智證王（500-514 年）時已設置了州、郡、縣，統一後更大幅重整地方制度的是神文王（681-692 年）。主要是設置九州與五小京，以及

州之下設郡縣。九州是在過去新羅與加耶之地設置三州，高句麗的舊地也設三州，州的首長名稱有軍主（法興王與真興王時）、摠管（文武王時）、都督（元聖王時）等變化，這是因為從原本具有軍事任務，漸漸轉換為地方行政事務。州下為郡（郡守），郡下為縣（縣令），縣下為村、鄉、部曲等，九個州一共有四百五十個郡。至於五小京，是因為新羅的首都側重於半島的一邊，為了克服來往的不便，於是在加耶、高句麗與百濟的舊地設置金官京（金海）、中原京（忠州）、北原京（清州）、西原京（原州）、南原京（南原）等五京，強制中央貴族的子弟或豪民以及許多地方民戶遷徙過去，以控制地方勢力並形成地方文化的中心。小京的首長稱為仕臣（仕大等）。

郡縣所屬的村、鄉、部曲之外，還有「賤民集團處」的特殊行政單位。那是將戰爭俘虜等送去服特殊的勞役，或是將征服地區的人民強制遷徙，與一般百姓區分開來的集中管制區，因此被視為賤人。

地方制度的首長主要是由京官來任命，都督可以任命十七官等中屬於二至九官等的地方官，仕臣則可任命四至九官等的官員。而且，九州與五小京設有外官位階給中央貴族去出任。對於高句麗人與百濟人也賦予一定的官職，藉以籠絡。州、郡、縣的下級官吏或村主，任命土著豪族來擔任，為了牽制這些土豪，還有特定的方法，把地方官輪流調到首都宿衛，稱為上守吏制度。

三、重整軍事組織

　　新羅為了保全統一後的領土，有必要擴充與重整軍事組織。統一之前，在王都設有侍衛府，附近部署有「大幢」，隨著領土的擴張，設了六個軍團：大幢（首都）、上州亭（後改為貴幢）、新州亭（後稱漢山亭）、比烈忽亭（後為牛首亭）、悉直亭（後為河西亭）、下州亭（後為完山亭）。統一後設有九州制度，在中央部署九誓幢❶，地方駐屯有十個亭❷。

　　儘管新羅社會更加強化王權的專制化，在階級身分方面，因聖骨的消滅使王位轉變由真骨繼承，但規範社會的骨品制度並未崩潰。受惠於骨品制度的貴族與將臣，隨著三國統一與領土擴張，從國家以食邑與賜田的形式得到賜予土地與百姓，並分配給奴婢。像金庾信就可得到食邑五百戶、田五百結、馬阹六所。新羅共有一百七十四個馬阹，其中王宮擁有二十二個，官衛有十個，其餘

---

❶　九誓幢是神文王時設立的中央軍團，包括新羅人、高句麗人、百濟人、靺鞨人等都在這個軍團裡，他們各有衣領的顏色，分屬九個不同的部隊。若將被征服的人民編入這個部隊，會有叛亂的危險，於是盡力對他們懷柔與牽制以效忠新羅國王，同時也強化中央的兵力，以達到雙重的效果。

❷　十亭是部署於九個州的地方軍團，所有的州都配置一個亭，地方較廣而且是國防重地的漢山州則配置有兩個亭。地方軍團不僅是新羅在國防上的重要角色，也擔負維持地方治安的重要功能，它與九州、五小京的行政體制一樣，是新羅統治地方不可或缺的要素。

的分配給貴族。

但是在強化王權與鞏固官僚體制的同時，類似的土地授與成為符合官僚體制的形式——即廢止祿邑制，改以給予職田（官僚田）與歲租（年俸）的方式出現。藉由廢除祿邑制的改革，來限制貴族對土地與人民的直接支配，改為支給職田與歲租，顯示迫切要將官僚體制化的現象。但是這樣的改革在七十年後的景德王時（742–765 年），因為貴族對官僚體制化的反彈，又恢復祿邑制並廢了歲租，而回到了原點。貴族無法放棄既有的慾望，要像私有領地一樣能夠直接支配人民與土地。貴族的社會經濟實力到後來能夠導致王位爭奪戰，原因就在於此。

有關土地制度與耕租收取制度，在聖德王（720–737 年）時曾實施「丁田制」。那是對二十至六十歲的丁男給予一定面積耕地的制度，但確實的作法不得而知。

四、社會生活

三國統一之後，新羅人的生活顯然變得非常豪華，那是從許多情況推知的：像雁鴨池、臨海殿、鮑石亭等古蹟是當時宮廷宴會用的；慶州曾有過擁有十七萬八千多戶、一千三百六十坊、五十五里的大富豪人家多達三十五家；城裡沒有茅草屋，屋頂與圍牆櫛比鱗次；燒炭煮飯；連月間不分晝夜歌舞昇平等等。

如此富裕的生活，是統一後財富的流入與交易的擴大所造成。這時與中國及日本的國際貿易相當盛行，國內的商業活動也很發達。在五世紀後半，首都就已開設了市肆，孝昭王時（692–702

年），在首都的東、南、西、北四個區裡各設有市廛，並由官廳「市典」來加以監督。地方上很早就開設有「鄉市」，流傳到今天成為市場。

新羅的農民屬於「村」這個地方最末梢的行政區劃所管轄，村算是血緣團體的自然聚落，大約由十戶所構成。幾個村落就有一人擔任村主，接受國家管轄。國家也以村落為單位，做村情調查。像日本正倉院發現景德王十四年（755 年）時，所做的西原京（清州）及附近四個村的帳籍就可以證明。這種帳籍每三年修正一次，紀錄村裡的戶口數、人口數、牛馬數的增減，以及土地面積、桑樹、柏樹、楸樹的棵數等，這是國家為了確保對農民的徭役與賦稅所做的基本調查。同時，在這帳籍中每戶依照人丁數的多寡，從上上到下下區分為九個等級，人口依年齡分為：丁（丁女）、助子（助女子）、追子（追女子）、小子（小女子）、除公（除母）、老公（老母）等六個等級。而且，二十歲以上、六十歲以下的男子有服役的義務，二十歲以下的小、追、助子，與六十歲以上區分為除公與老公，設定勞役與徵收的基準。這些村落中有官謨畓、內視令畓、麻田等，村主給予村主位畓，村民則給予煙受有畓，村落居民共同耕作煙受有畓，其中一部分的田租交給國家，剩下的做為補貼日常生計。國家的租稅收入並不只靠土地，對桑、柏、楸樹等也會課以相當的稅金。

至於被征服地區的人民、叛逆的罪人或戰爭的俘虜，則被安置在鄉、所、部曲等地方行政區劃的特殊居住地區，而被認為賤民集團，這些住民也是以從事農耕、畜牧、手工業等為生。

第二節 渤 海

一、渤海國興起

　　高句麗滅亡之後，大同江到元山灣沿線以南的土地雖受新羅的統治，但過去高句麗的領土並非全部屬於唐朝。尤其，高句麗的遺民為了光復舊有的領土，與新羅合作展開不斷的抗爭，使得唐朝對高句麗過去領土的統治，僅及於新城與撫順附近的安東都護府。677 年，唐冊封寶藏王為遼東都督朝鮮王，就是為了安撫高句麗人尋求自立的情緒。但這時候，不僅滿洲地區屬於高句麗的城有十多個，到遼東赴任的寶藏王甚至因為與高句麗遺民串通，試圖復興高句麗而被唐朝廷召回。後來他的兒子德武被任命為安東都督，並由子孫繼承此一職務，而保持了獨立的地位。不論如何，高句麗的遺民問題與北邊的突厥，東邊的契丹、靺鞨一樣，成為唐朝頭痛的問題。就在這樣的情勢下，渤海國興起了。

1.大祚榮建國

　　渤海的建國者大祚榮是高句麗的舊將，高句麗滅亡後在唐的徙民政策下與族人移居營州（現朝陽）。此時，契丹人松模與酋長李盡忠同夥叛亂，殺害都督，趁營州陷入混亂之際，大祚榮與靺鞨酋長乞四比羽同盟，率領全族人向東移動。唐以震國公與許國公的稱號賜予大祚榮與乞四比羽，試圖籠絡他們，但是他們仍繼續與唐鬥爭。唐派李楷固攻打他們，乞四比羽戰死後，大祚榮率

眾到靺鞨族區在天門嶺（今山城子附近）一戰獲得大勝，從此，唐就不再干涉了。

　　大祚榮幾乎完全收復高句麗的舊地，東到東海，南達清川江與泉井郡（元山）一線的新羅北界，西至遼河，北抵黑龍江。在西古城子（現吉林省敦化縣東牟山）建立了震國（699 年）。建國的同時，大祚榮分派使臣到突厥與契丹，致力於睦鄰來圍堵唐朝，而唐為了牽制突厥與契丹也與大祚榮和親，震國改國號為渤海應就在此時。

2.對唐與新羅的關係

　　渤海的建國，是高句麗遺民基於復興高句麗的自覺所促成，雖然渤海的國民中，靺鞨族佔了相當多數，但主導勢力仍是高句麗人。渤海的復國意識不只顯現在送給日本的國書中自稱高麗國，對唐與對新羅的關係也充分展現了這種意識。建國之初，考慮對唐關係而派使臣到新羅，後來儘管與唐的關係改善了，但渤海人對唐與對新羅的認知完全沒有改善。

　　新羅的領土無法擴張到大同江與元山線以北的地區，反而在那裡築了長城（721 年），顯然是受到渤海的壓力所致。對唐朝關係方面，732 年渤海武王派張文休將軍攻打遼東城與玄菟城，不只將遼河西岸完全納入渤海的領土，接著還攻擊並佔領了登州（山東半島北邊）。渤海認為，唐已經消滅了高句麗現又藐視渤海，是它報仇征伐唐朝洗刷恥辱的時候了。從渤海揭示動兵的理由觀之，就可知道渤海人對唐的仇恨意識了。遭到渤海攻擊的唐，於是與新羅的援兵一起在次年攻擊渤海的南境，但是在武王的菁英部隊

之前，幾乎潰不成軍，在飢寒交迫下，折損了大半的兵員而敗走。

渤海為了對抗唐與新羅，與突厥及日本維持著密切的關係，尤其在 727 年以後，與日本的使臣往來非常頻繁。

在牽制唐與新羅以鞏固領土之際，渤海國到文王時（737-762 年），開始對唐展開積極的外交活動，這是因為文化上與經濟上的需求。到後來的成王與宣王（818-830 年）時，渤海吸收了唐的文化之後再傳到日本，在社會、經濟與文化各層面都呈現興隆的國運，而被稱為「海東盛國」。

3.渤海滅亡

蓬勃發展的渤海國，到景王時（870-901 年）成為分水嶺，國勢開始衰頹。羸弱與奢侈的風氣，造成內政紊亂，也出現了爭奪王位的權力鬥爭。景王之後的哀王（901-926 年）時，社會的矛盾更為惡化，支配階層甚至流亡到新興起的高麗。

這時，中國大陸也因唐朝的滅亡而陷入混亂。契丹的耶律阿保機趁隙建立了國家（916 年），並侵犯渤海的遼州（919 年）。愈來愈強盛的契丹，在逐鹿中原之前，先侵略背後的渤海（925年），並在次年第二度將高句麗滅亡了。渤海滅亡後，遺民繼續與契丹抗戰。太子大光顯率領數萬人歸附高麗之後，抵抗運動仍持續不斷，但因同族的高麗對他們並不積極支援，以致於女真族建立了金（1115 年）以後，渤海遺民在流放與屠殺的政策下，乃被其他民族吸收與同化了。

二、統治體制與文化

渤海國的全盛期是在宣王時，不僅是領土擴張到最龐大，內部的統治體制也最為完備。渤海的政治體制主要是模仿唐朝，這是因為渤海的固有文化基礎不夠。渤海的統治結構是中央有三省六部，地方有五京十五府。

1.中央與地方制度

三省六部，結構如下（括弧內為唐制）：

> 政堂省（尚書省）：忠部（吏部）、仁部（戶部）、義部（禮
> 大內相　　　　　　部）、智部（兵部）、禮部（刑部）、信
> 　　　　　　　　　部（工部）
>
> 宣詔省（門下省）
> 左相
> 中臺省（中書省）
> 右相

從其中可看出許多官制都是模仿唐朝，政堂省的首長大內相的位階較宣詔省與中臺省的左相與右相要高，而且六部的名稱並非依照掌管業務的屬性，而是依儒家的德目做籠統的命名，這方面又與唐制不同。三省六部之外有公、侯、伯、子、男等爵位，也有太師、太傅、太保、太尉、司徒、司空等職位。

地方制度方面，全國分設五京、十五府、六十州，府設節度

使或都督，州為刺史，州之下約有三百個郡（丞）與縣（丞），其下為村（長）。

2.儒教與佛教發達

渤海的首都上京，許多都是模仿唐的首都長安，建造了東西長四千六百五十公尺與南北長三千五百三十公尺的大城廓，城牆的高度為四公尺。環繞上京的街道，有外城（牆）與宮城（內城），從宮城的南門到外城的南門，有一條筆直的朱雀大路，左右有東宮與西宮。市內街道像棋盤一樣，方正有序，城內到處都有寺廟，顯示佛教非常盛行。另外可以從許多方面發現它也繼承了高句麗的文化，例如：在宮殿遺址發現有火炕的裝置，寺院遺址與紫苑舊址發現瓦當、磚、建材、土佛等，其中有高句麗式的橫穴式石槨墳。

尤其，瓦當的紋案是六、七枚的複瓣蓮花紋，這比高句麗的直線條式樣更為先進。在石造物方面，宮殿遺址出土的石獅子頭與寺院遺址挖出的石燈，都充分展現了渤海文化的性格。而且，東京遺址出土的石佛與上京遺址挖出的磚佛，前者為高句麗的流風，後者則是渤海固有的形式。此外，上京遺址西寺地基發現的千佛圖的一部分留存到現在，可看出當時繪畫的狀況。知名的畫家有大筒之，擅長松石小景畫，聲名遠播至唐朝。

渤海的儒教與佛教很發達，似有很多高僧與大儒，不過無詳細記錄留下來。只知道文王時有楊泰師、王孝廉、高元裕、高元國、沙丞贊、裏謬等人是漢文學大家，高僧則有真素與戴雄。渤海的文化到被契丹消滅後就無法薪傳，到靺鞨族把契丹驅逐、掌

控勢力之後，滿洲就從朝鮮民族歷史脫落了。

第三節　統一新羅的文化

　　新羅統一三國之後擁有龐大的資源，使他們能在安定的生活中綻放燦爛的文化。他們不僅集三國文化遺產之大成，也進口中國鼎盛的唐朝文化，同時融入自己的體質裡。

　　統一新羅時代，佛教發展成為支配性的思想。儒家思想也對建構政治理念發揮極大的功能，不過在新羅的骨品制社會仍有其侷限；而佛教的傳布範圍極廣，從王室到一般百姓都可接受它宣揚的護國思想與祈福信仰。三國時代佛教初傳來時是小乘佛教，後來漸漸發展為大乘佛教。許多僧侶都到唐朝與印度留學，也盛行大規模興建寺廟。

一、佛教發展盛況

　　從大寺廟的興建，就可看出統一新羅時代的繁榮發展面貌。在慶州附近就有四大天王寺、佛國寺、奉德寺等，其他地方還有通度寺（梁山）、梵魚寺（東萊）、浮石寺（榮州）、華嚴寺（求禮）、海印寺（陝川）、法住寺（報恩）等，能夠興建如此規模的大寺廟，意味著新羅經濟的富饒。

　　學德兼備的佛教高僧在新羅時代人才輩出，也顯示了當時佛教發展的盛況。統一之前已有圓光、慈藏、義湘等僧侶到中國留學，統一後更有許多僧人到唐朝或印度取經、研究教理，並至聖

地巡禮，其中以圓測與慧超為代表。圓測留唐時，曾與玄奘法師一起譯經與著述；慧超在唐留學後從海路到印度聖地巡禮，再走陸路經中亞回到唐朝，後來在中國圓寂。中國敦煌發現的《往五天竺國傳》，就是他的巡禮記，對後世研究印度與西域很有幫助。

　　留學回國的僧侶，使得佛教研究更為深入，在統一新羅時代成立了許多佛教宗派。重視經典的佛教五個宗派，就被稱為五教。三國後期高句麗的普德和尚成立涅槃宗、新羅的慈藏法師成立戒律宗、義湘法師在統一前後設立華嚴宗、元曉和尚成立法性宗（海東宗）、景德王時真表法師將瑜珈論與唯識論做為理論經典開創了法相宗。五宗派當中，華嚴宗與法性宗因為義湘與元曉法師的活躍而最具影響力。華嚴宗主張佛法平等與教義圓滿知足，深受新羅貴族的歡迎，創始人義湘法師留學中國，受教於中國華嚴的大宗師智儼門下，回國後以全國十大名寺的浮石寺為中心展開傳教活動。元曉法師的法性宗雖模仿自唐朝法性宗，但有許多差異，反而以海東宗更為有名；元曉並致力於排解宗派間的對立與鬥爭，促進他們的和解與統一。他也因著述《十門和諍論》而被追諡和諍國師。

　　幾個宗派因信奉的經典受到貴族歡迎而大行其道，淨土宗則與他們不同，它廣受一般大眾的支持。諸教派要求信眾領會深奧的學問與教義，淨土宗則皈依阿彌陀佛，認為只要虔誠唸禱「南無阿彌陀佛」，死後就能到西方淨土，也就是極樂世界。因此，淨土宗廣受無知與受迫害的普羅大眾的歡迎。而且，淨土宗的流行，是以追求現世福報的貴族社會，相對於嚮往來世極樂的一般民眾；

而百姓會有將現世視為苦海的厭世思想，充分反映了新羅社會的階級矛盾。同時，這種現象也可視為新羅佛教的宗教改革，因為它打破了一貫以貴族為中心，或宗派為中心的狀況。值得重視的是，這一改革是由元曉大師所推動與普及。淨土宗的盛行，同時也讓以經典為中心的各宗派漸漸禪宗化，這與當時的現象似有相通之處。

二、禪宗抬頭

到了新羅的後期，以骨品制為基礎的社會出現矛盾，禪宗於是開始在佛教界抬頭與發展了。禪宗與重視經典研究的教派不同，它的主旨是「不立文字，見性悟道」，以坐禪的陶冶心性來達到得道的境地。禪宗是七世紀中葉由法朗和尚從唐傳來，但並不受重視，到八、九世紀時，才由神行與道義法師大幅擴大了教勢，並以九山的道場為中心大為發展。新羅末期與高麗初期所謂的「五教九山」 ❸，指的就是佛教教派與禪宗的各宗派。尤其禪宗在新

---

❸新羅的五教

五教	開宗者	中心寺廟（所在地）
涅槃宗	普德	景福寺（全州）
戒律宗	慈藏	通度寺（梁山）
法性宗	元曉	芬皇寺（慶州）
華嚴宗	義湘	浮石寺（榮州）
法相宗	真表	金山寺（金堤）

新羅的九山

九山（所在地）	開祖	中心寺廟
迦智山（長興）	道義	寶林寺
實相山（南原）	洪陟	實相寺
桐裡山（谷城）	惠哲	大安寺
闍堀山（江陵）	梵日	堀山寺
鳳林山（昌原）	玄昱	鳳林寺
獅子山（寧越）	道允	興寧寺
曦陽山（聞慶）	智詵	鳳岩寺
聖住山（保寧）	無染	聖住寺
須彌山（海州）	利嚴	廣照寺

羅末期成為豪族勢力的理念基礎，更是值得注意。

三、儒與佛同步發展

統一新羅會如此包容佛教，是為了中央集權的王權專制化；除了儒家的政治理念之外，還需要尋求儒與佛的同步發展。基於如此的需求，在神文王時（682 年）設立了國立大學的國學；後來到聖德王時，從唐朝帶回來孔子、十哲與七十二弟子的畫像安置在國學裡；景德王時把國學改名為太學監，設博士與助教，分為三科教學：㈠《論語》、《孝經》、《禮記》、《周易》；㈡《論語》、《孝經》、《左傳》、《毛詩》；㈢《論語》、《孝經》、《尚書》、《文選》。太學監招收十五至三十歲的貴族子弟入學，修業九年以培養官吏。元聖王時（788 年）由太學監主辦國家考試制度，實施「讀書三品科」❹的官吏任用考試。

而且，精通五經、三史（《史記》、《漢書》、《後漢書》）與諸子百家之書者，可被特別錄用。讀書三品科制度揚棄了原本以骨品制為基礎的族閥本位的人才錄用方式，揭開學閥本位的官吏晉用之路，與意圖促進王權的專制化也若合符節。但是卻因貴族的反對而失敗了。

---

❹　所謂三品科是依成績分為三等級來任官：
　　⑴上品：讀過《左傳》或《文選》之一並熟知其意；也通《論語》、《孝經》者。
　　⑵中品：讀過《曲禮》、《論語》、《孝經》者。
　　⑶下員：讀過《曲禮》、《孝經》者。

在設立國立大學等國家政策下，儒學中的漢文學開始發達。漢文學大師有統一初期擅長外交文書的強首，以及擅長經史與文章的元曉之子薛聰。文武王送給薛仁貴的信應是出自強首之筆，薛聰則以一篇〈花王戒〉傳世。此外，八世紀初的金大問留下《高僧傳》、《雞林雜傳》、《花郎世記》、《樂本》、《漢山記》等有關新羅的人物、歷史、風物等著作，這些在《三國史記》或《三國遺事》中，只能看到枝節片段。

新羅末期的留唐學生金雲卿、金可紀、崔致遠等，都以漢文學的成就聞名。其中，崔致遠十八歲時就在唐應試科舉合格，他以《討黃巢檄文》而聲名大噪。回國後任翰林大學士兼侍讀，為實踐儒家的政治理念而努力。他的著述頗多，但只留下現存最古老的文集《桂苑筆耕》與《四山碑文》等一些詩文而已。

四、自然科學與文學、美術

在儒學之外，統一新羅時期的自然科學，尤其是天文學，已經能夠製造天文觀測用的器具儀漏刻器，對農業發展貢獻極大，同時，數學與醫學也很發達。八世紀後半的金巖是金庾信的後孫，他是有名的天文兵學家。此外，風水地理說相當普遍，到新羅末期時，地方豪族甚至以此做為政治工具。

新羅時代將從前流傳的神話與傳說保存下來，並加以文字記載，《三國遺事》與《三國史記》裡都有收錄，其中包括建國神話在內的許多傳說。

統一之前就有的鄉歌，帶有宗教色彩而以抒情的內容表達。

代表性作品有：元曉的《無礙歌》、得烏谷的《慕竹旨郎歌》、明月師的《兜率歌》與《祭亡妹歌》、忠談師的《讚耆婆郎歌》與《安民歌》等，此外僧侶永才也寫了一些作品。這種鄉歌到真聖女王時，由大矩和尚與魏弘以「三代目」集其大成。其中的一部分，只有二十五首記錄在《三國遺事》與《均如傳》裡而流傳到今天。鄉歌主要是由僧侶與花郎所做的，內容大多為祈求國家平安，稱頌佛德，對死者的祈福等，成為後代人的歌辭範本，也是研究古代的語言與文學的重要資料。

新羅的文化中最發達的，要算是美術。新羅人虔誠信仰佛教，而具有高度的美學素養與優異的繪畫製作技巧，留下許多不朽的美術傑作，主要是佛寺、佛塔、佛像、佛鐘等佛教器物，其中以佛國寺與石窟庵為代表作。

佛國寺與石窟庵是八世紀後半，景德王時的宰相金大城發願建造的。原本有超過二千間木造建築物的佛國寺，在豐臣秀吉侵略朝鮮時（韓國人稱「壬辰倭亂」）被焚燬，現在只留下石造的建築。其中白雲橋與青雲橋的階梯，造型優美，拾級而上到紫霞門可仰望大雄殿，左右兩邊的釋迦塔與多寶塔以均衡的結構豎立著。一般人都認為，多寶塔精巧華麗，釋迦塔幽雅素樸，呈現了對比的美感，它們與位於求禮的華嚴寺雙獅子石塔，是新羅統一時期石塔的代表作。

新羅的美術品中，梵鐘也佔有重要地位。上院寺大鐘雖是現存最古老的佛鐘，但最有名的是奉德寺大鐘。這口鐘直徑約二百三十公分，高約三百四十公分，是現存最大的鐘。鐘的表面刻有

圖9：慶州石窟庵　石窟庵與佛國寺同時建造，可說是新羅美術品的極致。石窟庵是利用天然的岩壁，將花崗岩堆積起來，以人工打造的石窟，分為四方形的前室與圓形的後室，後室的天花板呈穹窿狀，以石塊往上堆砌而成，中間擱著圓石。石窟庵不論從技術面或力學的角度看，都極為了不起；而且，後室中央陳列的釋迦雕像以及前後室牆壁上的浮雕，有十一面觀音與菩薩、羅漢、金剛力士像、仁王像、四天王像等，不僅各具特色，也展現了新羅雕刻藝術的精華。

纖細華麗的蓮花紋路，以及生動的飛天像與龍頭等，極具藝術價值。而據說建造於八世紀中葉的皇龍寺大鐘，雖比奉德寺的鐘更大、也重了四倍，但在高麗末期蒙古入侵時消失了。

　　此外，新羅的美術品還有許多。例如：以非常寫實的技法雕刻的慶州西岳里的武烈王碑（尤其是螭首的龍與龜趺的烏龜）；陵墓的護石上雕刻的十二支神像，寺院的石燈、石浮屠、葺瓦（瓦當）、壁石（塼）等，不勝枚舉。韓戰後挖掘出的古墳中，也有新羅統一前的古墳，其中出土的美術品中，有金冠等不少古物，讓

現代人驚豔不已。

　　新羅時代也有許多擅長書畫的名家。書法名家有金仁問、金生、姚克一、崔致遠等人；其中，金生隸、行、草書都擅長，被稱為海東筆家的始祖。有名的畫家則有八世紀末期的金忠義。

第四節　統一新羅的崩潰

圖 10：新羅的金冠

　　新羅的太宗武烈王到 765 年即位的惠恭王，稱為新羅的「中代」，之後則稱為「下代」。因為骨品制的矛盾導致王位爭奪戰，就是在中代末期的惠恭王時。768 年角干大恭開始叛亂，並持續了好多年的全國九十六角干之亂。後來，金志貞發動叛亂（780 年），惠恭王在亂中被殺。這些叛亂是對新羅中代王權專制化增強的反彈。金志貞的叛亂被上大等金良相鎮壓，然後金良相即位，即奈勿王的十代孫宣德王。宣德王之後，由奈勿王的十二代孫金敬信繼位，為元聖王。此後，王位由元聖王系統繼承。

一、王權淪喪

　　新羅下代的特徵，就是王權的削弱與貴族勢力的增強。隨著中央集權體制的確立，相當於貴族聯合會議議長的上大等，權限

被強化並更受到重視，而執事部侍中的權力則被削弱。但是促進王權專制化的武烈王系統，對高麗下代如此的趨勢反彈頗為激烈。憲德王十四年（822 年）發生的金憲昌之亂，以及 825 年金憲昌之子發動的梵文之亂，就是明顯的例子。金憲昌是武烈王的六代孫，宣德王之後本應由他繼承王位，但王位被元聖王奪走。擔任熊州都督的金憲昌於是以熊州為據點發動叛亂，國號「長安」，年號「慶雲」，一度席捲了忠清道、全羅道與慶尚道地方。但他之後的梵文之亂，被奈勿王系統的王朝與貴族勢力所擊潰。

金憲昌與梵文之亂企圖恢復王權，而平息叛亂的貴族勢力則成功地將王權「無力化」。此後，貴族又恢復了祿邑制等，致力個人財富的累積。由於失去了共同對抗的目標，凝聚力也就瓦解了，於是展開爭奪政權的惡鬥。新羅下代到滅亡共一百五十五年，一共交替了二十個王位，平均壽祚不到八年，大部分都是在內亂中犧牲，這也反映了一個時代的面貌。王權的淪喪，使得王位的繼承不再靠血統，而是靠實力來決定，中央集權的律令體制已形同廢紙。國王權力的無力化導致不僅是對中央的貴族，連對地方的豪族都喪失了統御能力。因此，到新羅末期，貴族與地方豪族都無視於國家權力，而各自為所欲為地支配土地與人民。

新羅時代規範社會的基本體制是骨品制，那是一種身分制度。與個人的能力或學識無關，它是從人一出生開始，就根據血統來決定每個人的社會地位與生活程度。這種體制的維持是社會安定的基礎。因此，新羅到中代的安定，是因為在矛盾中還能夠維持這個體制。

　　但是到了下代,中央與地方真骨貴族的叛亂與政權爭奪之際,六頭品官僚與留唐學生當中,醞釀要排除骨品制的矛盾。六頭品是真骨之下的身分,由於真骨獨佔了高階官職,在骨品體制之下,六頭品不可能提升地位或實現理想。出身六頭品的人當中,雖有強首、薛聰等與王權接近的人,但他們是王權專制化的新羅中代初期的人。

　　由於中央集權體制的強化,使得許多出身真骨的貴族淪落為六頭品,而累積了他們的不滿。尤其是下代初期,從真骨淪落為六頭品的貴族更多,武烈王系統與金庾信系統六頭品的反彈,卻不能不加以正視。

　　對六頭品系統的不滿,顯然以留唐學生最為高漲。這些留學生大部分是遭到政權疏離的貴族子弟。他們留唐時,看到唐朝是以能力本位錄用人才,同時體驗了儒家的政治理念,等於是提供了他們反骨品制的教育。留唐學生中有名的六頭品人物有所謂的三崔:崔致遠、崔仁滾、崔承祐。他們在唐科舉及第並擔任過官職,後來選擇了反新羅的政治路線。崔致遠返國後,曾上書十條的〈時務策〉,但不被接受,乃棄官自我流放。他預言新羅必亡,後來到高麗朝被追諡文昌侯,應是與他反骨品制有關。另外的二崔分別在後百濟與高麗朝任官,也都是因為反新羅所致。

二、豪族勢力抬頭

　　王權的衰弱與政權爭奪戰的激化,導致中央政府對地方喪失了統御能力,因此,地方上以大地主與大商人為中心開始有了地

方分權化的傾向，也就是所謂豪族勢力的抬頭。

先看大商人的抬頭。新羅統一後，是在國家的控制下以朝貢貿易的方式與唐朝交易。但是中央集權體制削弱以後，由私商進行對唐與日本的貿易活動相當盛行。由於商業活動的蓬勃，中國山東半島的登州與江蘇省地方，有被稱為新羅坊的新羅人居住區，當地也有自治機關的新羅所，以及稱做新羅院的寺廟。如此的商業活動不僅在唐朝，在日本也很盛行；新羅還能善用優異的造船術，靠中介貿易獲利。

海外貿易的蓬勃造就了大商人，其中以清海鎮（莞島）為據點的張保皐最有名。他為了掃蕩海盜與保衛貿易而建立了自己的私兵，在興德王的認可下，在清海設鎮，控制了南海的海權。張保皐獨佔了對唐與日本的貿易，他獨霸海上之後，甚至有野心想要打進中央政界。後來因為中央貴族反對，使他的野心受挫，他雖在 846 年被殺，但海上的霸業仍繼續維持。高麗朝王建的勢力中，有一部分與海上勢力有關，足見新羅末期海上商人勢力之大。

中央集權體制沒落的同時，農莊的擴大導致大地主的出現。農莊的擴大，是在中央政界沒落的貴族為了在地方上奠定生活根基，而與地方土著的村主所造成的。他們將土地擴大後逐漸成為豪族，而控制了老百姓；有人築城而自命城主，也有人將管轄地的百姓糾合組織成私兵，而自任將軍。於是，由城主與將軍所管轄的地方，國家權力的控制漸漸變得不可能了。因此，也無法對當地課徵租稅與勞役，而導致國家財政愈加惡化。此時，豪族的支配領域更為擴大，形同半獨立狀態的存在。再加上寺廟也與豪

族勾結，並靠風水地理說來使他們的政治慾望合理化，終而導致新羅幾乎是地方分權化了。

三、農民起義

新羅統一後，強化了中央集權體制，也使得農民的負擔加重了。國家權力強大時，農民的負擔只需針對國家，但九世紀以後，農莊擴大與土地兼併盛行，農民不是逃亡或投靠豪族，就是成為佃戶，於是他們便要承受國家與地主（豪族）的雙重迫害。特別是新羅末期，貴族的消費傾向提高，為了確保國家財源，真聖女王時（889 年）催促要增收地方租稅。

為凶年與傳染病所苦的農民，在催收租稅的壓力下，等於是官逼民反，只好揭竿起義來抵抗。889 年沙伐州（尚州）的元宗與哀奴就發動叛亂。由於他們的勢力極強，政府討伐軍甚至不敢下定決心來平定。後來發生的農民叛亂還有竹州（竹山）的箕萱、北原（原州）的梁吉、鹽州的柳矜順、槐壤的清吉等。在國西，還有穿紅色褲子而被稱為赤褲賊的農民起義軍。

這些農民起義雖是為抵抗新羅，但是並無重建國家或社會的至大使命，也由於其侷限性，只不過是叛亂軍而已。但是甄萱與弓裔的出現，卻突破這樣的侷限性，標舉著豎立政權的目標，於是統一新羅再分裂成為後三國時代。

出身尚州農家的甄萱，因為防守西南海有功而成為武將。當各地的叛亂興起後，他把農民叛亂軍整合起來佔領了武珍州（光州），然後攻下完山州（全州），並以當地為中心建立了後百濟

（892 年）。他替百濟的義慈王復了仇，標榜要復興百濟，一度還攻打進新羅的首都，殺死了景哀王。他不斷與弓裔或王建一爭雌雄，但是甄萱並沒有足夠的氣魄與抱負想要打破新羅的舊體制，重建新秩序。他急於享受新羅王所擁有的權位與享樂，汲汲於擴大自身的權力。他無法收攬地方豪族勢力，甚至因為家族失和而被逐下權座，顯然政治能力與格局都不夠。

弓裔則是政權爭奪中被犧牲的新羅王子。他從宮中被逐出後，先投靠箕萱，後來與梁吉合作，並率領部分梁吉的兵力攻略江原京畿黃海道一帶，成為一大勢力之後就打倒梁吉，以松岳（開城）為據點建立了後高句麗（901 年）。他雖喊出「復興高句麗」的口號，但後來把國號改為摩震，首都搬到鐵原後國號又改為泰封。他起用王建等將帥，努力擴張領土，在尚州、公州地方與後百濟接壤，也致力於經略西南海岸。此外，也建立國家體制，設置廣評省等許多官府以及正匡等九官等。但弓裔與甄萱一樣對建立新秩序力有未逮。他有強烈的意志要消滅新羅，但卻將新羅歸降的人全部殺死，甚至用刀把新羅王的畫像割破。為了提高自己的權威與專制統治，他利用佛教的神祕性自稱彌勒佛，兩個兒子則稱為青光菩薩與神光菩薩。他還有許多怪異的行徑把妻子與部下都犧牲了，後來遭到以王建為首的部下罷黜與殺害。

Korea

第 Ⅱ 篇

中世社會

高麗前期

第一節　高麗社會發展與對外關係

一、強化王權

太祖王建收拾混亂的後三國情勢，成功地建立了新的統一王朝。他與弓裔及甄萱不同，不僅具有政治實力與對未來的抱負，也因為他是具備堅實的經濟與軍事勢力基礎的豪族，較容易與其他豪族結盟；他並且實際征服或籠絡了新羅末期的豪族，而擴大了自己的勢力。

1.懷柔政策

他自命為高句麗的繼承人，透過北進政策把國境擴大到清川江，同時，對於來歸高麗王朝的渤海、新羅與後百濟的貴族，則以懷柔政策給予適當的地位與田祿，吸收他們成為新王朝的官僚，使得高麗的基礎相當紮實。他對渤海的太子大光顯與後百濟的甄

萱非常禮遇，尤其給予敬順王金傅極高的地位與食邑等厚祿，並任命他為慶州的事審官，還重申給予他出身地的支配權，這象徵了王建的政治度量寬厚，高麗以新羅的舊領土為基礎，矢志收復高句麗的失土，顯示王建有遠大的政治抱負。他的籠絡與包容政策也反映在制度的建構，高麗初期的政治機構大致是以冊封為主，這也是因為必須與新羅有所妥協。

2.尊崇佛教與風水地理

另一方面，在思想政策上，王建特別尊崇佛教與風水地理之說。由於佛教的護國性格，從三國時代以來就受到歷代帝王的保護與獎勵，高麗王朝也不例外。太祖為了祈求國家與王室的興隆，任用了許多僧侶擔任國師，對於寺廟的興建與佛教的活動也都不吝於支援。例如，開城的法王寺、王輪寺、興國寺等寺塔的興建，以及新羅時代就已盛行的佛教活動，如上元節的燃燈會（正月 15 日）與仲冬（11 月 15 日）的八關會等各種佛教活動都積極地舉行。

此外，新羅末期以來，由於豪族勢力的興起，風水地理之說也跟著盛行，其中以道詵的宣傳最力。他把佛教的善根功德思想與道教的陰陽五行之說相結合來傳播，認為地形與地勢對國家或個人的凶吉禍福有密切的關係。基於這樣的風水地理之說，各地的豪族都自認自己的根據地是風水最佳的明堂，如此也使他們的存在得以被正當化。太祖王建對此深信不疑，他認為國祚與家運都被地德所左右。基於這樣的信仰，他還留下了《訓要十條》給後世子孫做為殷鑑。十條的訓要是錄下有關政治與思想等戒律，要後代的諸王遵守。太祖在訓要中指出，高麗的建國與國土的統

一是靠佛祖的保佑與松岳（王建的出身地）的地德，對此必須重視。最具代表性的例子是，壞風水的車峴（車嶺）與公州江（錦江）以南地方的人，絕對不能任用。

為了王權的安定，太祖還著作並頒布〈政誡〉一卷與〈誡百寮書〉八篇，但其內容現已不可考。顯然那是基於當時的狀況，需要讓臣子接受的規範。

3.對外擴張

太祖強化王權的努力，也展現在對外政策上。他雖早就與北方的契丹相交，但契丹消滅渤海（926年）之後，太祖認為契丹是沒有道義的國家，而拒絕了它的來聘以及求見的使臣與貢品。他反而收容並安頓了渤海的遺民，同時，重視高句麗的西京（平壤），誓言收復高句麗的失土。太祖如此的奮鬥與努力，使他在位時，國境西北達到清川江，東北則擴大到現在的永興地方。於是，太祖對內鞏固了王朝的基礎，對外則統一並擴大了疆域，成果斐然。

4.王規之亂

太祖為了統合豪族勢力，採取權宜的通婚政策來籠絡與收編豪族，固然獲致相當效果，卻也導致王權的式微。因為這種作法使得外戚勢力與宗族勢力竄起，而且為了爭奪王位而激烈鬥爭。果然在太祖死後沒幾年就發生「王規之亂」，為王位爭奪戰揭開序幕。王規有兩個女兒讓太祖當第十五妃與第十六妃，十六妃生下了廣州院君，王規另有一女許給惠宗，為圖謀讓廣州院君來繼承王位，而極力在惠宗與他幾個弟弟之間分化與中傷，並意圖殺害惠宗。在反對派持續的陰謀與壓力之下，惠宗惶惶不可終日而必

須隨時靠衛士來保護自身的安全。惠宗之後，由其弟堯繼位是為
定宗，王規仍繼續抗命，定宗乃召西京鎮將、太祖之弟王式廉以
武力將王規剷除。由此可見當時爭奪王權導致政局不安有多嚴重。

　　定宗平定王規之亂後，想把首都遷到西京。表面上是基於風
水地理之說，指開京的地德已衰，需要遷都到地德較好的西京才
能終結政變。但實際上是因為開京已被敵對勢力所據，需要到第
二首都的西京去尋求王權的維新。但定宗只在位四年，王式廉死
後不久就跟著過世，遷都西京之議遂告停擺。惠宗與定宗之死，
原因雖不可知，但據推測應與反對派陰謀爭奪王位有關。覬覦王
位的外戚與宗族勢力，以及威脅王權的貴族與豪族勢力，若不加
以剷除就不可能期待強化王權。

二、鞏固王權的安定

1.剷除權臣與貴族勢力

　　王權的安定，直到定宗的弟弟光宗即位後，透過殘酷的整肅
與順應時代的改革，總算才告落實。他從即位之初，就大肆整肅
不順從王權的反對勢力，不管是建國功臣或是宗親，只要威脅了
王權就予以剷除。權臣與貴族勢力被剷除後，才能夠鞏固王權的安
定。他藉由減少奴婢的數量，也就是採行奴婢按檢法 ❶（956 年）

---

❶　在後三國的混亂期當中，武將與豪族都把俘虜或戰禍災民強制當做奴
　　婢，奴婢數量的增加也反映了地方豪族勢力的擴大，從軍事與經濟層
　　面來看這是必然的結果。因此，為了抑制貴族與豪族的勢力，勢必要
　　刪減奴婢的數目。根據奴婢的按檢，原來屬於良人階級者，經過調查

來消弭妨礙王權安定的因素。

　　光宗並接受中國人雙冀的建議，在 958 年實施科舉制度，以建立中央集權的政治體制，做為鞏固王權的恆久基礎。這也是為了剷除建國初期的武將，轉為起用文人出任官吏的措施。科舉制度的施行是以儒家思想為中心，因其學問的基礎是以忠與孝為最高的道德實踐。而且，以儒家為依據來錄用官吏，可以打破傳統族閥中心造成閉塞的人才進用方式，因此能夠廣泛地羅致包括舊貴族與地方豪族在內的各階層有能力的人才，使得王權強化而形成新的官僚體系。同時，為了穩定官僚體制，在 960 年制訂了百官的官服，分為紫、丹、緋、綠四個顏色。紫衫是具有元尹以上官階的大貴族才能穿著，受到最高的禮遇；丹衫是文武官僚與各業人士；緋、綠衫則是文官與雜業人所穿。這是為了讓貴族與中央官僚有所差別，並藉此確立官吏的身分秩序。而且，光宗也從裡而外推動強化王權的運動，包括自稱帝王，定開京為皇都，西京為西都，建立「光德」與「峻豐」年號等一連串的改革。他後任的景宗元年（976 年）時，設置了田紫科，就是在這些改革的基礎上做為中央官僚的經濟奧援。

2.制度的建構

　　從光宗開始施行的強化王權與中央集權體制的建構，到十世

無誤之後就放他回去當良人。如此不僅縮小了中央貴族與地方豪族的軍事與經濟勢力差距，也因良民人數的增加而收攬了民心，並使國家的稅收大幅增加。

紀末期的成宗時才告完成。尤其，集權體制能夠建立在儒家的基礎上，是因為當時的大儒崔承老所致。他目睹了光宗時代的改革，而提出了二十八項的改革方案，不採行光宗的獨裁與整肅方式，而是基於儒家的理念來主張王權的強化，以及中央集權政治體制的確立。成宗接納了崔承老的改革方案，便趕緊全面整備體制。不過，高麗的政治組織與官階雖然是從中國引進來的，但是鄉職的設置，則維持與承襲了高麗自有的秩序體系。

　　成宗時不僅建立中央官制，也同時制定了地方官制。而且，此時首度派遣了地方官吏，這意味著過去一向由地方豪族擔綱的自治，終於納入了中央政府的規範之下。此外，成宗還製造鐵錢，試圖建立流通秩序的新貌，並在地方設置義倉與常平倉，供給貧民的糧食，對物價的掌控也很圓熟。

　　到光宗朝安定下來的王權，使得成宗朝對制度的建構才更形鞏固，此後到十一世紀後半的文宗時，制度性層面才算完備。此時，高麗朝不僅是制度面，社會面與文化面也都達到了極盛時期。

三、對外關係

　　高麗太祖王建在十世紀初建國之際，在遼河上流的契丹以臨潢為據點，成為一股新興的大陸勢力。由耶律阿保機為首建立的契丹（916年），將渤海消滅後便與高麗接壤。打著北進政策、試圖恢復高句麗舊土的高麗，與不斷意圖東進的契丹，從十世紀末期就不時發生衝突。

　　西元942年契丹派遣使臣並進貢五十匹駱駝給高麗，開始了

雙方的交涉。由於先前太祖曾因契丹消滅渤海，而斥契丹為「無道之國」，於是將契丹的來使流配，並將駱駝棄置開京萬夫橋下餓死，此舉導致兩國的交涉中斷。契丹於是謀劃對中國大陸展開攻擊，同時，為了阻止宋與高麗締結軍事同盟，也在986年向宋提議派遣特使睦鄰。

此時，在鴨綠江周邊的女真、契丹、高麗處於錯綜複雜的關係，而契丹、宋、高麗的三邊關係也很微妙。契丹為了侵略宋的燕雲十六州，必須要先切斷宋及高麗的關係，才有助於後方的安全。因為若高麗與宋結盟攻擊契丹的話，契丹將會受到腹背受敵的威脅。因此，契丹入侵高麗，除要分化宋與高麗的關係，尋求自己後方的安全，同時也是為了解決鴨綠江周邊複雜的領土問題。

1.契丹三次入侵高麗

西元993年，契丹派蕭遜寧率領八十萬大軍越過鴨綠江，入侵高麗的西北邊。但是，中軍使徐熙對當時朝廷中爭論的割地論，持不同的立場，而直接與蕭遜寧展開談判，力圖克服危機。他認為高麗是高句麗的繼承者，契丹所佔領的大部分領土應歸高麗所有。他不僅提出歷史論據，要求侵略者離去，也主張鴨綠江以東的土地——興化鎮（義州）、龍州（龍川）、通州（宣川）、鐵州（鐵山）、龜州（龜城）、郭州（郭山）等江東六州，必須併入高麗領土。徐熙如此的外交斡旋，是基於對當時國際情勢的深入洞察，以及對高麗在歷史的定位有正當的認識才有可能。而且儘管朝中悲觀論調盛行，能有像李知白等人對自己文化有深刻認識並大肆鼓吹者，更是值得矚目。

　　契丹第一次入侵，與它及宋朝的問題有很大的關聯，而它撤退後，高麗與宋的關係仍如往昔。尤其，契丹對高麗據有江東六州懷有怨懟，給了它再度入侵的機會。後來，高麗發生朝廷政變，也就是康兆廢掉穆宗，並剷除金致陽一黨之後，擁立顯宗為王，而讓契丹有了再侵的藉口。契丹的聖宗以追究康兆罪責為名，親自率領四十萬大軍侵攻高麗，突破康兆的防禦而佔領了開京，顯宗避難到羅州商討求和。於是，以顯宗入朝為條件交換契丹撤軍，不過顯宗的入朝並未實現。契丹入侵俘虜了康兆，且將河拱辰押為人質，不過他們都拒絕向契丹聖宗稱臣而壯烈犧牲。

　　後來契丹一再要求顯宗入朝並歸還江東六州，而在1108年派蕭排押率十萬軍隊侵襲。但是姜邯贊在龜州將敵軍擊退，幾乎完全殲滅，使得契丹大軍只剩下數千兵員活著回去。

　　契丹前後三次入侵高麗，終告失敗。高麗的軍民同心協力，在三十年間奮勇抵抗異族的入侵，堪稱顯赫的勝利。

　　1109年與契丹謀和之後，高麗便開始為戰爭善後。替開京建造了外廓，同時，為了防止北邊國界遭到契丹及女真的入侵，建造了千里長城。另一方面，在社會救濟政策上，實施「義倉收容法」，並對死亡軍人之妻給予口分田的配給。此外，由於戰亂中燒燬了不少文化古蹟與歷史書刊，崔沆等人特別撰修了太祖至穆宗之間的七代實錄。

2.征討女真

　　女真在渤海被契丹消滅之後，散居在滿洲與高麗北邊一帶，無法凝聚為統一的力量，而奉高麗與契丹為上國。高麗以糧食、

布匹、鐵製農具、鐵製武器等供應女真，交換馬匹或毛皮的進貢。其中若有來歸的人，高麗會提供房屋與土地做為生活之所賴。

但是到了十一世紀，女真族社會也逐漸形成統一的新局面，而導致社會的變貌。當時在滿洲北部的完顏部勢力急速膨脹，連附屬於高麗的女真都受到影響。於是高麗對女真的態度轉為積極，雖然不斷有武力衝突，但是以步兵為主的高麗部隊畢竟不敵女真的騎兵，而不斷遭到挫敗。此時，藉重組軍隊之需，設置了「別武班」❷。

討伐女真之戰，由尹瓘擔任督軍元帥，於顯宗二年 （1107年）出征。尹瓘越過定州關（定平），佔領了當時女真居住的咸興平野一帶，並遠達洪原。尹瓘為了永久固守這地區，建造了咸州、英州、吉州、雄州、福州、公險鎮、通泰鎮、真陽鎮、崇寧鎮等九城，派兵駐守並嚴密防衛。後來，女真經常侵犯這地區，試圖挽回頹勢，也曾派遣使臣苦苦哀求歸還九城。這時，高麗內部竟然因為邊城不易防衛與管理，再加上朝臣對尹瓘的猜忌，而以來貢做為交換條件，將九城還給了女真。

後來女真被酋長烏雅束的弟弟阿骨打所統一，並建國成功，國號 「金」 （1115 年）。金不僅持續抗拒衰落中的契丹，並在1125 年將之滅亡，次年更打敗宋朝，攻陷宋的國都汴京（開封），

❷ 別武班是由實戰經驗豐富的尹瓘所建議，編組成神騎軍、神步軍與降魔軍。神騎軍與神步軍各為騎兵與步兵，兵源來自包括文武雜官、商人、奴婢等各階層，降魔軍則為僧侶部隊，這些都是為了征討女真而設置的軍隊組織。

甚至活捉宋徽宗、宋欽宗。宋被趕到長江以南的臨安（浙江）來賡續餘脈，後來被稱為南宋（1127 年）。

其間，金對高麗則施加不同型態的壓力，後來更強迫締結君臣關係。然而一直以「上國」自居的高麗，對金的提議雖然難以接受，但是當時的權臣李資謙主張，為了維繫政權以及國際間的和平關係，高麗應該接受。結果，後來金對高麗就再也沒有軍事侵略了。

3.與宋交流

大體而言，高麗與北方民族的關係一向敵對，相反地，對宋則視為文化先進國，而較為友好。高麗與宋除了官方的使臣往來外，也透過民間的商船交易，出口金、銀、銅、人蔘等原料與紙、筆、墨、扇子，並從宋進口綾羅、書籍、瓷器、藥材、香料、樂器等。高麗因為從宋進口了先進的文物，對發達高麗的文化有極大的影響。例如，像宋朝的印刷版本發達了高麗的木板印刷；高麗青瓷器的發展，也是與宋的交流才有以致之。在和平的基礎上促成兩國這種經濟與文化的交流，也充分滿足了高麗貴族的慾望。

但是金的勢力興起之後，由於受到軍事壓力所致，使高麗與宋的關係變得相當微妙。宋希望與高麗結盟來夾攻金或契丹，但是處於承平狀態的高麗，並不願因為過度的行動而刺激金與契丹，以至於無法接受宋的請求。尤其，宋遭到金的侵襲，宋徽宗遭到俘虜（1127 年）之後，宋曾要求高麗援救，但高麗堅持在國際間採中立態度，而拒絕了此一要求。如此，導致高麗與宋的交流關係一度中斷，不過與宋的貿易關係仍繼續維持。當時做為開京海

上門戶的禮成港，已有國際性商港的架勢，除了宋與日本商人之外，也有遠從大食國（阿拉伯）來的商人。

第二節　高麗前期的社會結構

一、官制的完備

高麗建國以後，制訂了獨有的官制，以御封的「九官等」為主軸，藉此吸納太祖直屬的部下以及親高麗的豪族。但到十世紀中葉的光宗以後，一面強化中央集權體制，同時制訂了中國式的文散階官制，藉此編組成中央的文武官僚。後來到成宗時，高麗的政治組織開始調整為中央集權式的統治型態，到文宗時完成。

1.中樞機關

高麗官制的中樞機關為三省與六部，三省也併稱為「宰府」，包括中書省、門下省、尚書省。中書省與門下省也合稱中書門下省，為最高的政務機關，掌管一般庶政與諍諫。尚書省則統領全體官僚，負責將宰府決定的政令由中央轉達到地方各機關。尚書省之下有吏、戶、禮、兵、刑、工六部來掌管實務。另外，還有中樞院（後改稱「樞密院」）與三省構成了中央官制的兩大支柱。中樞院也稱為樞府，成宗時設置，主要的任務是奉國王命令的出納與軍機的掌握。

三省（宰府）與中樞院（樞府），也稱為兩府或宰樞，是高麗官制中最重要的兩個部門。在決定國家重要大事時，需由兩府的

高官——宰臣與樞臣——共同參與協商決定，此乃「都兵馬使」。都兵馬使原本主要掌管國防，後來逐漸變成一般國政的議決機構。此一議決機構的存在，充分顯示了高麗貴族政治的特徵。

除宰府與樞府之外，重要的官府還有三司與御史臺（後來的司憲府）。御史臺與中書門下省所屬的「郎舍」（諫官）都擁有「署經」的權力，可以干預國王對官吏的任命，以及法律的修正與廢除，同時對王權行使的專制，可予以相當的牽制。同時，掌管錢穀出納與會計的三司，地位也相當重要，起初，三司並無資格參加都堂會議，後來才賦予與會資格，而提高了它的位階。

此外，武班是與文官不同的最高議決機關，也稱之為「重房」。重房是由二軍與六衛的正、副指揮官（上將軍、大將軍）所組成，但權力遠不及都堂會議，高麗王朝成立之初，對武臣非常重視，但持續的承平與中央集權體制的鞏固，而出現了文尊武卑的傾向。

2.地方制度

在地方制度方面，成宗二年（983年）設置了十二牧，由中央派遣官吏而開始有了地方的官制。如此才使得地方的州縣直接納入中央政府的管轄之下，後來經過多次的修正與廢除，到顯宗時才告一段落。全國依此大致分為道與界，其下設有三京、五都護府、八牧，以及郡、縣、鎮等。道是一般的行政區劃，得視情況需要而增減，而北方的國境地帶，因屬軍事特殊區域，所以設置了「東界」與「北界」（西界）兩個界。至於三京，與風水地理有密切的關係，起初稱為開京（開城）、西京（平壤）、東京（慶

州），後來東京被南京（漢城）所替代。五都護府是指安東、安西、安南、安北、安邊，隨著時代的不同經常變更位置，但都是位居四方要津，具有掌控地方安全的軍事中心功能。

　　這些地方行政單位，都是由中央派遣官吏到地方赴任，不能由當地出身者擔任首長，也都有一定期限的任期，這是因為擔心地方勢力的坐大。但是輔佐這些地方官、而且實際負責行政事務的是戶長，其下還有鄉吏。戶長等鄉吏原本都是當地豪族出身的土著勢力家族，因此交替相當頻繁，一段時間之後就派到州、府、郡、縣去，他們比地方首長對當地事務更熟悉，對地方的影響力當然也就更大了。為了牽制他們的勢力，就將當地出身的中央官吏任命為事審官，或是設立「其人制度」，將其子弟當人質送到京城宿衛。而且，郡縣鎮之下再分為村的單位，由當地人擔任村長或村正，在他們的統御之下，與中央集權的統治機關相連結。此外，新羅以來的鄉、所、部曲等賤民部落，也設置行政單位；為了租稅與運送貢納品，也在全國各處設置驛、館、津、浦等，構成了連結地方與首都的交通網。

二、科舉與教育

1.科舉制度

　　為了許多行政機關任用官吏的需要，從光宗開始實施科舉制度，做為國家任官考試。科舉考試分為製述科（進士科）、明經科與雜科三個部門，製述科主要考詩、賦、頌、策等文藝類，明經科考儒家的《書》、《易》、《詩》、《春秋》等經典，雜科則考法律、

醫學、天文、地理等科目。製述科與明經科都是為了招考文官的考試，不過，一般而言，由於比較崇尚文藝，而使得製述科最受重視。整個高麗王朝一共有六千多名製述科合格者，而明經科只有四百五十人，便可見一斑。

雜科則是為了考選技術官僚，主要考的科目有明法、明算、醫業、咒噤（卜業）、地理等。因此，雜科的素質當然要比另兩科來得低落。

此外，武臣的任用，是從恭讓王時才開始採行武科考試，因此可以確知，在高麗時代並無透過科舉選拔武臣的情事。

在高麗，只要是「良人」就具有應考的資格。但是賤民或是僧侶的小孩不能應考，農民幾乎也無法參加。主考官稱為「知貢舉」，是名譽極為崇隆的職務。知貢舉與考試及第者因此結下座主與門生的關係，執父子般的禮儀。而且這樣的關係是持續一輩子，如此乃形成了一個社會集團。

不過，高麗的官吏並非全都靠科舉考試任用，這是因為還是有所謂「蔭敘」（靠庇蔭敘用）的特權。蔭敘是對五品以上官吏的子弟任命官職的制度，也就是說，只要是中堅官吏就可享受蔭敘的恩澤而讓後代也成為官吏。儘管如此，並非任何五品以上官員的子弟都可得到庇蔭的照顧，大體上只限定一個人。這顯示了高麗官僚制度中，科舉考試的偏限性與貴族制度的特性。

2.國子監與私塾

早在太祖時代，就在開京與西京設置學校做為教育機關，到成宗時，更蓋了大規模的校舍，設立了國子監。國子監是一種國

立的綜合大學，後來經過數次的改造，而在仁宗時，改稱為京師六學，包括：國子學、太學、四門學、律學、書學、算學等。

　　為了提振地方教育，成宗時各派一名經學博士與醫學博士到十二牧去，致力於對地方子弟的教育。後來到仁宗時，整頓京師六學之際，也建立地方鄉學負責地方子弟的教育。

　　在教育設施方面，分別在開京設祕書院，在西京設修書院，算是一種圖書館，提供學者們從事學問的研究。

　　由於對儒學的重視，導致私人興辦的私塾比官方的國子監在現實層面上更具影響力。私學最早始於文宗時，有「海東孔子」美譽的崔沖創設「九齋學堂」，並分為九個專門講座來授課。當時，包括崔公徒在內共有十二個私學，而被稱為「私學十二徒」，十二徒的創設者大多是當代的大學者或前職高官。由於這樣的條件，使得高官子弟都以到私學十二徒就讀為榮，風潮之下造成了私學的興盛。私學興盛後，相對地造成官學衰退，使得國家不得不重視官學的振興。首先，在睿宗時重新調整國子監，並模仿崔沖的九齋學堂設置了七種專門講座，聘請各專業領域學有專精的學者分別擔任講座，同時設置類似獎學基金的「養賢庫」，致力於提振官學，培養出金仁存、金富軾、尹彥頤、鄭知常等大學者。

三、經濟發展

1.土地制度

　　建構高麗王朝經濟基礎的應屬土地制度，而土地制度的最基本，則是田柴科。田柴科是太祖二十三年（940年）時，為了論

功行賞而分配給予土地的 「役分田」 而開始的 。 到了景宗元年
（976 年），雖稱為「初步田柴科」，仍不脫論功行賞的傾向。穆
宗元年 （998 年） 才制訂規定，依照官職的高下分為十八科配給
土地，而稱為「修正田柴科」。配授田柴地的官僚，包括了職業與
零散的文、武、南班等官僚，以及雜色的員吏與軍人等。

　　田柴科之外，重要的還有「功蔭田」的規定。功蔭田原本是
授予功臣或投誠來歸城主的功勳田，後來變成給予五品以上官吏
的土地，並可以讓後世子孫世襲的一種「永業田」。因此，功蔭田
是可以自由買賣處分的土地，並由佃農耕種、地主收租。所以，
這是支撐貴族身分的私有土地。同時，駐外的鄉吏與軍人，也能
分到土地，鄉吏分到的外役田，是他們擔負地方事務的代價，除
了官職世襲外，土地也是可以世襲的永業田。軍職一樣是世襲，
軍人田也同樣世襲，每個軍人需供養兩人之家，由他們負責耕作。
無嗣的軍人，年老時需把軍職歸還國家，另分給小塊的口分田。
口分田除了分給無子嗣的軍人或未亡人，也同樣分給無生計能力
官吏的父母與兄弟或未嫁娶的子女等。

　　此外，對於國內外的國家機關，有所謂「公廨田柴」做為調
度經費的土地，有王室直轄的內莊田、宮廷所屬的宮院田，以及
寺廟擁有的寺院田。

　　高麗的土地雖然原則上屬於國有，但並非所有土地都是國有
的。儘管國家擁有直接使用的公田，那是為支付官吏俸祿的國家
支出所需。公田包括了王室御料地 （莊與處）、公廨田，以及國家
收租的土地。相反地，功蔭田或外役田、軍人田等永業田，是私

田或私有地。雖然土地是由國家支給，但只是形式而已，私有的本質不容否定。這些私田的共同特性是皆由佃戶耕種，土地所有主擁有收租權，並且允許世襲。公田是國家與王室的財政來源，私田則是為了保障支配階層的生活所需。因此，若私田一再擴大會吞蝕國家財政，所以國家必須費心制訂政策遏止私田的擴大。

2.經濟生活

貴族階層通常是靠自己擁有的土地與俸祿來生活，剩餘的則做為累積更多財富所用。例如，收取田租之後，再當高利貸貸放出去，如此便能有利息孳生，而像金庫一樣財源生生不息，稱之為「寶」。因使用目的不同，有獎學用的學寶、救濟貧民的濟危寶、充當八關會經費使用的八關寶，以及獎助僧侶的廣學寶等。

經濟的發展與貿易的盛行，必須鑄造貨幣做為流通的工具。成宗時感覺到使用貨幣的必要性，於是鑄錢開始流通，後來到穆宗時，雖然獎勵使用貨幣，不過民間還是習慣用米或布做「以物易物」的交易。肅宗時曾以國家的地形鑄造名為「銀瓶」（闊口）的貨幣來使用，但因價值昂貴，民間無法廣泛流通，只被貴族之間當做大規模交易或收受賄賂所用。

高麗的稅金分為租、庸、調三種。不論公田或私田，農民必須把收穫的穀物上繳一部分給國家，這是田租；十六歲以上、六十歲以下的壯丁必須課徵一定的庸（役）；地方的特產品繳納國家則為調。

耕種土地的除了農民之外，還有鄉、所、部曲等特殊行政區的居民。他們主要可分為從事農業與手工業的賤民集團，從事的

業種相當受到鄙視。賤民之外，還有龐大數量的奴婢，奴婢分為屬於國家的公奴婢與屬於私人的私奴婢，公奴婢主要在宮廷與官廳等機關從事雜役或耕耘的工作，有時也分配給文武官員或兩班官僚，充當他們的僕役。私奴婢則屬於王公、貴族與寺廟，主要從事煮飯與砍柴等工作，他們的身分是世襲的，也常成為買賣的對象。也有奴婢幫主人在外地從事耕種，而擁有自己獨立的家居生活。

不論良民的農人或各種賤民，大致都是生活艱苦，國家必須替他們另謀救濟之道。高麗時代的救濟機構從事特定的基金運作，利用濟危寶的孳息來救濟貧民，東西大悲院則司貧病者的醫療與救援，蕙民局提供免費的藥品給貧民。另外還有義倉負責在平時積蓄糧食穀物，在發生饑荒的凶年時分發救濟貧民，常平倉則專司物價的調控。但是，這樣的社會政策還是無法成為救濟貧民的根本解決之道。

四、軍隊組織

高麗從建國初期，就與北方的契丹衝突征戰不斷，因此，對軍隊組織非常重視。太祖在松岳附近組成的強大軍事力量，並以直屬部隊親自率領，成為他統一後三國的主要兵力。他再以此為基礎，在中央組成了二軍與六衛的軍事組織。六衛是指左右衛、神虎衛、興威衛、金吾衛、千牛衛、監門衛等六支部隊，這是成立於成宗時代。它們的任務是首都開京的防衛、警察、儀典，以及負責皇宮的守衛，同時也擔負邊界的防衛任務。

　　被稱為二軍的鷹楊軍與龍虎軍，則比六衛稍晚組成，由於二軍是國王的親衛軍，地位較六衛更高。二軍與六衛共轄有四十五個領的部隊，每個領由一千名士兵組成。二軍與六衛的最高指揮官是「上將軍」，副指揮官則稱「大將軍」。上將軍與大將軍合署辦公的「重房」，與文官的「都堂」相對應，是武官的最高官府。不過，在主張文人統治的高麗，重房的權力遠不如都堂。

　　二軍與六衛的身分與服役的義務都是世襲，因而形成了職業軍人。軍人的家眷也都載入軍籍之中。軍人及眷屬分配給軍人田，以兩人為單位配予耕作，若有缺額則選派補充。通常選擇軍人，原則上是從農民中選拔年輕力壯者，不過有相當多是從賤民中選取，如此造成了軍人社會地位的低落。

　　高麗的地方軍力，創始於定宗二年（947 年）的光軍，後來改組為州縣軍。州縣軍具有常備兵力的型態，部署在兩界的各鎮，經常處於因應突發事件的待命狀態。而部署在道的州縣軍，是由保勝、精勇與一品三種部隊所構成，保勝與精勇負責治安與戍衛，一品軍則是像工兵一樣的勞動部隊。

第三節　貴族社會的分裂與高麗前期文化

一、貴族勢力坐大

　　高麗朝燦爛的貴族文化到睿宗末期達到全盛期，隨後就宣告終結。從後任的仁宗初期到高宗即位前後（政權移轉到崔氏），大

約九十年之間，在政治與社會層面，幾乎是籠罩在以下剋上的風潮當中，王權衰落，秩序也遭到破壞。這是因為從高麗前期以來，組織結構當中內含與滋生的矛盾，諸如文官與貴族政治全盛時期的惰性與腐敗現象，到此時全部迸發出來，而以叛亂的型態出現。首先是由開京腐敗的貴族圈內所引爆，代表性的案例有李資謙之亂，以及以西京為據點的妙清之亂。這種支配階層體制內部的紛爭，早在高麗前期就已經埋下禍根，後來會引發各種叛亂乃是理所當然。

1.貴族社會的形成

高麗貴族社會的形成，是經光宗致力王權的安定，到成宗時才達成。為了收拾光宗改革失敗的政治局面，成宗起用新羅系統儒學家的代表人物崔承老，他改革鄉職並貶抑地方豪族的地位，同時，把豪族吸納到中央成為貴族，並全力教育豪族子弟。而且，他常傾聽專精中國古典與儒學的學者之意見，反映在政治運作上，高麗的貴族政治於是漸漸打下了根基。

出身新羅系統的貴族對高麗社會與政治秩序的改造，有極大的貢獻，他們的地位也因而相當穩固。但是，出身開京附近地方的豪族，以文官之姿進入中央政治舞臺者逐漸增加，於是造成高麗由許多異姓貴族主導的政治，與新羅王室以真骨為中心的政治型態大異其趣。

這些異姓貴族不論是來自新羅派的漢城或慶州，都以原本豪族時代的出生地做為本籍，而本籍地也成了區分他們勢力強弱的標準。由於他們對出身的派閥與家門如此重視，他們的戶籍也與

平民不同，是另外造冊的。

　　他們為了擴張家門的勢力並提高地位，非常善於利用婚姻政策。能夠成為通婚對象的門戶，一定是有相當的社會地位，攀上名門不僅是很光彩的事，也能提高自家的地位，可以更快地飛黃騰達。當然大家最希望的，就是能夠與王室這個高麗地位最高的貴族通婚，如此不僅是至高無上的榮耀，也是可以立即掌握政權的捷徑。於是，王室與政權在外戚操控之下，誕生了名門勢族，其中最著名的家門要算「安山金氏」與「仁州李氏」。安山金氏四代五十多年間，仁州李氏則七代八十餘年間，以王室的外戚身分壟斷了政權。此外，還有以崔沖為代表性人物的海州崔氏、金富軾的慶州金氏等都是當時的名門。如此一來，儘管新羅時代的骨品制垮了，但是高麗仍興起了以新的貴族為中心的政治社會。

　　貴族勢力的抬頭，必然會在其內部出現互相抗爭的現象。由於門閥是享有政治光環與經濟利益的基礎，高麗社會的貴族為了爭奪政治權力與經濟力量，而相互激烈鬥爭乃是理所當然。如此的對抗經過數次之後，就以叛亂的形式出現了。而且，接連的叛亂是發生在貴族文化全盛的仁宗與毅宗時代，其中以李資謙之亂與妙清之亂最具代表性。

2.李資謙之亂

　　李資謙之亂是王權式微與貴族勢力坐大的典型事件。仁州李氏到李資謙時，勢力達到顛峰。他把一個女兒許配給睿宗當妃子，所生的兒子仁宗繼承了王位。後來，李資謙又將兩個女兒嫁給仁宗，而與王室重複了姻親關係（仁宗既是他的外孫，又是女婿），

獨自壟斷了權力。

　　於是，李資謙的族人與黨羽都飛黃騰達，反對者不論王族或功臣，不是被流放就是遭到誅殺。權勢獨大的李資謙派閥，對別人的土地與財物強行掠奪，擴大自己的農莊而擁有經濟上的優勢。其派閥中的代表人物有拓俊京，是征討女真有功的武將，成為李資謙的軍力後盾，並且坐擁極大的權勢。蠻橫的李資謙甚至迷信「十八子為王」的妖言，野心勃勃地想要罷黜仁宗自立為王。仁宗對李資謙張狂的行徑頗為憎惡，於是和親近的臣子金粲、安甫麟、崔卓、吳卓等人密謀要剷除他們一黨，但是遭到拓俊京以迅捷的軍事行動弭平而告失敗，仁宗遭到幽禁，群臣則都遇害（仁宗四年，1126 年）。事件之後，李資謙更加暴虐，甚至想要殺害仁宗，後來反而遭到拓俊京的罷黜與放逐（1127 年）。曾經叱咤一時的仁州李氏，從此勢力終告沒落。

3.妙清之亂

　　李資謙之亂平息之後，有識之士紛紛尋求政治革新以鞏固王權，並遏止貴族勢力。仁宗五年（1127 年）頒布十五條的維新令，顯示了他的意志。同時，外在方面有女真建國為金，對高麗加諸許多壓力。內外交迫的情勢下，於是發生了改革派人士妙清的遷都西京運動。

　　妙清一黨就是利用國內外的政治情勢，企圖掌控政權。妙清、白壽翰、鄭知常等西京人，對開京腐敗的貴族政權實在無法容忍，於是巧妙地運用當時支配社會人心的「陰陽地理圖讖說」，也就是指開京的地德已衰，西京的地德正旺，應該遷都西京，國家復興

才能落實。

　　同時，他們在西京起造大花新宮準備移駕王位，以西京為首都並稱帝建元，意圖建立以西京人為中心的新政治。不料，這一遷都運動遭到以金富軾為首的開京朝臣猛烈排斥。他們迷信的荒誕行為，反而成了金富軾一派攻擊的材料，而且，取巧的方法又是以詐欺的手段呈現，於是讓反對派大肆撻伐。

　　起初，妙清利用李資謙叛亂後仁宗傷心之際，成功地影響了仁宗，但是遭到反對派的嚴重抵制而受挫。眼見主張無法貫徹，妙清於是發動叛亂（仁宗十三年，1135 年）。妙清於西京動員軍隊，國號大為，年號天開，軍隊號稱「天遣忠義軍」與政府軍對抗。但是因為太過性急又毫無計畫，結果不免落敗，金富軾指揮下的官軍歷時一年平定了叛軍。

二、貴族生活面貌

　　高麗前期的文化，大致就是貴族文化，因此與當時貴族的生活面貌有極為密切的關係。

　　首先，在對外貿易方面，除了契丹、女真與日本之外，連阿拉伯（大食國）的商人都有來往，國際貿易港口碧瀾渡的聲名也很響亮。高麗與宋朝的貿易關係非常活絡，進口品有：綾絹、瓷器、書籍、藥材、樂器、香料、文房用具（紙、筆、墨）等，出口的則是：金、銀、銅、人蔘、毛皮、綾羅、苧麻布、白紙、扇子、松子等。阿拉伯商人帶來的物品主要是水銀、香料、染料、銅、藥品等，從宋及阿拉伯進口的商品來看，當時高麗貴族生活

之奢侈可見一斑。

1.佛教為文化基礎

高麗前期的文化，同時也是以佛教為基礎而形成的。貴族的文化基礎更是不脫佛教的範疇。佛教從太祖時代就受到國家保護而得以發展，統一新羅末期盛行的禪宗，到高麗初期開始停滯，五教之一的華嚴宗取而代之。這是因為教主與貴族的關係密切所致。後來到高麗中期，大覺國師義天的出現，佛教界大幅改組為五教兩宗（天台宗與曹溪宗），這是因為義天主張「教觀兼修」，化解教禪的對立，並要求相依合作。由惠能大師擔任宗祖的曹溪宗成立，促成天台宗的改制，以及禪宗九山的自覺與團結。

相對於佛教教理的沉滯，高麗時代對佛教給予極大的經濟支持，而能夠廣建寺廟與石塔，像興建擁有二千八百間房大規模的

圖 11：海印寺的《大藏經》經版庫

興王寺，並且提供寺廟許多土地與奴婢等等，都可見佛教受重視的程度。寺廟後來使國家經濟遭到極大的損失，乃是格局太過龐大所致。

在如此的經濟基礎上，便醞釀刊行《大藏經》。從契丹入侵時開始，到文宗時代共完成了六千多卷。後來，義天集中從

宋、契丹與日本帶回來的佛經與註釋本,在興王寺設置教藏都監,刊行了四千七百多卷。這兩種版本的《大藏經》收存在大邱符仁寺,但是十三世紀初蒙古入侵時遭到焚燬。

2.民俗與文藝

高麗時期的主要活動有正月的燃燈會與十一月的八關會。燃燈會是佛教的祭典,八關會則是結合了民俗信仰。每當活動時,宋、日本、女真、耽羅等地的使節與商人,都會前來致賀並在此時通商交易。

高麗貴族文化的代表性藝術品是青瓷。青瓷的色彩與紋路充滿美感,型態也讓人感覺非常協調,尤其,紋路雕刻的手法,早期是採陽刻與陰刻的方式,後來使用相嵌法。瓷器採用獨特的相嵌技法的,只有高麗青瓷。高麗青瓷之美,在於造形、色彩、紋路等的調和搭配,而且奢侈品的特性大過於實用價值。這種青瓷被認為隱含了貴族對於虛無與寂寥的憧憬,以及對極樂世界的哀愁。

高麗時代的石塔繼承了新羅,但是建造技法比較不圓熟。高麗前期的佛塔有忠州淨土寺的弘法大師的實相塔(現在景福

圖 12：五台山月精寺八角九層塔

宮）、原州法泉寺的智光國師的玄妙塔（現在景福宮）、開豐的玄化寺七層塔、五台山的月精寺九層塔等，佛像則有論山灌燭寺的彌勒佛、榮州浮石寺的阿彌陀塑像等。

　　高麗的繪畫似乎也相當發達。仁宗時李寧畫的「禮成江圖」曾經得到宋徽宗的稱讚，他的兒子李光弼也極富盛名。書法方面，有文宗時的柳伸、仁宗時的坦然、高宗時的崔瑀，他們與新羅的金生一起被稱為「神品四賢」。而且，初期貴族社會流行的書法是歐陽詢體。

第五章 | *Chapter 5*

高麗後期

第一節　武人政權

　　高麗初期，文武官員的差別原本並不大，但隨著王權的穩定，高麗的貴族政治漸漸朝向「文治主義」發展。如此崇儒好文的政策，造成文尊武卑的風氣，而導致武將的不平。武臣不僅政治地位比文官低，經濟面也居於劣勢。尤其原本應當由武臣擔任的軍區司令職位，卻被文人佔據，引起武將的不滿。鎮壓妙清之亂時，便是由文官金富軾擔任司令官，由此便足已證明。對武官如此的鄙視，到仁宗之後的毅宗達到最高峰，導致最後發生叛變。

一、武臣之亂

　　毅宗（1146–1170 年）蓋了許多亭臺樓閣做為歌舞遊嬉之用，並命名為太平臺、歡喜臺、美成臺等名稱，過著極其奢靡的荒誕生活。在這樣的風氣下，文官也競相效尤耽溺於享樂與糜爛的生

活。如此的墮落，不僅消耗國家的經濟，紀綱蕩然無存，也導致生靈塗炭。

　　相較於國王與文官的奢華放蕩，護衛他們的武臣與軍人的生活，則算是相當悲慘。堂堂一位將軍都不免被譏為是國王與文臣的玩耍寵物或侍衛兵。老壯的武夫經常被年輕的文官所侮辱，或在國王與文官飲酒作樂時被遣來做助興的競技表演，如此的事態一再重演。早先發生過武臣被文臣金敦中用燭火燒掉鬍鬚的情事，也發生過大將軍李紹膺被文臣韓賴打耳光的事。

　　除了賤待武人之外，軍人的不滿也是武臣動亂的另一個原因。儘管制度規定對擔任軍職的軍人授與軍人田，但實際上軍人幾乎都未擁有土地。而且除了戰爭之外，承平時期的工程建設，軍人也都會被動員，加上對軍人的鄙視，從很久以來就讓軍方充滿了憤怒。如此諸多因素的累積與成熟之後，終於在毅宗二十四年（1170 年）爆發了武臣之亂。

　　包括鄭仲夫、李義方與李高等將軍，利用毅宗到開京郊外普賢院巡幸時，守候在途中率同扈從的軍人發動兵變。將軍鄭仲夫主導這場兵變，並煽動：「凡戴文冠者，一律誅殺。」於是在武臣與軍人合勢之下，輕易地發動叛亂成功，是為「庚寅之亂」。他們罷黜了國王與太子，並分別放逐到巨濟島與珍島，擁立毅宗之弟明宗（翼陽公晧）為王。這場叛亂導致包括韓賴與金敦中在內的大批文臣遭到悽慘地誅殺。後來，東北面兵馬使金甫當勾結宮廷的內侍，發起復辟毅宗的運動，但是失敗了。他被處決之際竟喊出：「所有文官都是共謀。」結果，導致上次免於殺身之禍的文臣

都無法倖免，這次悲劇被稱為「癸巳之亂」。後來，趙位寵等多人舉兵抗拒武臣，但都遭到挫敗，所有的官職幾乎都被武臣所佔，政權完全由武臣所操控。

　　儘管庚、癸之亂以後武臣掌握了政權，但他們之間終不免因為爭權奪利而反目。長期在文臣之下覬覦權力與財富的武臣們，一旦有了權勢也不遑多讓，汲汲於利用自己的地位來擴大私田，並鞏固自己的經濟實力。他們無所不用其極地爭權，政經財富與軍事實力交相運用。

二、崔氏獨斷集權時代

　　武臣之亂以後，掌控政權的有鄭仲夫、李高、李義方等人。但是，明宗元年（1171年）李高被同僚李義方殺害。李義方把女兒嫁做太子妃，而擁有了權勢，不久就被鄭仲夫之子鄭筠所殺。鄭仲夫後來出任門下侍中一職，把內外要職安排給他的朋黨，並強奪土地，以獨大的勢力耀武揚威。但是，他在明宗九年（1179年）被青年將軍慶大升所殺，而慶大升為了自保，招募了一百名勇士，設置名為「都房」的私人部隊，干預政治幾年之後病死了。慶大升死後，李義旼一度獨攬大權，但因太過暴虐，被將軍崔忠獻與崔忠粹兄弟所殺（1196年）。崔忠獻的掌權，為二十多年循環不斷的武臣的鬥爭劃下休止符，而奠定了武人政權。

　　罷黜李義旼而掌握政權的崔忠獻，也是因討伐趙位寵有功而開始嶄露頭角的人。他為了集中權力，大肆整肅與鎮壓內外的反對勢力，他成功地誅殺李義旼的族黨與反對勢力之後，對於抗命

不加入其派系者，都毫不寬貸地處決。他犧牲掉自己的弟弟崔忠粹與朴晉材，就是很好的例子。他把所有敵對勢力先後剷除，建立了獨裁政權，可以任意罷黜國王，使國王完全成為傀儡。他掌權的時候，罷黜了明宗與熙宗，並擁立了神宗、熙宗、康宗與高宗四位國王。此外他把宮中的內侍都趕出去，並把王子出身的僧侶驅逐回寺廟，不讓他們干預政務。

寺廟勢力是當時與國王及文臣勢力結合的唯一武力組織，也被崔忠獻所打倒。儘管他大權獨攬，但仍須維繫王朝的存續，是因為擺脫不了傳統與門閥的框限。不過，他並不像過去的文臣一樣，想要以與王室締結姻親關係的方式來擴張自己的勢力與權位。

同時，為了維繫政權的安定，崔忠獻對於所有各地的民眾叛亂，都徹底予以鎮壓。除了武力討伐，他也採取懷柔政策來對付民眾的抗爭。他用的手段包括：賜予官爵，或是解放鄉、所、部曲等的賤民，或是把他們的居住地升格到縣級，還有，將他們的身分升等為良民。

經過他如此的努力，使得崔氏政權的基礎非常穩固，一直到他的曾孫，四代共六十多年間，形成了「崔氏獨斷集權時代」。而支撐崔氏獨斷政權的，是他的私人武裝部隊。崔忠獻為了保護自身的安全，設置了都房，以班為單位組成，輪班守衛他的私宅，他出入時，則採合班來護衛他。

私人部隊最先雖是由慶大升所設，崔忠獻模仿後加以擴大強化。但比起慶大升的都房只有一百兵員的情況，崔忠獻的私人部隊規模之大，簡直無與比擬。在都房之外，崔忠獻的兒子崔瑀還

組織了所謂馬別抄的騎兵部隊，雖然也是私人部隊，但比起表面上的儀典功能，它的任務要更重要得多。

能夠供養私人部隊，主要是因為擁有廣大的土地可做為經濟基礎。從土地得到的租稅與貢品，便成為崔氏財富的泉源，龐大到足以供養自己的族黨與支付官吏的薪俸。

崔氏能夠維繫四代六十多年的武人政權，靠的就是都房。在上將軍與大將軍合署辦公的重房，武人之間相互的鬥爭非常激烈，崔氏掌權以後，也有許多人想要將他剷除，迫使他必須設置私人部隊來自保。同時，由於崔氏掌控了實權，便在私宅中設立了政房。政房是崔忠獻之子崔瑀所設的，被認為是控制人事權的一種制度，也意味了武人政權的安定。政房也提供給勢力萎縮的文臣，可逐漸抬頭的場所。

三、農民與賤民叛亂

武臣之亂的前後，由於國家財政破敗，便加強對農民的掠奪。在極度混亂的統治秩序下，生計陷入塗炭的農民便成為集體的流民，到處流竄與作亂。尤其武臣的叛亂對農民的刺激頗大，助長了以下剋上的風潮，於是全國各地大規模的叛亂便此起彼落。

武人政權時的首次叛亂發生在明宗二年（1172年），在西界的昌州（昌城）、成州（成川）、鐵州（鐵山）等地。西界的居民把住居地當做軍事要地一樣，也仿效軍人，把對暴虐的地方官的不滿，利用他們氣勢失墜之際發動叛亂，持續了好多年。武臣之亂初期的叛亂中，規模最大的要算是在忠清道公州「鳴鶴所」發

生的「亡伊」與「亡所伊」的叛亂（明宗六年，1176 年）。鳴鶴
所是賤民手工業者集體居住的地方，由亡伊與亡所伊領導的叛亂，
是為了解放賤民的身分。由於聲勢浩大，先後佔領了公州與禮山。
接著，又佔領了現在忠清道一帶，除了清州以外的驪州、鎮川、
牙州等地，以及京畿道的南部，並一路向開京北進。但是因為接
近農忙期，農民兵紛紛脫離，加上糧食與武器短缺，這場叛亂終
告失敗。另一方面，政府採取討伐與懷柔的兩面作戰策略，致力
於平息叛亂，並將亡伊的故鄉鳴鶴所升格為忠順縣，做為安撫。

　　後來，全州的軍人反抗酷吏要他們監督造船而與官奴一起作
亂，但是並未獲致太大的成果。初期的叛亂就如此在全國各地零
散發生，由於沒有明確的目的與統一的行動，皆以失敗收場。但
到了明宗二十三年（1193 年）的金沙彌與孝心之亂，叛亂呈現新
的面貌：不斷發生且規模擴大了。叛亂指揮者金沙彌與孝心互相
結合，並採共同戰線持續領導叛亂。政府雖派出大軍鎮壓，卻一
再慘敗，甚至導致官軍司令為兵敗而引咎自殺。後來屢次增派政
府軍鎮壓，才讓叛軍挫敗，而頓挫了他們的士氣，此時，死亡的
叛軍人數達七千之譜，由此便可推估叛軍的規模與勢力有多大了。

　　到神宗二年（1199 年）時溟州發生的農民叛亂，曾攻陷三陟
與蔚珍，並與東京的叛軍結成聯合陣線，又與神宗三年的晉州奴
婢叛亂和陝州的部曲叛亂軍合流。至此，各地的叛軍形成密切的
聯絡網，並採取統一的行動。他們叛亂的目的是要改革高麗的身
分秩序，進一步則想奪取政權。

　　改革身分制度與奪取政權，最具代表性的叛亂就是萬積在開

京的起義。這次叛亂吶喊要解放奴婢的身分，並結合開京的奴婢有計畫地籌謀叛亂，具有重大的意義。這次叛亂雖被崔忠獻所鎮壓，但它導致高麗社會身分制度的動搖，並清算了古代的遺緒。

　　農民與賤民如此的抵抗，終於讓政府必須正視且必須改善政策。於是開始在地方設置監務，並致力於施政的改革。

第二節　蒙古侵略與對倭寇關係

一、蒙古侵略

1.蒙古入侵

　　崔氏的強勢獨裁政權世襲之際，高麗遭逢了建國以來最大的國難，也就是遭到了席捲歐亞、征服世界的蒙古民族入侵。在前後近三十年間，對於蒙古大大小小的侵略戰爭，高麗人都奮勇對抗。儘管如此，在長期對抗之後，仍被迫締結屈辱的媾和，此後的一個世紀裡，都受到蒙古的干涉。

　　在蒙古干涉之下的高麗，可說是處於變態時期，不僅喪失了政治自主性，成為蒙古的駙馬國，同時，也造成制度的變革與風俗的混淆，在蒙古駐在官員的監視下，高麗的特色盡失。相對地，征服異國，也讓蒙古在自身的游牧文化之外，能夠吸收高麗的文化，使蒙古文化更豐饒。游牧民族的文化，比農耕民族落後許多，但是他們比農耕民族有更強的領導力與實踐力，這是很難用農耕民族的道德去約束的。

　　高麗與蒙古最初的接觸，是在契丹被蒙古驅逐而遭夾攻之際。契丹人在金滅亡之後曾經獨立一段時期，後來被蒙古軍驅逐而進入高麗境內。他們原本以江東城為據點，後來被高麗與蒙古一起攻陷（高宗六年，1219 年）。此事讓蒙古認為有恩於高麗，於是要求高麗每年要向它進貢。由於要求太過分，讓高麗當時的執政者崔瑀頗感不悅，後來又發生類似的事件，終於導致高麗與蒙古之間的裂痕。

　　其間，發生了蒙古使臣著古與訪問高麗後，回國途中在鴨綠江附近遭到不明國籍人士殺害的事件。這次事件導致蒙古與高麗斷絕關係，並首次入侵高麗（高宗十八年，1231 年）。而蒙古入侵高麗的目的，除了對朝貢品的期待外，還希望利用高麗做為佔領華北與滿洲，甚至征服南宋與日本的基地。由撒禮塔率領的蒙古軍雖在龜州遭到朴犀的頑強抵抗，後來放棄而轉向首都開京逼近，於是高麗只好求和，蒙古派達魯花赤駐在西北面，並且從前線撤軍。

2. 遷都江華島

　　高麗雖然迫於形勢與蒙古講和，但是掌權的崔瑀對蒙古的抗拒態度並未改變。於是，決心與蒙古展開長期抗爭，並把首都搬到江華島（高宗十九年，1232 年）。這是算準了蒙古人不諳水性、害怕渡海的弱點。同時，也把開京的王公貴族乃至居民都強制遷徙到江華島，並在首都築起兩層的城牆。為了順遂地從陸地運送物資，所有的船隻全都動員了。對於還留在陸地上的一般老百姓，則下令他們避居到山裡或海島。

　　高麗對蒙古如此的政策，刺激了蒙古，終導致蒙古的再度入侵。蒙古軍在西京的叛賊洪福源的前導下，陷落了開京，並經過南京一直南下到漢江以南，但是，蒙將撒禮塔攻擊處仁城（龍仁）時，遭到金允侯的射殺，使得蒙古軍士氣大跌落荒而逃。但是他們的侵略仍持續不斷，後來的二十多年間，蒙古再度入侵了六次。

　　江華島是從陸地的一個小山丘上，就可以眺望得到的咫尺之地，但是隔了窄窄的海面，就讓蒙古軍只能望海興嘆，毫無侵攻的能力。儘管高麗不時放話要棄守江華、回歸陸地，但都僅止於口水戰而已，真正的關鍵繫於崔氏抗戰的意志是否夠堅強。由於崔瑀毫不屈服，蒙古軍幾乎無法佔領江華島。

　　移居到江華島的王公貴族，在安全的環境中仍舊過著與開京毫無差別的奢侈生活。不僅是宮城與豪宅，連休閒娛樂設備都從開京搬來，像是燃燈會與八關會等節慶依舊舉行，仍像過往一樣歌舞昇平地慶祝。

　　相反地，農民的生活又如何呢？崔氏集團主導的對蒙抗戰，起初得到農民的積極支援而大有斬獲，但後來避居到海島與山城的農民，以此做為抗戰的基地。由於遭到農民頑強的抵抗而無法攻陷，蒙古軍於是轉而在平原地帶大肆搜刮擄掠，並縱火焚燒掉糧食穀物。如此導致糧食短缺，使得農民的處境非常窘困。若山城遭到攻陷，蒙古軍必然大舉殺戮，所到之處幾乎災黎遍野，損失極為慘重。無法忍受悲慘際遇的農民，於是選擇流浪到外地，導致農村人口大量流失，幾乎成為廢墟。這一劫難，也使得高麗許多珍貴的文化財遭到焚燬的厄運。

　　陸地人口驟減與農村荒廢到如此境地，自然對江都（江華島）有極大影響，因為貴族奢華生活所賴之租稅收入，大不如過去。為了挹注不足，只好大肆向農民強取，如此助長了農民對政府的反抗。民心如此的背離，對江都的貴族形成了新的威脅。

　　此時，農民對武人政權的支持逐漸降低，這對以農人為支撐力量的武人政權確是一大危機。能否突破這樣的危機，也攸關著武人政權的存續，於是趕緊尋求佛力做靠山，海印寺刊行八萬本《大藏經》就在此時。同時，對前途的不安，也只能向天地神明祈福了。其間，以國王與文臣為中心，主張向蒙古求和的論調抬頭了。

3.崔氏政權倒臺

　　崔氏家族掌權後，一直受到貶抑的文臣，地位也開始上升。他們從一開始就反對遷都江華，遷都以後只要有機會就會提倡求和。他們是以求和為幌子，目的是想勾結外國來壓制武人的勢力，因此，尋求媾和與打倒主戰派的武人政權，有了密切的關係。

　　在這樣的氣氛下，崔氏政權最後一位掌權者崔瑀，遭到反對派的殺害（高宗四十五年，1258 年），政權於是回歸國王，與蒙古的媾和也終於締結。結果是，第二年太子典（後來的元宗）在蒙古來朝時，表明了對蒙古的投降之意，同時，為了展現放棄抗戰的決心，還把江都的城廓拆除。向蒙古求和的舉動，確實遭致一些武臣的不滿，到了武臣林衍的時代最為高漲，後來甚至導致採行親蒙政策的元宗遭到罷黜。由此可知，武人政權的維繫與抗蒙政策之間，有密不可分的關係。

但是，由於已遭到蒙古強烈的干涉，深陷於外交困境下，也難以期待國內能團結一致。雖然元宗在蒙古的干預下復位，蒙古也應他的要求出兵，但是此時整個半島，是自願讓蒙古加以干涉。林衍在這樣的情況下去世，他的兒子林惟茂甚至被元宗所殺，至此，崔氏被打倒之後仍苟延殘喘的武人政權，完全沒落了（元宗十一年，1270 年）。同年，高麗還都開京而完全被蒙古所干預。

4.三別抄叛變

另一方面，崔氏政權執政時所組成的軍事單位「夜別抄」，後來改組為左、右別抄，再加上對蒙抗戰時被俘虜後來逃脫的軍人所組成的神義軍，共稱為三別抄，是武人政權時的軍事後盾。三別抄在武人政權被打倒並與蒙古締和之後，不滿的情緒當然可以想見，於是，就在傳出還都開京的消息時，三別抄立即發動叛變。

三別抄的裴仲孫率領部下眾兵封鎖江華，擁戴王族承化侯王溫為王，並設置官府、建立反蒙政權，與開京對立。但是，他們為了對蒙古展開長期抗戰，明智地選擇了比江華島更具戰略優勢的珍島，他們在珍島上建築了宮城，不僅具備首都該有的設施，也計畫結合活躍在南部的抗蒙農民軍，儼然成為一個海上王國。

三別抄軍的抗戰，一直持續到元宗十二年被高麗與蒙古的聯軍攻陷珍島為止，由於領導人物的流失，使得戰力大為低落。珍島淪陷後，餘眾在金通精的指揮下轉進濟州島繼續抵抗，但因物資難以補充，又無法抵抗官軍性能優異的武器，終究無力支撐而告失守，前後四年的三別抄軍對蒙抗戰終告結束。但是，由此也可以看出，高麗武人的抗蒙意識與守護國土的意志確實很強。

二、掃蕩倭寇、征討日本

另一方面，高麗與日本的關係，是在高宗（1213–1259 年）時因日本海盜「倭寇」的入侵而開始。後來在忠烈王時，在元朝（蒙古）的干涉下，奉其命令曾兩度著手討伐日本，但是都因為暴風雨而失敗。高麗與日本並未結下特別的關係。後來，到恭愍王以後，由於倭寇猖獗，政府為此頗傷腦筋。於是，高麗把對倭寇的關係，明確區分為掃蕩倭寇與征討日本。

1271 年，已稱之為「元」的蒙古，一直透過高麗要求日本來朝貢，但高麗因為對倭寇的侵犯不勝其擾，準備開始鎮壓，由於本身已有目的，因此對元朝的要求並不積極回應。

第一次遠征倭寇，是在忠烈王即位的那年（1274 年）。高麗的金方慶與元朝的忽敦率領三萬五千名聯軍出征，卻因遭到颱風而告失敗。元世祖忽必烈為了貫徹侵略日本的初衷，於是再度計畫遠征。長期以來的戰禍已導致民生凋敝，一再地征戰，使得高麗承受極大的犧牲。

第二次遠征在忠烈王七年（1281 年），又遇到颱風，徹底失敗。遠征日本失敗的原因，固然是欠缺對海上氣候的認識所致，同時也因為當時日本掌權的鎌倉幕府頑強抵抗，以及元朝因國內狀況而無法傾全力征伐日本。

兩度遠征日本也讓高麗蒙受龐大的損失。不論是船隻的建造，軍糧的供給，以及兵力的動員等，人命與物資的損失之大，難以形容。

到了恭愍王之後，倭寇更為猖獗。遭到倭寇橫行而受害的地方，不僅是在南部海岸，全國的海岸地帶都受到了荼毒。由於倭寇的橫行，使得海岸地帶肥沃的農地都因農民退守到內陸而荒廢。而且，也因為倭寇的阻撓，使得海上運輸為之中斷。於是導致地方的租稅物資無法運送，而貴族集中居住的首都開京，則面臨了經濟破產的境地。

因此，政府與日本方面展開了數次的外交交涉，但是都無法獲致效果，原因是日本政府本身，都無法遏止倭寇的蠻橫。儘管如此，在這時候開始嶄露頭角的崔瑩、李成桂、崔茂宣、朴葳等人，終於能夠逐漸制伏倭寇的勢力。他們也因為擊潰倭寇，而在後來高麗的滅亡與李朝的建國過程中，成為關鍵的人物。

第三節　士大夫的出現與高麗後期文化

一、士大夫階層

武人政權把貴族政治推翻之後，出現了新的官僚階層，就是所謂的士大夫階級。高麗末期的士大夫，雖然本身就具有當時的社會意義，但更重要的是，他們在後來創建的新王朝「李朝」，扮演極為重要的角色。他們掌控高麗末期政權後，改革田制而握有經濟實權，在王朝更迭時，具有中流砥柱的功能。

士大夫不僅具有學識教養，也是嫻熟政治實務的人。由新儒臣組成的這批官僚，在武人政權被打倒後積極活躍於政壇。他們

大部分是出身中央政府的官吏,而更大多數是出身地方鄉吏。鄉吏出身的士大夫過去是屬於豪族的地主。他們在自己的鄉里擁有小規模的農莊,而成為中小地主,自己雇用佃戶與奴婢來幫他耕種與經營土地。

原本是土著勢力的在鄉地主,成為士大夫階層之後,以學問教養為基礎,在恭愍王以後,透過科舉考試躋身中央政治舞臺。這些士大夫的出現,導致了高麗政治的一大變革。

1.恭愍王的改革

正當中國元朝的國勢逐漸衰頹,元朝與明朝交替之際,高麗的恭愍王即位。他透過各種改革,穩定了王權。對外政策上,他採取「親明反元」的立場,對內則以政策性改革來削弱權門世家的勢力。恭愍王首先廢除了武人政權時代的獨裁機關「政房」,政房在武人政權沒落之後繼續存在,不僅掌控人事權、牽制王權,也阻礙新興貴族的出頭,恭愍王於是將它廢除。

而在此之前,他先撤銷元朝的監督機關「征東行省」,並以武力廢除「雙城摠管府」,收復失地。恭愍王在推動改革之際,起用的人物就是辛旽。辛旽原本是默默無聞的僧侶,恭愍王任命他為國師,賦予他僧侶最高的權威,同時,又任命他出任「三重大匡領都僉議」之職,總攬所有國政。

恭愍王任用無名的和尚來擔當政務大任,最大的原因是想要用與名門貴族沒有淵源的人物,比較容易推動政治改革。

辛旽先把崔瑩等武將勢力排除在政權之外,再把出身貴族權門的李公遂與慶千興等人逐出政界,而任用出身微寒家門的人,

委以政務大任。他並且受國王之託，設置「田民辨整都監」來剝奪權門世家經濟基礎所賴的土地與奴婢。然後，把土地與奴婢還給原來的所有主並將之解放，而受到廣大人民的歡迎，但也遭到名門貴族的強烈反彈與抵抗。

辛旽如此的努力，卻成了權門貴族鬥爭的對象，他在恭愍王二十年（1371 年）以涉嫌弒害國王的罪名遭到流配並被處死。恭愍王儘管努力剷除親元朝的勢力，並強力推動「排元政策」，但是由於權門貴族的勢力基礎太鞏固，無法完全壓抑他們的勢力。以至於辛旽死後，恭愍王的政治改革成了虎頭蛇尾，終於導致他被弒害。

高麗末期，在擊退倭寇與紅巾賊的過程中嶄露頭角的李成桂，與新興士大夫階層合作，而成為新的一股政治勢力。這時，高麗因為恭愍王的去世與禑王的即位，而使外交政策有所變化。也就是擁戴禑王的權臣李仁任，拋棄了恭愍王的親明的政策，改採親元政策。如此，當然遭到新興貴族的李成桂與鄭夢周等人的反對。

李仁任一派垮臺，由李成桂掌權時，明朝通報要設置「鐵嶺衛」，也就是要把過去從元朝的直轄領恢復為歸雙城摠管府擁有的領地，併入明朝的領土。對此極為憤怒的親元派崔瑩慫恿禑王，籌謀攻伐明的遼東地方，他自任八道都統使，並任命曹敏修與李成桂為左、右軍都統使出征。

一向主張親明政策的李成桂極力反對征伐遼東，於是與曹敏修合謀，逕自從威化島班師回朝，他進一步趁機把禑王與崔瑩罷黜，掌控了軍事權與政權。

掌控政權的李成桂與鄭道傳、趙浚等同黨標榜「廢假立真」，把禑王之子昌王驅逐，另立神宗的七世孫為恭讓王（1389年）。此舉是為了對抗並剷除曹敏修一派，因為他從撤軍回朝之後，就擁戴昌王與李成桂派對立。他也開始施行土地改革，這是新興士大夫所一貫主張卻無法推動的政策，如此乃剝奪了權門世族長期以來的經濟基礎，藉此打破舊秩序來建立新秩序。改革的第一項作業就是測量全國的土地。而且將公私的田籍全部放火燒燬，完全剝奪舊勢力的基礎。接著，又公布了「科田法」做為新的田制基準，為新的兩班官僚建構了經濟力量，根據「科田法」，官僚依職位的高下分配給土地。結果，當然是李成桂、鄭道傳、趙浚等一黨，得到最多的科田。

實施「科田法」的一個重要理由，是在權門貴族的經濟基礎崩解之後，為了防止來自地方土著勢力的竄起，必須鞏固中央集權的勢力基礎。而且，沒收的農莊成為挹注國家的新財源，提高了政府的收入。如此的一連串措施，使得高麗王朝喪失了舊基礎而轉趨沒落，同時，為新的兩班官僚國家——朝鮮王朝的成立，奠下了經濟基礎。

2. 李成桂登基

斷然施行田制改革的李成桂，在第二年就把最後的反對派鄭夢周一黨完全剷除。而李成桂的同黨，則屢次強迫恭讓王退位。李成桂本身表面上一再謙讓，但終於在恭讓王四年（1392年）正式登上王位。也就是說，他是被都評議使司與大小臣僚所勸進，並經由都評議使司議決通過才即位的。

　　李成桂登上王位，是為太祖，立即廢除軍制，設立新的「義興親軍衛」（左、右衛），並以親衛兵為核心兵力。太祖二年（1393 年），再把義興親軍衛改組為「義興三軍府」（分為左、中、右軍），中軍由侍衛司統帥，左右軍則由巡衛司所領導。

　　李成桂一方面把罷黜的恭讓王放逐到原州，並把舊王室的遺族王氏全都處死，以免留下禍根。另方面，則把高麗太祖的陵寢遷到京畿道的麻田，遣人侍奉高麗朝七國王的陵寢，也讓部分的王氏家屬祭祀，藉以懷柔民心。

　　他也對擁戴他為王的人，冊封為「開國功臣」，並犒賞以土地與奴婢，確保他們的生活安定，同時建立新的君臣關係。

　　原本就標榜親明政策的李成桂，也尋求明朝對他即位的認同。若能得到明朝對王朝交替後的「親明政權」的承認，不僅對外關係有了保障，對內也更能夠樹立他的權威。於是，他派遣使臣到明朝，請求選擇「朝鮮」或「和寧」做為國號，結果明太祖擇定了朝鮮（太祖二年）。但是金印（國璽）與誥命（明朝皇帝的詔書）並未送來，以至於李成桂無法使用王號，只能以「權知高麗國事」的稱謂行事。

　　他掌權之後，就對選擇國都的問題相當關心。儘管藉口是風水不好，但新朝代都想離開前朝的勢力範圍，另外建立自己的地盤，乃是理所當然。於是，太祖三年十月決定搬遷到新都漢陽，並開始建設。包括宮殿、宗廟、社稷、官衙等都城的營建，在太祖五年完工。如此，朝鮮王朝以漢陽為首都正式成立。

二、高麗後期文化

1.佛教式微與朱子學興起

到了高麗後期，佛教做為教宗的地位漸漸式微，曹溪宗也大為衰退。到武臣執政時，普照國師知訥崛起，從禪宗的立場主張「教禪調和」與「定慧兼修」。知訥之後，有太古和尚普愚與懶翁和尚惠勤兩大法師，為禪宗的發展貢獻卓著。

但是到了高麗末期，朱子學的傳播使得佛教在信仰界的領袖地位逐漸喪失。尤其是佛教界的腐敗以及寺廟經濟的弊端，讓朱子學能夠容易以新的精神理念在高麗社會出現。然而當朱子學在信仰界成為領導理念時，高麗國家也已經滅亡。

朱子學是在忠烈王與忠宣王時，由安裕與白頤正等人所宣揚與普及，後來又經李崇仁、李穡、鄭夢周、吉再、鄭道傳、權近等人加以擴大弘揚。

朱子學是一種哲學性的儒家思想，是由宋朝的程顥、程頤兄弟與朱熹將之體系化的學問。它把宇宙、自然與人的根本理致，以形而上的方式加以闡釋，依據宇宙與自然秩序（即天理）的高層次，來闡述儒家一貫主張的忠孝與人倫，而成為政治哲學，朱子學主張君臣之義與「修己治人」的人倫。

起初，朱子學的學者認為它與佛教的教義相通，但後來他們逐漸對佛教的世俗權，乃至於教義本身有害人倫，而加以攻擊。當時，採全面攻擊佛教態度的朱子學學者中，許多人都主張否定高麗王朝的社會秩序。

2.史學發達與稗官文學

此外，高麗時代的史學也很發達，編撰了歷代王朝的實錄。金富軾在 1145 年編撰《三國史記》，是現存最古的史書，他是仿效中國的正史體例而寫成的。而後到忠烈王時，還有一然和尚編撰的《三國遺事》，它與《三國史記》不同，收錄了許多古文獻與傳說，是研究古代史非常珍貴的資料；像李承休的《帝王韻記》記載了檀君傳說，也極受矚目。此外，有閔漬的《本朝編年綱目》、李齊賢的《世代編年》、鄭可臣的《千秋金鏡錄》、金寬毅的《編年通錄》、覺訓的《海東高僧傳》、李奎報的《東明王篇》等，但除了後兩本之外，其他的都已失傳。

在武人政權下，作家文人都以逃避現實的「稗官文學」說話文學型態呈現，有名的作品有：李仁老的《破閑集》、李奎報的《白雲小說》與《李相國集》、崔滋的《補閑集》、李齊賢的《櫟翁稗說》等。而且，文學上也出現了新形式的「景幾體歌」，傳統使用的漢字的形式消失了，代表作有：《翰林別曲》、《關東別曲》、《漁父歌》等。也有與這些完全不同的民眾文學的「長歌」，代表性的作品有：《青山別曲》、《西京別曲》、《可詩里》、《動動》、《雙花店》、《鄭瓜亭曲》、《井邑詞》等，這是與新羅的「鄉歌」相同，以民謠為基礎而發展出來的歌謠。

3.美術與科技成就

再從美術領域來看，建築方面，榮州浮石寺的「無量壽殿」，是現存最古老的木造建築。浮石寺的祖寺堂、禮山修德寺的本堂、黃州心源寺的普光殿、安邊釋王寺的應真殿等，都是這個時代的

圖 13：首爾景福宮的原開豐
敬天寺石塔

代表。石塔方面，有名的有開豐敬天寺十層塔（現存景福宮），它是圓覺寺十層塔（現存塔洞公園）的樣品。

書法與繪畫也可反映士大夫的風雅生活，像「隱逸圖」、「遊宴契會圖」、「四君子圖」，尤其是墨竹繪畫很流行，展現了他們的浪漫。這個時代流傳至今的繪畫作品有浮石寺祖寺堂的「天王像」、修德寺壁畫的「水花圖」，以及據說是恭愍王作品的「天山狩獵圖」等。書法方面，與早期專攻歐陽詢體不同，元朝趙孟頫的松雪體更為發達；忠宣王時最有名的書法家是李嵒。

高麗後期的科學技術也相當發達，最傑出的是金屬活字的發明。利用活字印出的《詳定古今禮文》，早在高宗二十一年（1234年）就已出版。這比西方印刷術的鼻祖古登堡（1450 年）早了兩百多年，因為是世界最古老的活字印刷術而備受矚目。高麗王朝後來在恭讓王時（1392 年）設置「書籍院」，負責鑄字與印刷。到朝鮮朝初期的時候，更精巧的活字陸續出現了。

此外，高麗後期文益漸引進棉花，為韓國的衣著生活帶來了革命。由崔茂宣發明的火藥，則應用到武器上。高麗末期能夠擊敗倭寇，也是因為火藥的發明與實際應用。

第 III 篇

近世社會

第六章 | *Chapter 6*

朝鮮前期

第一節　集權體制的鞏固

　　李成桂的朝鮮新王朝的創建，是由他周遭新興儒臣的智慧與政策所造成。他們信奉朱子學的政治理念，採行「抑佛崇儒」的政策。當然，與君主倡導「德治主義」，以及他們極力鞏固自己的政治與社會地位，也不無關係。

一、強化王權

　　他們先改革田制，廣泛授與土地給功臣，並認可他們的世襲權，這些都是互相保障自己身分的措施。而且，他們以身作則，把所有的社會價值都用朱子學來加以規範；他們之間以「禮」為最高的社會秩序，並把「朱子家禮」視為絕對的規範。不過，他們的現實價值，則始終抱持「經世治國」之道。由於所有政策的制訂與施行，都繫於他們的智慧與實踐，實權可說是在他們的掌

控之中，王權的伸張也不免要受他們的制約。但是，幾次的政變都是要剷除一些權臣，試圖強化王權。

第一次發生在太祖七年（1398年），開國大功臣鄭道傳因為王位繼承的問題，遭到王子芳遠殺害。接著，王子芳幹（太祖的四子）又遭芳遠剷除勢力，其中一派的朴苞遭殺死，這是第二次的政變。為此，定宗元年（1399年）把京城從新都漢陽遷回舊都開京，然後又在太宗五年遷都回漢陽。

經歷兩次的王子之亂，太宗即位之後，集中強化王權。定宗二年四月，廢除了私兵；在地方也只容許節度使掌控下的兵力。同時，也致力改革官制，擺脫高麗時代的舊制，建構了朝鮮王朝新統治體制的根基。也就是把過去文武合議體制的「都評議使司」與「中樞院」改組與廢除，設置「議政府」與「三軍府」分轄政務與軍務。太宗即位的第二年，改革官制，廢除門下府，將其宰臣派在議政府總管庶政，原來的郎舍則另設司諫院。同時，三司改為「司平府」，義興三軍府改為「承樞府」，後來，新設了「三軍都摠制府」，太宗五年正月，議政府的一般庶務分由六曹來掌管，然後再把司平府併入戶曹。如此，擴大了六曹的職權，也縮小了組成議政府重臣的權限，這也意味了王權開始伸張。

此外，太宗也設置「申聞鼓」接受請願與上訴，同時也可舉發危害國家或圖謀殺害皇親國戚的陰謀，以維護治安，並整飭獄政，以「義禁府」為最高司法治安機關，賦予一部分近衛隊的防盜與禁亂的職權。如此，終於完全鞏固了王權的基礎，也才有五百年的王朝安定。

二、抑佛崇儒

在新王朝的基礎穩固後登基的世宗，以儒家文化為中心，更進一步鞏固了國家的基礎，使民族文化呈現全新的發展。他鼓吹文風來支撐儒家的王道政治，此舉需要培養人才與研究及編纂事業，為此新設了「集賢殿」。雖然高麗時代就有過集賢殿，定宗時暫時設置過，但別無績效，世宗時重新設立，讓它具備「王立研究所」的機能，而成為具有政治性與學術性主導力量的中樞機構。

為了選拔人才成為「集賢殿學士」，設有獎學制度，讓他們能夠長期休假在深山廟裡潛心讀書。起先員額訂為十人，後來增加到二十名。他們負責「經筵」與「書筵」，尤其要鑽研制度與歷史等。他們著述與編纂包括史書、儒家經典、禮儀、地理、醫藥等書籍，而且，也研究音韻，創造了韓國的文字。

世宗對經筵極為重視，不僅親身投入，也設置經筵官，講解儒家的經書與典籍，致力於對儒家政治本質的理解與實踐。同時，為了提倡宗親與宗族教育，另外設置了「宗學」，並發行《三綱行實》與《孝行錄》來推廣儒家的倫理。此外，所有婚喪喜慶的禮儀，都由高麗時代的佛教儀式改為儒家儀式，徹底遵行朱子家禮。

以科舉及第為目標的儒學學者，都埋首於朱子學的學問研究，並仿效他的言行；世宗時引進了《資治通鑑綱目》。

如此地把朱子學當做所有的社會規範，自然就導致佛教被視為異端而遭到排斥。於是，「抑佛崇儒」成為新王朝的典型政策。不過，佛教信徒與支持者在此時並未根絕。世宗時代，漢城（即

漢陽)附近廟宇的住持大都是兩班的子弟,宮廷之內信奉佛教的,也未曾停歇。

儘管如此,對佛教的壓抑政策仍舊如昔,太祖時代實施了「度牒制度」,取消對寺廟的免稅特權,開始對寺廟田地加以課稅。後來更進一步地加強對佛教的壓抑,立法限制佛教各宗派所擁有的寺廟、寺田、奴婢與僧侶的數量;世宗時,更強化各種限制,使得寺廟擁有的龐大田地與奴婢,很快就被掏空了。

不僅是佛教,風水圖讖、道教、巫俗等也都繼續傳承,而在國家的祭典中被動員。

世宗在他的治世晚期,因為身體因素,把國政庶務委由皇太子負責,為此新設置了給皇太子裁決政務的機關「詹事院」(世宗二十四年),後來訂定太子攝政制度,世宗在二十七年自己表明讓位之意,從此,由太子實質主掌國政。於是,集賢殿學士的書筵官,直接掌管機要政務,發揮了實質的政治功能。太子(文宗)即位之後,他們之中有許多人進入「臺諫」(司憲府與司諫院),佔據了糾察官僚與掌握職司諫諍論駁的要職。文宗只在位兩年,就以三十九歲英年辭世,才十二歲的端宗繼任王位(1452 年)。文宗遺命要「三議政」(領議政皇甫仁、左議政南智、右議政金宗瑞)輔弼幼王,同時,廢除六曹直啟的制度,政治轉換到以議政府為中心,出身集賢殿的世宗時代遺臣都成為協贊的角色。於是,世宗所刻意培養的集賢殿學士,也隨著他們的學問與政治力量的成長,隱然成為儒家官僚勢力的竄起。尤其是幼主端宗即位後,政權實際上回歸議政府,王權只不過是名義上的存在而已。

三、權臣篡位

　　太宗與世宗時還算強勢的王權，經過文宗與端宗時代，逐漸使得朝臣的權力大增。端宗元年（1453 年）十月，端宗的叔父首陽大君伺機與謀臣權擥、韓明澮，率領數十名武人發動政變，陸續剷除重臣，並除掉親弟弟安平大君之後，自任領議政，並兼任吏曹與兵曹的判書職，後來又再兼任「內外兵馬都統使」，而掌控了政權與兵權。最後在端宗三年（1455 年）閏六月，推翻了王位，自己即位，是為世祖。他登基後，立即廢除由議政府主導的制度，還原了六曹直啟之制，大幅縮小宰臣的權限，以恢復王權。

　　這次的王位篡奪，導致備受世宗寵愛、出身集賢殿的儒臣大為反彈，世祖二年，策動復辟端宗與謀反整肅權臣的計畫失敗，而造成了「死六臣」（成三問、朴彭年、俞應孚、李塏、河緯地、柳誠源），以及七十多人遭到處死。後來又剷除掉金城大君，以及遜王端宗（魯山君）自殺，才完全排除了反對勢力。不過，一些儒臣堅持「不事二君」的道義，而隱遁山林拒絕出仕，也就是有名的「生六臣」（金時習、南孝溫、元昊、李孟專、趙旅、成聃壽），讓後代人對他們的節操予以高度肯定。如此的節義思想，成為儒教官僚的精神支柱，也經常導致王位繼承的問題與儒臣之間的對立。相反地，幫助這次篡位的人，都以「靖難功臣」在世祖治世留下許多功績，他們的子孫也繼承了權勢。

　　另一方面，在東北界負責邊防的武將，因為對中央如此篡奪王位的不滿，於是揭竿起義，先是有圖謀結合女真舉事的李澄玉

之亂；其次則有對中央權力滲透到東北面大為反彈而起的李施愛
之亂。

四、世祖集權體制

　　剷除了中央與地方的反對勢力之後，世祖總算能夠以自己的
意志來推動政治，也就是為了揭示儒家經世治國的倫理，拔擢起
用才俊之士，掌握經國濟民的關鍵，致力推動以農本主義為基礎
的政策；同時，訂定「五衛制」，並不偏廢兵政與武力戒備。從太
宗與世宗時代所確立的國家機制，到世祖時代更加鞏固。到世祖
十二年，廢除過去的科田法，施行新的職田法，將零散業者排除
在授與田地對象之外，只對擁有實職的官吏供給土地，到成宗時
代，實施田稅的「官收官給制」，使得官員無法直接支配土地。也
就是只提供田地給實務官員，意味了只給予當時承認世祖就位，
並有貢獻的人生活上的保障。

　　同時，剝奪了這些官僚對土地的直接支配權，把官僚身分原
本具有的地主屬性轉換為雇傭屬性，如此也意味著削弱官僚勢力
的基礎。於是，屬於支配階層的兩班，便須擺脫土豪勢力基礎，
僅能專注於固守自己的官職，而這也成為他們必須切實追求的唯
一生活目標。

　　隨著王權的強化，國家權力逐漸擴散到地方，而具備了中央
集權的體制。於是，連許多咸鏡道的守令都是由中央派任，而引
起當地人的反彈。具體出現的反彈動作，就是對守令的反抗，也
就是所謂的「李施愛之亂」（世祖十三年五月）。他原本是出身吉

州的豪族世家，反對世祖的集權式施政而舉事。但是，李施愛後來敗亡。此亂使得世祖撤銷設在全國的「留鄉所」，因為它已儼然成為地方勢力的溫床。

五、編纂法典

太祖即位之初表明，所有典章制度全都沿襲高麗時代，這是王朝交替後所必須的暫時性措施。實際上高麗時代曾編過禮刑等律令，但並未編纂或頒布過完整的法典。

鄭夢周有感於高麗末期政令的紊亂，在恭讓王四年，曾參考元朝的《至正條格》與《大明律》，而撰寫《新定律》，不過，就在那一年李成桂就位為王。後來在太祖三年，鄭道傳參酌元朝的《經世大典》，並引用《大明律》，編撰了《朝鮮經國典》，但也不過是一家之見而已。

隨著政務與新政令的增加，同時，為鞏固王朝的根基與經世治國大業，是有必要釐定一些規範。

於是，在太祖六年十二月，命令「檢詳條例司」把從禑王時代到當時為止，所頒布的條例重新撰寫編冊，命名為《經濟六典》而頒布施行。到太宗七年，繼《經濟六典》之後，又將太宗朝所頒布的條例與判旨加以整理，而設置「續六典修撰所」，到太宗十三年二月完成修訂，而刊行與頒布了《續六典》，完成了法典體制的建立。但是，由於官吏們對王朝開創期的舊法令並不熟悉，而且舊法令也不符合實情，所以法典並不太被遵守。於是在世宗四年設置了「六典修撰所」，命令他們解決《舊六典》與《續六典》

的矛盾，並參照太宗八年以後頒布的教令，來修改撰寫法典。如此，新舊六典都重新改寫與謄錄，將可長久適用的法律與臨時性的條例與命令加以區分，使得法典的編纂工作更為進步。

累積了如此多的法典編纂經驗之後，接下來就是《經國大典》的完成。這是世祖時代命令崔恆撰修的，世祖六年完成了《戶典》並頒布施行，第二年追加完成《刑典》，而雖在睿宗元年九月完成了《經國大典》全六典的編纂，但因睿宗崩殂而未能頒布，到成宗時再經過幾次校定，終於在成宗二年（1470年）一月一日頒布實施。從此確立了朝鮮王朝的文武官僚體制與社會結構體制，成為朝鮮五百年的基本統治規範。

第二節　朝鮮初期的對外關係

在中國本土成立帝國的明朝，政權鞏固後對外關係也逐漸熱絡。明朝從太祖即位以來，對外的交往政策就與宋朝及元朝不同，而轉變為容許與鄰近的國家進行朝貢與貿易關係。為了與明朝交往，鄰近的許多國家不得不派遣朝貢使或朝貢船到明，並在奏文與進貢品上奉明朝為正朔，進貢給明朝皇帝。明朝如此的政策，讓許多國家的國王把過去向明帝要求進貢與臣屬的作法，代之以由明朝授與國王的獨佔貿易權，兼具了政治與經濟性的意義。

與明朝的關係始於高麗恭愍王十八年（1369年），明太祖派來使臣昭告明朝的建國，接著就要求進貢大量的貢馬與金銀歲貢。恭愍王被殺後禑王繼位，高麗向明太祖請求頒予恭愍王諡號以及

對禑王繼承的認可，明太祖卻不予同意。於是，高麗殷勤地每年進獻歲貢馬，直到禑王十一年，明太祖才限制進貢使改為三年派遣一次，並且送來了對禑王的冊封以及恭愍王的諡號。

後來，在中國的元、明交替期間，一再經歷反覆的政治動盪，高麗終於由李成桂所替代，而繼任了王位。

一、親明政策

太祖李成桂即位之後，就向明朝報告新王朝的創建，尋求明的承認並賜予國號，採取了一貫的親明政策。而李成桂如此的親明，是基於多重的政治性考量，包括：他的地位與新王朝都可以得到明朝的保障；同時，可有效地對高麗末期以來的官僚與貴族展現他這個國王與王室的權威；再者，李成桂標榜「不許以小逆大」，他對明朝展現「朝貢服屬」的姿態，既可對外維繫和平，對內也有助於王朝的安定。

明太祖雖然承認新王朝的開創，但對國王的稱號並未立即承認，「朝鮮國王」的印信與誥命也沒有送來。這是因為其間又糾結了女真流民的歸還問題與歲貢問題，朝鮮與明朝雙方仍無法解決。

朝鮮屢次派遣奏請使赴明朝，請求明帝賜予印信與誥命，但明帝以奏箋上的用字無禮，扣留使節並要求押送草擬文稿者。雙方經過長期紛爭之後，直到太宗即位，才送來了金印與誥命。

朝鮮與明朝締結如此的「事大關係」，從民族主義立場看，確實情何以堪。不過，朝鮮方面認為這只不過是「禮儀性」的需要，並不意味朝鮮的內政與外交都遭到明朝的干預，雙方的利害關係

僅止於朝貢關係。這是因為明朝只容許朝貢貿易作為它對外的交往政策，周邊國家向明帝進貢，同時也收受明的回賜與賞賜品。如此以朝貢形式進行的官方貿易，自然也伴隨了走私貿易，許多追求實利的國家於是頻頻派遣「使行」到明朝，因此，原本在高麗末期頗為頻繁的歲貢，到明太祖時開始被限制為「三年一貢」，朝鮮初期則仍堅持要求「一年入朝三次」。實際上，由於朝鮮王室為了經濟利益需要，而採取三年一貢與一年入朝三次並行的方式。

　　但是朝貢關係也未必只有經濟利得。明朝從建國之初，就向高麗要求大量的馬匹歲貢，讓高麗朝廷頗為吃力，到朝鮮初期時，則要求龐大的金銀歲貢，朝鮮的採掘與調度都煞費苦心，於是屢屢要求改以馬匹與布料進貢，直到世宗十一年才得到解決。

　　朝鮮一年三次的定期使行，是指「正朝」、「聖節」與「千秋」等三使，另外還有「冬至使」。還有以特殊目的與時機而派遣的謝恩、奏請、進賀、進香等諸多的使行。明初首都在金陵（南京）時，使行都是走海路；後來明朝遷都北京，從世宗三年 （1421年）起才改走陸路。

　　朝鮮與明的關係趨於緩和之後，朝鮮的朝貢品主要是馬匹、人蔘、皮毛、布料等，明朝的回賜則多是絲緞、瓷器、藥材、書籍。有時，明朝還強迫朝鮮進貢少女與宦官，而明朝的來使常會有無理的要求或特殊的招待，讓朝鮮不勝其擾。

　　如此的朝貢貿易，對王室是有利的，但是對一般國民卻是沉重的負擔。朝貢品的調度，都要從民間去搜刮，為了避免金銀歲貢的要求，甚至只好採取廢礦的措施。從明朝流入的奢侈品，也

導致國內產業的萎縮，而強徵少女與宦官則敗壞了社會風氣。

　　大體上，朝鮮與明朝的關係還算圓滿，但偶爾還是會有一些紛爭，例如像「宗系辯誣問題」就是個例子。那是太祖李成桂想要修正他在《大明會典》中被誤載為高麗權臣李仁任之子的紀錄，但朝鮮的要求卻一再遭到明朝的漠視，後來在爭執之後總算才更正解決。

二、對日關係

　　在對日關係方面，日本足利幕府的勢力逐漸接近九州後，應朝鮮的要求，日本西部的大小豪族曾協助壓制倭寇，以及俘虜的遣返，並要求與朝鮮交往，而頻繁地派遣「使送船」來，朝鮮則回派通信使與回禮使。同時，對於物產不足又成為倭寇巢穴的對馬島，朝鮮原本要求島主宗氏負起壓制倭寇的責任，後來改以授與他統制對朝鮮貿易的特權。此外，對倭寇也採取懷柔政策，勸誘他們投降與歸化，願意歸化者則給予官職的優待。這些授職倭人中，住在日本者一年可有一次的貿易特權。

　　日方使送船的頻繁往來之際，也夾雜著日本商人的興利船，為了遏止他們的偷渡，太宗初年把興利船的停泊處限定在慶尚道沿岸東萊的富山浦，以及熊川的乃而浦（黃浦），而且必須得到他們領主發給的「文引」（渡航證明書），才准許交易。

　　儘管如此，倭寇還是無法根絕。於是，在世宗元年（1419年）終於向對馬島展開了大規模的討伐，這是基於前任國王太宗對倭強硬政策而來，給了倭寇極大的打擊。

　　世宗後來又對倭人採懷柔政策，給予貿易船銅印當做貿易許可證，或要求他們必須拿到對馬島島主宗氏的文引才能過來。准許倭船的停泊處，在富山浦與乃而浦之外，又增加蔚山的鹽浦，共為三浦。

　　世宗二十五年（1443 年）與對馬島島主締結條約，限定他每年只能派「歲遣船」五十艘，以及米豆二百石的「歲賜米」到朝鮮。有特殊狀況時可派特送船，也可由特別約定者另派歲遣船過來；此外，也給予日本國王（足利將軍）或其他大小豪族的使送船有來往的餘地。這就是〈癸亥條約〉。

　　十五世紀中葉，隨著私人貿易的增加，走私貿易也開始盛行。因此，又成為與倭寇之間紛爭的原因。

　　朝鮮當時出口的物品為米穀、棉布、麻布、苧布等生活必需品，以及螺鈿、陶瓷、花紋石等工藝品，還有《大藏經》、儒學書籍、史書、梵鐘、佛像等文化財，這些都對日本文化有極大的貢獻。從日本帶回來的東西則是銅、錫、硫磺等朝鮮不出產的金屬礦物，以及藥材、香料等兩班所需的奢侈品。

三、「交鄰」原則

　　除了明朝之外，朝鮮初期與其他國家的關係則採「交鄰」的原則。以東北面為根據地而崛起的太祖，從很早起就開始經營這些地域，並將豆滿江（圖們江）地方納入朝鮮的版圖。後來因為野人經常入侵，而一度撤退到鏡城。到世宗時，再度採取積極的策略，委派金宗瑞去經管這地區，後來，設置了鏡城、慶源、穩

城、會寧、慶興、富寧等六鎮，接著實施了幾次的移民。從此，鞏固了豆滿江這條國境線。

另一方面，世宗時也征討了鴨綠江一帶的野人，而後設置了閭延、慈城、茂昌、虞芮等四郡，使得鴨綠江上游地帶成為朝鮮的領土。後來雖一度撤銷四郡，但派申叔周與南怡討伐野人之後，大體維持住鴨綠江這條防線，因而確定了鴨綠江為國境線。如此開拓北方疆土的目的，除了擴大農耕地，同時也是想要以河川這一天然的要塞做為國境線。

原本野人是過著半農與半狩獵的生活型態，他們需要從朝鮮得到糧食與衣著等生活必需品以及農具等生產工具，他們入侵的目的就在於此。為了懷柔野人，特別在鏡城與慶源設置了貿易所，讓他們可以交換布匹、農具與米豆等。此外，也鼓勵他們朝貢與歸化，授與他們官職、衣糧、鞍馬、房舍與奴婢等。不過，他們的掠奪行為並未完全止息。

至於與琉球的交往，則是從高麗時代就已開始，琉球的酋長派使臣過來，高麗則回派報聘使。朝鮮初期與琉球的交往更為頻繁，每年琉球都派歲遣船來。同時，朝鮮的船隻也去琉球，還有人專門從事南方貿易。琉球的朝貢物主要是蘇木、胡椒、香料、砂糖、犀角等。

此外，還有遠從暹羅與爪哇等地來的使臣，他們被稱為南蠻。太祖時，暹羅曾有使船到來，送來的土貢為蘇木與香料等；太宗時，爪哇則有使送船來貢，帶來了孔雀、鸚鵡、沉香、胡椒、蘇木香、蕃布等。

朝貢貿易也因此成為朝鮮與周邊國家交鄰政策下利害關係之所繫。

第三節　朝鮮初期的社會結構與文化

一、政治體制

朝鮮王朝的政治體制大致是承襲高麗仿自中國的制度，但也變革為朝鮮特有的制度，其結構與功能是要在絕對王權與兩班官僚之間，考慮到權力的均衡。這是太宗在王權確立時同時建構的。而且，所有的統治規範也是在《經國大典》編纂完成後，才告完備。

1.中央政府

中央政府的主要機構有議政府、六曹與承政院。議政府總管百官與庶政；吏、戶、禮、兵、刑、工等六曹，各自分掌文官選敘、勳封、考課、戶口、租稅、禮樂、祭儀、科舉、武官選敘、兵務、法律、訴訟、奴婢問題，以及土木、營繕、工匠等政務。承政院奉國王之命出納財務，設有六名「承旨」，負責與六曹聯繫業務。六曹原本與議政府所屬機關地位相當，後來王權強化之後，直屬國王，議政府則形同國王的諮詢機關，權限大受削弱。

此外，還有職司糾察官僚腐敗的司憲府，以及專責對國王諫諍與論駁的司諫院，這兩個機構也被稱為「臺諫」。它們的機能，對政界能發揮極大作用，尤其扮演了遏止官僚專橫的角色。而且，還設有弘文館，蒐集中國的經籍、討論典故，並協助國王管理文

書翰墨，弘文館與司憲府及司諫院併稱「三司」。

　　另有直屬國王的「義禁府」，為司法機關。主掌監控謀反等攸關王朝安危的重罪，是鞏固王權的核心機關。不過，由於它也掌管一般的罪刑，與刑曹的功能有些重複，角色的分際並不清楚。此外，「漢城府」掌管首都的治安，它與司憲府及刑曹一起被稱為「三法司」。

　　另外，有所謂的「四館」，即主管印行經籍的「校書館」、培養高等文官的唯一國立大學「成均館」、制訂與編撰國王詔書的「藝文館」，以及負責撰寫外交文書來「事大」與「交鄰」的「承文院」。中央政府中也設有對王族、國王的外戚、諸多功臣等禮遇工作的專司機關。

2.地方機構

　　另一方面，全國設有八個「道」做為地方統治機構，它們是京畿、忠清、全羅、慶尚、江原、黃海、永安（咸鏡）、平安；其下再設有：府、牧、郡、縣。所有的地方首長都由中央指派。

　　每個道派有觀察使，職司對下級的守令（府尹、牧使、郡守、縣令）的監察工作，觀察使被賦予與糾察中央百官的司憲府首長一樣的職權與位階。尤其，觀察使還兼管兵權，任期限制在三百六十天的短期間，就是為了防止與地方勢力勾結。

　　守令的職責包括獎勵農耕、確保戶口、發展教育、整備軍政、賦役公平、訴訟審理、防範鄉吏腐敗等等。其中，地方守令最重要的任務，就是對分配到的貢賦的徵收與上繳。

　　地方官衙事務性工作的掌管，則依吏、戶、禮、兵、刑、工

分為「六房」，由鄉吏負責實務的執行。

　　守令為了得到派駐地的兩班們的協助，設置「鄉廳」來統籌合併地方機關；鄉廳裡有「座首」與「別監」，是守令的諮詢機構。同時，漢城有「京在所」為京鄉之間做聯絡，由京邸吏協調地方相關的事務，特別是商討地方上納的貢物與奴婢的選拔等。派遣到監營者，稱為營邸吏或營主人。

3. 整頓軍事

　　至於軍事單位，從組織來看，太祖時成立義興三軍府，致力整頓軍事機構。從王朝開創以來就存在的護衛皇室宗親與功臣的私兵，到定宗二年（1400 年）完全廢除，其兵力逐漸收編歸建。三軍府隸屬的各「衛」，到世祖時代確定為五衛制，而改組為「五衛都摠府」。此外，還有徒有其名的中樞院與侍衛國王的特殊部隊。

　　五衛的編組是依兵種與地方來構成。像漢城就依中、左、右、前、後地區，各設立一個衛，分別是義興衛、龍驤衛、虎賁衛、忠佐衛、忠武衛，各個衛再各自承擔與統轄地方的兵力。即義興衛轄京中部、開城府、京畿、江原、忠清、黃海等道的兵力；龍驤衛管京東部與慶尚道；虎賁衛掌京西部與平安道；忠佐衛轄京南部與全羅道；忠武衛負責京北部與永安道（咸鏡）的兵力。各個衛之下，再分為五個部，統轄承擔地區內各自的兵力；部之下的編組為統、旅、隊、伍、卒的體系。

　　地方的各道，都設有兵營與水營，由兵馬節度使與水軍節度使來指揮。京畿與江原各有一名兵使，慶尚與咸鏡各有三名，其他的各道則有兩名。水使方面，江原與黃海各有一名，咸鏡、慶

尚、全羅各有三人，其他各道則有兩人。各地的觀察使照例兼任兵使與水使。各地方的要衝，設有大小的「鎮」，轄有鎮守軍與船軍，置於兵營與水營的統帥之下。

兵種大致區分為三種。首先，是王室的遠親、大臣的子弟、遺蔭子孫等特權支配階級，依特權編組的兵種；其次是以甲士為主的職業軍人，他們是通過武科考試從軍擔負國防；第三則是一般良人的義務兵役，是屬於輪流交替的正兵，他們與甲士一樣是基本的兵源。良人的兵役義務從十六歲到六十歲。

4.官僚組織

朝鮮王朝的官僚組織採文武兩班體制，上下的位階關係受到嚴格限制。官僚的品級分為九級，各品又區分為正品與從品，共有十八個品階；各品階又分為上下位，所以，全部的官僚共細分為三十六位階。

這種官僚體制的特徵之一，就是官僚的升遷有特殊的限制。正三品以上稱為「堂上官」，以下則稱「堂下官」，堂上官是高階官僚。六品以上稱為「參上官」，七品以下則為「參下官」，是下層的官僚。要晉升為堂上官或參上官，

圖 14：首爾昌德宮的仁政殿，左右兩邊為文武兩班站立之處

必須受到各種身分的限制或政績的考評。如此嚴格的措施，是為
了維持兩班社會的身分秩序，同時也為了限制高層官僚人數的增
加。堂上官參與重要政策的決定，退職時可得到恩給；參上官以
上則可被派到地方擔任守令。而且，高階官僚可以是兼任的，稱
之為「提調」，兼任的狀況，有的是依專長職務的重要性，也有為
了節省薪給的支出，不過，這也導致政治權力集中在少數高階官
僚的結果。

此外，官僚雖然分為文武兩班，實際的地位，文班要稍高於
武班，這是儒教政治的「文治主義」的本質使然。

5.科舉制度

朝鮮時代為了維繫兩班官僚體制，實施政府官吏的任用考試。
這項科舉考試在高麗末期恢復舉行，到朝鮮初期更臻完備。科舉
分為文科、武科與雜科，文科又分為大科與小科。科舉每三年舉
辦一次。

小科（初級文科）有「生員科」（明經科）與「進士科」（製
述科），鄉試為第一次考試，兩科各錄取七百名，再到漢城參加第
二考，各再錄取一百名，他們就具有初級文官的任用資格，也賦
予參加中級文官升等考試的資格，以及成均館的入學資格。

生員、進士與下層官吏可以參加大科考試，第一次考試是在
各道舉行，第二次在漢城，選出三十三人，第三次由國王親臨主
考，分甲、乙、丙三科，決定名次，據此錄用為不同等級的官職。
文科考試的科目，主要是中國的經籍、史書與詞章等，因此，鑽
研儒學便成為出人頭地之道。

　　武科方面並未區分大小科。每三年在漢城與各道舉行的初試，錄取二百人，在漢城舉行複試時，再選出二十八名，然後從殿試中決定任用的等級。考試科目有弓術、槍術、擊術等步兵與騎兵所需的武藝，並加考經書與兵書，對應考者的身分限制，要比文科考試寬鬆許多。

　　雜科則是為了錄用特殊技術相關的官吏，培養相關部門所需的技術人員。為司譯院、觀象監、典醫監、刑曹等有關的官署選拔技術人才，考試的科目有譯學、陰陽學、醫學、律學等。

　　在文武雜科的定期考試之外，每年也有定期或不定期舉行的考試，像是謁聖試、增廣試、節日試等，大致上都是嘉惠成均館的儒生。儘管科舉是錄用兩班官僚最重要的方法，但還是有其他的管道。

　　此外，做為教育機關的學校，主要是參加科舉考試的準備機關，也因此成為官吏的培養機關。最高的學府是漢城的成均館，它除了講學用的「明倫堂」，還有祭祀孔子的「文廟」，以及稱為「齋」的儒生宿舍。成均館之下，在漢城有東、西、南、中四學（四部學堂），地方上的每個邑都設有鄉校。鄉校的構造與成均館相似，但四學中沒有文廟。在四學與鄉校之下，尚有稱之為「書堂」的初級教育單位，教授的科目全都是儒學與漢文學。

　　兩班的子弟通常在七、八歲時進書堂學習初級漢文與習字，然後到了十五、十六歲時，再進漢城的四學或地方的鄉校。在四學與鄉校讀了幾年之後，就可以參加生進科的考試，及格者即可進入成均館就學或參加文科考試。

二、經濟結構

在經濟結構上，朝鮮時代構成整體國家財政有三大種類：田政、貢納、役等。其中，又以土地經濟為傳統農業社會的主軸。

1.土地經濟

從土地制度來看，朝鮮王朝支配階層的基礎都是依賴著土地經濟。尤其，儒家基於農本思想，把農業當做國本，將工商業視為末業，經濟政策也一貫地「務本抑末」。

於是，便根據高麗末期改革後施行的科田法，做為朝鮮土地制度的基礎。根據科田法，高麗末期擴大的私田，都由國家沒入，重新分配給新興的兩班官僚們，同時，也規範田主與佃戶的關係，由國家釐定租稅額，國家的稅入就用於俸祿與軍費。分配給官僚的科田，限定在京畿之內，把他們的生活空間框限在中央，是為了防範他們與地方土豪掛勾，同時也為了建構強大的中央集權官僚勢力。因此，所有官吏不論是實職或閒職，都依十八等級的官階配給科田。授與科田原則上只限一代，但也有假其他「守信田」、「恤養田」的名目，而得以世襲的。

此外，對功臣授與的「功臣田」和對特殊功勳者授與的「別賜田」，也都是可以正式讓子孫世襲的。於是，集中在京畿地方的科田、功臣田、別賜田等，被以屯墾、買賣、掠奪等各種方法集中或壟斷，而使土地更為私有化，王族、高官與功臣的農莊再度漸漸擴大。世祖十一年時，田制改為職田法，只限定授與擁有實職者田地。後來到成宗時，實施「官收官給制」，給予官吏田地，

但他們不能直接收租，田租由國家收取後，扣除徵收的稅額，再發給地主田租，如此，使得地主無法直接支配土地。但是這種方式也無法實施太久，就連職田法都廢除了，所以官吏只能領取俸祿。

科田與功臣田之外，還有軍田。軍田是給予地方的良民，與高麗的軍人田稍有不同。這時的軍田與科田一樣，也有以「守信田」與「恤養田」的名目而被世襲，但後來就被廢除了。而宮城所擁有的土地——內需司田，則與高麗的內莊田一樣，中央官府的經費，是由租稅與貢品來挹注。此外，成均館、四學與鄉校擁有學田，寺廟有寺院田，地方則有屯田做為軍費所用。

2.田稅與貢物

其次是田稅。國家給予個人或官衙及公共機關的田地，負責耕種的農民必須繳納收穫量一成的田租給地主；地主若為個人的話，他所收到的田租中，必須上繳十五分之一的稅額給國家。但是，由於農作物的收成，與土地的肥沃程度及耕作條件的豐歉息息相關，而且差異極大，若採一致性的租稅，並不合理。於是在世宗二十二年（1440 年），將田地的肥沃程度分為六等，農作的豐歉分為九等，租稅額降為原來的三分之二，再依收穫等級來徵收租稅。因此，政府每二十年測量一次田地，重整土地地籍，以正確掌握土地的所有者。

不過，由於土地等級與收成的豐歉，很難每年做到公正與正確的估量而達到更合理，因此，如此的稅制變革，反而導致田制紊亂的窘境。而且，對於田租並非依照公定費率徵收，而是依收穫量徵收一半的慣例，後來漸漸採行「併作半收制」。

此外，地主與耕作者的關係也受到國家的規範。亦即地主不能任意更換或驅逐替他耕種的佃農，同時，佃農也不能隨意離開耕地。如此，才能夠保障農業生產，並使耕作者受到地主的保護。

國家財政收入的另一來源，就是貢物制度。貢納的物品，都是一般人各自生產的土產品，因此又稱之為「土貢」。官府將土貢充當許多用途。貢品有手工業者生產的各種器物、織品、紙類、席子等，以及各種礦物、水產物、毛皮、水果、木材等。實際上，對農民這是比田租更大的負擔，而原本是地方首長需要上貢的負擔，也都轉嫁到農民身上。

人民的負擔之中，對國家財政有影響的是服役。服役包括輪流上調的兵役，以及一年當中須從事一定期間勞動的徭役。對象是十六歲到六十歲的男人，徭役的種類包括：耕種公田，宮殿、山林、築城等土木工程，以及採礦等。徭役的日數雖然規定一年為六天，但形同具文，官署幾乎都是任意徵召。為了徵召從事徭役的人力，甚至還以「號牌法」來限定壯丁必須定居在特定地區，以控制土地耕作的人力無缺。

3.商業活動與國際貿易

綜觀朝鮮初期的商業活動，儒教兩班官僚體制下的商業，不脫為官僚與官府所御用的性格。由於農耕技術、交通工具及貨幣經濟等仍未臻發達，加上採取「務本抑末」的經濟政策，極力限制商業，因此不可能有自由的商業活動。

朝鮮初期的商業型態，在漢城有「市廛」（後來成為六矣廛、棉布廛、棉紬廛、紙廛、苧布廛、魚物廛），他們是得到專賣特定

商品特權的御用商人，有納稅的義務，也有權力禁止其他商店（亂廛）販賣他們的專賣品。地方上則有稱為「場市」的常設市集，通常是由逃避饑荒、兵役或租稅的農民群聚而成。場市裡也有「褓負商」，交易的項目為農產品、手工藝製品、水產品、藥材等。而且，也有以褓負商為對象的批發業、倉庫業、託賣業、運送業與旅宿業等，以及為他們借貸、存款與發行期票的銀行業。

在國際貿易方面，與中國（明）、女真、日本之間有官方貿易，也有私貿易。那是透過使臣往來以朝貢形式進行的官貿易，以及使臣往來時被容許的若干私人貿易行為，商品侷限在布匹與人蔘，數量也受到限制。與外國使臣的交易，跟中國與女真是在雙方的國境地帶，跟日本則是在東萊（釜山）的倭館與漢城，都是在官員的嚴格監視下，才能進行私貿易。禁止貿易的項目有：金銀、珠寶、軍品、鐵器等，以及特定的皮類、紙類與布料。

在如此的商業體制下，很難發展貨幣經濟。米與布一直扮演貨幣的功能，雖曾一度試以「楮錢」來流通，但因價值暴跌而喪失貨幣的機能。世宗時代也曾以銅錢為主要貨幣，但因銅的產量不足而無以為繼。

在手工業活動方面，主要是靠農民的家庭手工業。自給自足的農民，自己所需要的物品，都靠家庭的手工藝來製作生產。但另一方面，工匠的手工業也相當發達，製造的產品包括鐵製農具或金銀細工製品，以及紙、毛筆、墨、硯臺等文房四寶，帽子、粗繩、皮靴、針等生活必需品。這種工匠手工業也需要應付王室或官府的需求，為他們生產武器、陶瓷器、紡織品、文具、金銀

加工品等，使得官僚手工業顯得相當突出。儘管這些工匠屬於良人階級，但仍受到國家的管制與監督，也有貢納與徭役勞動的義務，在社會上備受鄙視。

至於朝鮮初期的交通運輸狀況，馬匹與轎子是主要的交通工具，貨物運輸方面，陸路是靠車，水路則利用板船。交通與通信機關有「驛」與「院」，在全國主要道路上設有五百多個驛，提供驛馬給公務旅行的官員，對使用者發給許可證與馬牌。每個驛站配置一定員額的官吏（驛長、驛吏、驛卒），也有管轄驛站的官員（察訪或驛丞）。

在實物運輸中，國家最關心的是將稅捐米運送到漢城。內陸地方就利用陸路運輸，有河川與海岸者就興建漕倉，利用所謂的漕運。

三、奠基於儒家理念的社會結構

朝鮮王朝的身分結構，是由高麗時代傳下來的傳統社會基礎，並以儒家理念來建構。也就是貫徹朱子學說中對身分的差別觀念，人從一生下來，就注定了身分、地位、貧富、貴賤。因此，任何人都必須認清，自己的階級秩序與身分地位被固定化是理所當然的。

1.固定的階級秩序

兩班官僚們為了使自身的絕對權威與支配性地位繼續得到保障，便制訂了各種法律規定使身分制度存續下去。人的階級大致上分為兩班、中人、常民、賤民。一個階級內又有許多階層，依各自的身分，對國家的權利義務、社會的權勢與待遇都不一樣，公與私

方面所享有的利益，也差異極大。而且，職業也依身分世襲，依尊卑貴賤的觀念，不能互相交往與通婚，居住地也互不相同。

兩班階層的唯一目標，就是當上官吏等著出頭天，他們只需潛心學業，不必從事農工商或特殊技術來營生。他們需要學的就是儒學，從教育機關學習與累積擔任統治者所需的學問與知識，再通過科舉考試進入官場。他們由國家得到田地與俸祿，沒有賦役的義務。

中人是從事特殊技能工作的人，主要從事的服務有醫學、外語、法律、天文、地理、算學等雜學。此外，也有從事音樂與繪畫的人，或在文武官廳從事實務工作的基層官吏。他們通過雜科考試擔任官職，但不能升上正三品以上的位階。地方鄉吏也屬於這個階級。

常民則是以農工商業為生，是需要全面負擔國家賦役（田稅、貢納、勞役）的階層，大部分是農民。儘管有一些是自耕農，大多為佃農。這些常人中，也有特殊的「身良役賤」階層，分為皂隸、日手、羅將、漕軍、水軍、燧軍、驛保等七種，又稱為「七般賤役」。

常民因為屬於被支配階層，實際上並不給予讀書就學的機會，也完全沒有機會參加科舉考試而能出人頭地。

賤民是社會最底層的階級，他們是像財產一樣，可以被買賣、讓渡、繼承的奴婢，分為公賤與私賤。奴婢又分為外舉奴婢與率去奴婢，他們的身價比一匹馬還不如。在奴婢之外，還有與奴婢一樣被鄙視的戲仔、巫師、娼妓、白丁等。

2.家族制度

　　朝鮮王朝的家族制度是組成社會的最重要基本單位。所謂家族，是指以血緣為中心的夫妻、父子，以及環繞他們而構成血緣相近的家族集團。如此的家族集團之長（家長），不論在戶籍制度上，或其他公領域關係上，被稱為「戶主」，他是指揮「家族共同體」的統帥。在家族之內，家長與其他家族成員的關係，是以父子關係為主軸，也就是極重視以儒教的倫理（孝）為根本的父子間支配關係，同樣關係的延伸，則是以「五倫」做為所有社會價值的基準。

　　孝道與貞節是社會的基本德目，孝子與貞婦可以得到國家的褒揚。「家父長制」的權威以及家長的支配權，是依照傳統的規範來行使，法律上也有相關的規定，不孝就如同對國家不忠與叛逆，屬於罪大惡極；而婦女的節義則是最高的美德。而分家（或分派）後的家族，仍有共同的姓氏，祭祀共同的祖先，內部仍保有家族性的統御機制，而形成宗族集團。在宗族集團裡有「宗法」做為宗族的統制規範。尤其，朝鮮初期依朱子家禮而確立的婚喪喜慶的禮教，更是被徹底執行。因此，朝鮮中期以後，開始有了族譜。

　　基於家族制度，採行了冠、婚、喪、祭的禮法，在兩班社會被嚴格執行，對一般庶民則制約較少。法律上，男子十五歲以上，女子十四歲以上，就准許結婚，算是早婚的習俗。男人可以再婚，女人則禁止再嫁，再嫁女人的子孫不得參加科舉考試。

　　喪禮的服喪期，以父母親的三年期為最高，而依尊卑與親等關係，服喪期也不同。墳墓的大小則依身分限制其規模。祭祀禮

儀排除了高麗末期與朝鮮初期盛行的佛教儀式，改採儒教儀式。祭祀由嫡長子主祭，若嫡長子無後嗣，則由次子負責。財產的繼承大多由嫡長子單獨繼承，到後來實施均分繼承制時，嫡長子分到的比例也最高。

　　由於如此的婚喪喜慶儀式極受兩班社會的重視，大大提高了消費性；而財產均分繼承制度的實施，則是導致中小兩班階級經濟破產與沒落的因素。

四、文化活動蓬勃

　　另外，朝鮮初期的文化活動可以看出，較諸其他任何時代更為蓬勃。特別是韓國文字的創制，可說是民族意識與民族大愛的發軔。世宗壓制了崔萬理等學者的反對，動員了集賢殿的成三問、鄭麟趾、申叔舟等學者，創制並頒布了民族最大的文化產物——韓文（世宗二十八年，1446 年）。此外，也刊行了許多官方的撰述與書籍。主要從事這些工作的，大部分是集賢殿的學士或弘文館的學者，他們都具有實用的性格，從儒教的立場要來維持政治與社會秩序。

　　對史書的編纂，則投注了相當的心力。基於「歷史是政治的鏡子」的觀念，國家對史書也非常關注。朝鮮王朝實錄在太宗十三年（1413 年），完成《太祖實錄》的編纂，後來又陸續完成其他實錄的編製。為了妥善保存，分別由漢城、星州、全州、忠州的四大史庫來保管。同時，為了讓歷朝諸王的嘉言與善政能夠成為後代的模範，記錄這些資料的《國朝寶鑑》在世祖四年（1458

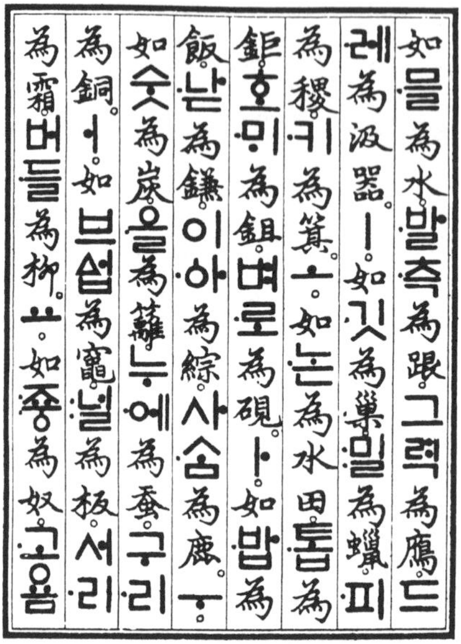
如믈為水발측為跟그력為鴈드레為汲器。ㅣ。如깃為巢밀為蠟피為稷키為箕。ㅗ。如논為水田톱為鉅호미為鉏벼로為硯。ㅏ。如밥為飯낟為鎌이아為綜사ᄉᆞᆷ為鹿。ㅜ。如숫為炭울為籬누에為蠶구리為銅。ㅓ。如브ᅀᅥᆸ為竈널為板서리為霜버들為柳。ㅛ。如죵為奴고욤

圖 15：韓文的創造——「訓民正音」

年）完成了，同一年也完成前朝歷史《高麗史》的編纂。把前朝高麗的歷史，從新王朝的立場並以紀傳體來撰寫，而編年體的《高麗史節要》也幾乎同時完成（文宗二年，1452 年）。後來，在成宗十六年（1485 年），編纂完成了以編年體寫的三國與高麗的歷史《東國通鑑》。在地理書方面，有《八道地理志》與《東國輿地勝覽》。

世宗時，編纂了與政治有關的《治平要覽》。比較特別的是，成宗五年出版了《國朝五禮儀》，做為國家儀式的基準。世宗時，將《三綱行實》中君臣、父子、夫妻三倫模範的忠臣、孝子、烈女的真實事蹟用圖畫來說明。

朝鮮初期，各方面的科學技術很發達，有許多發明與著述。首先，是跟農業有關的，世宗十二年編纂了《農事直說》，後來出版的《四時纂要》也是農書。而與農業有關的天文學也很發達，世宗二十四年製造了測雨器，比西洋早了二百年。此外，還製造了觀測天文用的大、小簡儀、天球儀的「渾天儀」、日晷儀的「仰釜日影」、水鐘的「自擊漏」等。兵器方面，各種火砲的製造相當

發達，也製造了堅固的兵船。醫學方面，世宗十五年（1433 年），編纂了《鄉藥集成方》，後來以此為基礎，又出了許多醫學書籍。世宗二十七年編纂了《醫方類聚》，這是後來在光海君二年完成編纂《東醫寶鑑》的基礎。

　　如此蓬勃的編纂事業，自然造成印刷術的發達，而大量鑄造金屬活字。太宗三年設置了鑄字所，製作了銅活字，稱為「癸未字」。世宗十六年又製作了「甲寅字」，使印刷術更為發達。

　　在藝術活動方面，朝鮮初期，音樂成為儒教國家的治國之道，使得整理音樂的作業成為一大課題，其中功勞最大的，要算是世宗時的朴堧。後來在成宗二十四年，出版了《樂學軌範》，分為雅樂、唐樂、鄉樂三部分，從樂律到實際的吟詠，都用圖畫來加以說明。為了作曲與作詞，蒐集了許多高麗時代的樂歌與俗謠，同時，也有新的樂章，像鄭道傳的《新都歌》或鄭麟趾的《龍飛御天歌》等，以及在士大夫之間廣為流行的「景幾體歌」。文學活動也很活潑。成宗九年，選取徐居正的詩文編成《東文選》，同時也整理了漢文學。說話文學在此一時代頗為流行，有徐居正的《筆苑雜記》、成俔的《慵齋叢話》、魚叔權的《稗官雜記》等；而小說還在初創階段，有金時習的《金鰲新話》。

　　由於兩班對美術活動一向鄙視，朝鮮的美術看不出有特別蓬勃的發展，只被當做消遣的雕蟲小技。繪畫方面，被稱為文人畫的水墨畫相當盛行，世宗時有姜希顏等名家，後來的大家有安堅（玄洞子）、崔涇（謹齋）、李上佐（學圃）等人，安堅以「夢遊桃園圖」的山水畫出名。山水畫之外還有人物畫與肖像畫。書法

則流行「松雪體」，大家有安平大君（梅竹軒），草書名家是楊士彥（蓬萊），韓濩（石峰）則以楷書知名。

朝鮮美術的特殊成就是瓷器。朝鮮瓷器的初期是粉青，後來改變為素樸與淳厚的直線型態，尤其是色澤成為純白、乳白、灰白等，使得白瓷成為朝鮮瓷器的代表。

朝鮮中期

第一節　兩班官僚體制的鬆弛與兩班文化

一、兩班官僚體制鬆弛

朝鮮進入中期之際，兩班官僚體制逐漸開始鬆弛，這是因為經濟體制開始崩解。其中，尤以土地問題從一開始就存在了。

1.經濟體制崩解

新王朝實施田制改革，實際遭遇的就是經濟問題。這不僅是為了挹注軍費與俸祿所需，也因為分配給文武官僚、功臣等的私田可以世襲，使得私有地與農莊在買賣、兼併之下不斷擴大，甚至到覬覦公田的地步。尤其，職田法廢除後，既得利益者對土地的慾望更大。

農莊不斷被擴大的現象，到十五世紀末期已衍生不少弊端。兩班官僚隨著官位的晉升與權勢的擴大，擁有的農莊也就越來越

大。農莊甚至成為他們在地方的根據地。不過，隨著土地的流失，失業流竄的農民也就越來越多，甚至成為很大的社會問題。

此外，貢納制與租稅一樣，是朝鮮王朝前半期稅制的根本，但隨著時間的變遷，稅制也逐漸產生弊端，甚至導致制度本身的崩潰。官府從農民取得大量與多樣的貢品，對農民已經是沉重的負擔，後來又因宮中生活的糜爛與浪費，到燕山君時代（1495–1506 年）又大幅提高貢納品的數額，使得人民的負擔更為加重。

貢納制的弊端不僅是負擔沉重的問題而已，還有收納的過程中，遭到私吞、舞弊或中間剝削的狀況。而且，貢品的徵收、運送與繳納的過程，有許多實際上的困難，對收受雙方都會造成不便與不利。由於可作弊的環節太多，甚至衍生了不少靠從中牟利營生的所謂「貢納請負業者」，而形成了上下交征利的現象。

原本保護農民的賑恤政策，也漸漸變質反而使農民受害。由於地方官吏的舞弊，從賑濟用的米穀借貸過程中牟利，使得原已遭天災而受困的農民得不到賑恤之惠，反而背負更沉重的利息包袱，最後只好棄農而流亡外地。

另一個國民的義務「身役制」也同樣變質。原本半公開的「以布代役」的變通作法，是為了在農忙期紓解人力不足的壓力。但是到後來，變成地方軍事首長為謀私利，而以收受布匹的賄賂，換取兵役義務的免除。終於導致軍事制度的鬆弛，也使得原本的稅收被變相挪用，身役制度也就近乎瓦解。

2.官僚鬥爭

對於兩班階級，唯一的最高目標就是當官出頭。因為，做為

支配階層權勢擴大，就會帶來更多的經濟利益。不過，官僚機構所需的官職員額，成長速度遠不及靠定期科舉考試進用的兩班人數，而造成了供過於求的現象。如此，使得兩班追求官職的競爭更形激烈。在結構性矛盾與現實條件落差的狀況下，若國王無能或年幼，就會使元老與新進官僚之間的對立與鬥爭更為激烈。

儒家的政治哲學中，有所謂的「名分論」與「正統論」，讓兩班官僚階級因而形成兩極化的價值觀，互相對立。後來又加入對禮儀的「形式論」，更刺激了對立的態勢。尤其，兩班在自己勢力基礎的農莊廣設書院，形成自己同黨或同派閥的師徒關係，更助長了政治的派閥性格。在地方上的同類兩班集團，會以「同門契」或「鄉約」之類的約定，達到相互提攜與扶持的目的。從狹義來看，是相互扶助；但從廣義的社會層面看，則是封閉性與排他性派閥的形成。

兩班官僚間派閥的對立，並非源自君臣關係。從世祖篡奪王位之後，致力於推展儒家思想，為了拔擢人才，特別從儒學最盛的嶺南地方選取儒學者進入官場，而造成了派閥的興起。嶺南出身的儒學官僚，可溯自高麗末期的學者吉再，以至於承襲他學術傳統的金宗直，金氏又培養出大批弟子，於是形成一個學派，到成宗時大舉進入政界。

成宗大量起用他們擔任言官，除了因為他們崇尚忠孝節義，另一個原因是為了牽制世祖時代的功臣對政權的壟斷。於是，這批元老級的既得利益勢力與新進的學者勢力，不免因為學識與經驗的落差，而形成對立的態勢。

3.士禍不斷

　　成宗之後的燕山君，本身對政治與學問都不關心，也不知道學者或文人的動向。在這樣的情況下，雙方的對立於是表面化，新進學者勢力開始遭到迫害。

　　擔任史官的某新進士大夫，將已過世的師祖金宗直諷刺世祖篡奪王位的文章載入史書之中，被老臣發現，便以此為藉口，開始大肆整肅新進士大夫（燕山君四年，戊午，1498 年）。於是，除極少數人外，出身嶺南的士大夫都被排除政界之外。「戊午士禍」六年之後，又發生了一次大獄禍，那是外戚與功臣之間的對立鬥爭所造成的。

　　一名外戚大臣為了剷除元老勢力而伺機抓權，向燕山君告狀說，燕山君的生母遭到罷黜廢位，是一些元老勢力所共謀的，奢侈荒淫的燕山君聞後，在盛怒之下，將大批元老官僚處死或流配，連一些涉案的新進官僚也遭株連，這就是「甲子士禍」（燕山君十年，1504 年）。

　　此後，燕山君的生活更為糜爛，派人到各地蒐羅美女、娼妓、良馬等，廢除太學成均館，改為宴樂場所；並把興天寺改為馬廄，圓覺寺則改為狎妓的地方。有人在壁畫上用韓文來誹謗他，燕山君於是下令禁用韓文，並把所有韓文書籍全部放火燒掉。結果，燕山君後來被元老勳舊派大臣罷黜，代之而起的是中宗（燕山君十二年，1506 年），稱為「中宗反正」。

　　中宗是非常尊重儒學者的一位國王，起用新進的少壯學者趙光祖便是中宗自己的決定。趙光祖把實現儒家的理想政治，當做

個人的政治目標。因此，他主張打破違背儒家良風美俗的所有迷信，並實施鄉約，推動勸善懲惡與相互扶助的精神；並且翻譯印刷各種書籍，致力以儒教文化來教化人民。他也薦舉才德兼備的人出任內外要職，設置「賢良科」的考試，由國王親自面試後錄用。於是，使得趙光祖一派的許多人被拔擢，由於勢力越來越大，自然遭致元老派的忌恨，他們於是藉由「偽勳削除事件」大肆反彈。那是中宗反正時，功臣中有七十六人因為勳章濫授，而遭削除功勳。原本這事件是趙光祖派採攻勢，但勳舊派的南袞、沈貞等的反擊，反而使得情勢逆轉。趙光祖被指密謀稱王，導致趙氏一派遭到剷除（中宗 14 年，1519 年），這就是「己卯士禍」。

後來，中宗的兩個異母兒子為了繼承王位引發的鬥爭。仁宗與明宗的繼承問題，是因他們的外戚尹任與尹元衡的對立而起。前者稱為大尹，後者則為小尹，他們各有兩班官僚的班底而形成派系。仁宗即位不久就病逝，明宗繼位後，得勢的尹元衡派，便將大尹一派整肅掉。此乃明宗即位年（1545 年）的「乙巳士禍」。

以上這幾次因官僚間的對立鬥爭而導致的士禍，經過與背景都不相同。並不是固定的兩個黨派間的對立鬥爭而引發，而是一派勝利之後，新的反對派就形成，然後就爆發新的士禍。唯一相通的，就是都標榜對國王的忠誠。失敗者都被定位為叛逆者，不是地位被剝奪，就是遭到處死。雖然這也可稱之為政爭，但是與過去宮廷內少數人的陰謀或暗殺的政爭不同，這些是包括在野人士與士林在內的大多數人形成的黨派，所公然展開的政治鬥爭。

同時，十五世紀末到十六世紀初反覆的政爭與對立狀態，不

僅給予士大夫階層嚴重打擊，也對兩班官僚體制本身造成大幅的崩解。政治混亂必然使得已經紊亂不堪的朝鮮王朝體制（土地制度、貢納制度、兵制等），陷入更大的混亂之中。地方上有勢力的兩班，盛行競相設立書院，便是這種情勢的具體反映。

4. 黨　爭

在儒家的政治體制下，除了儒學之外，別無管道可以立身與出頭，而學問與德行是被拔擢成為官吏的途徑，儘管機會較多，但兩班子弟出頭與騰達的機會未必是均等的。與此相同的是，兩班官僚之間，不僅是為了掌握權力而鬥爭，大部分的官僚都無法被孤立，只好全力去壓制對立的另一派以求生存。到十六世紀後期，官僚間的對立鬥爭更進一步提升為黨爭。

黨爭是有固定黨人的朋黨間的鬥爭。黨人的子孫一代代世襲所屬的黨派，他的同族或姻親也加入同黨。這種黨爭並不是一次事件的勝負就可終結，儘管一次敗北，他本人或後代到了一定時機，回到政治舞臺中央就會替他的祖先復仇，這被認為是為人子孫的義務。因此，一脈相承的各黨派之間，勢力的消長與浮沉，就像連續劇一樣，一幕接著一幕地演下去。

在黨爭背後的經濟支撐力量，就是農莊。士林學者的生活地盤並不只在漢城，他們儘管在漢城中央當官，但是並未完全從地方的農莊撤退，因為地方上還有他們的同族。由於族黨在地方上仍擁有經濟力量，可做為黨爭的後盾，因此地方農莊便成為黨爭落敗後的避難處。

黨爭最早是從宣祖初年，以沈義謙與金孝元為中心的對立而

展開的。沈義謙是明宗王妃的弟弟，雖為外戚但支持士林學者，也極受到前輩士林的敬重。另一方面，金孝元則是承續了金宗直的學術傳統，他位居掌管人事權的要職，不僅因此引進許多新進學者，也因他的才能與識見而備受尊敬。在吏曹擔任掌管人事行政的官職，比其他職位更重要，儘管職級只是正五品，但他離職時，對於繼任者擁有推薦與拒絕的權力。這個職權的設計很有意思，同時，這樣的制度也是為了防止權臣徇私引進裙帶關係。金孝元離任時，拒絕沈義謙推薦他弟弟接任；在此之前，金孝元被薦舉擔任此職時，沈義謙以吏曹的上司反對過這項任命。

　　因人事權的掌控而造成沈、金兩家的反目，也擴大元老官僚與新進官僚的分裂。明顯的分裂發生在 1575 年。金孝元的家位在漢城東部，所以他的同黨被稱為東人，沈義謙住在西部，所以黨羽被稱為西人。李珥曾經力圖阻止如此的分裂，但是效果不彰。東人大多為李滉的門人，西人則多屬李珥的弟子。到後來黨派分裂，使得學問上的見解差異，以及師徒、交往等人際關係都變得錯綜複雜。起初大致是東人佔優勢，但是十多年之後，就在日本入侵的前一年 （1591 年），東人又分裂為南人與北人。西人鄭澈在「建儲運動」（冊立皇太子）失敗後，遭到流配之刑；東人內部則因為對鄭澈的攻擊態度應急應緩，僵持不下，而成為內訌的直接原因；同時，李滉的門人與曹植的弟子之間也陷入學派的對立。南人與北人的稱呼，同樣來自其領袖各住漢城的南北。東西兩黨分裂後不久，政府雖將人事權與有關的吏曹郎官的特殊權限廢除了，但是黨爭卻更激化。

二、兩班文化

兩班官僚對立的激化，導致士禍一再重演。許多學者於是對政界死了心，而到地方專注於研究學問或致力於教育後進。這些與官場隔絕的學者，比較傾向於思想性與理論性學問的探究，而不是實用之學；朱子學最符合他們的口味而大受歡迎。因為朱子學並不是政治術數的儒學，而是在與佛教的對抗中，去探究宇宙與人的本質為何，屬於抽象與形而上的學問。因此，一時之間，朱子學蔚為風氣並培養出不少人才，這是韓國儒學史上一個極盛的時期。

1.朱子學蔚為風氣

同樣的，朱子學有兩個體系，其一是「主理派」，其二是「主氣派」。主理派的先驅是李彥迪（晦齋），之後集大成的是李滉（退溪）。李滉是被稱為「東方朱子」的大學者，他繼承朱子學說，並將之深化為心靈的學問，強調體驗主義與修養主義。他主張「理氣二元論」，並與朱子一樣認為，形成宇宙根源的「理」與「氣」，二者是互相不能分離的關係。但是他又說，理是氣動的根源，是主宰與操控氣的實際存在的東西。因此，他是站在主理學派的立場。從主理說的立場來看，對宇宙根源生命力的認識，要比對每個事物的法則的認識更重要；而進一步體會人的道德意慾是其生命力根源的重要性。因此具有內向性，而應該尊重內在的經驗。所以，他們重視道德信念以及實踐的節操與氣魄。他的門下培養出柳成龍（西崖）、金誠一（鶴峰）、鄭逑（寒岡）等知名的學者，

繼承他的學說，也就是「嶺南學派」的學脈傳統。李滉的著書有不少流傳到日本，他的學問對當時日本的儒學界有極大的影響。

與主理派立場對立的是主氣派。主氣派的先驅，是隱居一生的徐敬德（花潭）。他之後是奇大升（高峰），集大成的是李珥（栗谷）。主氣說的立場是，追求宇宙根源的存在，應該物質性的氣要更甚於神祕性的理。據此，理是氣動的法則。因此，主氣派認為，應該客觀地把握事物的法則性，他們與朱子學派一樣，重視道德法則的探究，但方法則是外向性與知識主義的立場；並尊重外在的經驗與博學。

因此，儘管同樣是朱子學，兩派的傾向卻有極大的差異。李珥在官場實際活動很久，是經世家，參與過許多實務工作，雖然他對政治、經濟與軍事都有抱負與主張，但並未能如願落實。他的學說後來被弟子金長生、鄭曄等繼承，而形成了「畿湖學派」。李滉與李珥於是成為朝鮮儒學史的兩大巨擘，對後世學術傳統的對立影響深遠。

2.書院的蓬勃

朱子學能夠如此發達的基礎，就是書院。書院的蓬勃與當時的學術及社會有密切的關係。書院發軔於中宗三十八年　（1543年），是豐基郡守周世鵬設立的白雲洞書院。他為服侍安裕先生而設書院，這也是第一座把教育與奉祀先賢的祠堂兼用的書院。因此，國王特別頒賜「紹修書院」的匾額，也是最早的賜額書院。

後來各地的書院陸續成立，賜額書院的數量不斷增加，到宣祖時已經超過了一百座。賜額書院於是成為常例，由國家給予書

籍、土地、奴婢，使得原本由農莊建成的書院，經濟基礎非常穩固，但是卻不斷侵蝕國家的財政。

但是，書院後來成為因士禍被逐出政界的士林的另一條活路，使得朱子學能在如此的基礎上蓬勃發展。而且，黨爭更形激烈之後，書院更是成為朋黨的溫床。把同族的子弟聚在一起受教育，所結下的師生之情，與血緣關係的父子之情一樣，是束縛人心的重要方式。例如，李滉系統的嶺南學派必然是主理派，李珥的畿湖學派也一定是主氣派。如此的情況，讓後來的陽明學說毫無發展的餘地，師出同門的弟子之間，會組成「同門契」，深化情義，在黨爭時或出人頭地時，更能超越是非而團結。

3.鄉　約

在地方上能與書院一樣鞏固士林地位的，就是「鄉約」。鄉約主要是追求：德業相勸、過失相規、禮俗相交、患難相恤的四項綱目的精神。中宗時代，趙光祖曾想廣泛施行，但因他垮臺而無法實現。其後有一些地方施行，到宣祖時才普及到全國。鄉約的幹部（約正），大致都由望重士林的人所擔任，也包括一般農民在內，因此，士人的地位對農民而言，比派到當地的地方官更具支配力量，由此便可知道，士林的政治基礎有多堅固了。

4.多元文學形式

在文學方面，朝鮮初期的文學，盛行漢文學色彩濃厚的「景幾體歌」或「樂章」；到中期時，「歌辭」漸漸發達。歌辭是以「四四調」的散文，呈現韓國詩歌的特色，士林學者以詩歌形式歌詠生活中的自然之美。鄭澈（松江）是歌辭的大家，他留下的作品

有《思美人曲》、《續美人曲》等。

「時調」是詩歌的一種呈現方式，成為李朝文學的代表，也是兩班階層必經的教養學程。而且，不論政治家、學者或武人，都曾留下時調的作品。因此，兩班的生活感情，常在時調中流露出來。時調的大師有朴仁老（蘆溪）、申欽（象村）、尹善道（孤山）等，他們之外還有不少人。他們透過時調吟唱對國王的忠誠、道德的教訓、武人的豪放氣概、倭亂與胡亂時的慷慨悲憤心情，以及自然的美景等，俯拾都是題材。

小說方面，最早用韓文寫的小說是許筠（1569–1618 年）的作品《洪吉童傳》，是一種社會小說，表達對兩班官僚社會的身分差別待遇，以及土豪官僚的貪婪與暴虐的義憤。雖然是用韓文寫的小說，但是仍不脫模仿中國小說，以及勸善懲惡的內容。

像金萬重的《九震夢》與《謝氏南征記》，算是愛情小說與家庭小說。前者是後來《玉樓夢》之類小說的起源，與後者相似的家庭小說，則有《沈清傳》與《興夫傳》等。作者不詳的《春香傳》，描述超越階級身分的愛情故事，它沿襲了一貫老套的勸善懲惡與喜劇收場的手法，但仍能夠銳利地觀察現實，以寫實方式表現，並充滿了諧謔性，是當代小說的佳構。

第二節　朝鮮中期與外族的關係

一、日本的侵略

　　十五世紀中葉，隨著朝鮮與日本之間私人貿易的增加，走私貿易也跟著盛行起來，於是成為與倭人之間紛爭的原因。朝鮮中宗時，居住在三浦的倭人與鎮將發生衝突而作亂，動亂平息後，關閉三浦並斷絕了交易，但在對馬島主的乞求下，中宗七年（1512 年）締結了《壬申條約》，並在《癸亥條約》中規定船隻數與米穀量減半，而准許重開交易。交易品與早期並無差別。

　　從十六世紀中葉起，朝鮮政府對日本來航的船舶與船員數，都採更嚴格的管制之後，使得慶尚與全羅道的海岸經常有倭寇越界進入，明宗十年（1555 年），數十艘的倭船甚至入侵全羅道岸邊。為此，朝鮮與日本之間一度斷絕正式的交涉。

　　但是到了十六世紀末，日本國內情勢發生巨大的變化。結束一百年的戰亂，在 1573 年由織田信長將足利幕府消滅，豐臣秀吉並在 1590 年統一全國。出身卑微的豐臣秀吉並未重開幕府政治，仍擁護王室，只擔任古代官職「關白」，而成為實質的統治者。他嚴格執行身分制度，更加強化兵農分離政策，給武士配備短槍，將日本西部發達的商業都市訂為直轄市，授與獨佔的貿易權。他並壓制了各地爭擾不斷的領主勢力，將他們完全去勢之後，再把征服慾擴大到國外。

於是，在日本即將完成統一的時候，他透過對馬島主向朝鮮要求建交，並要求日本征伐明朝時，朝鮮能讓他的軍隊通過。朝鮮當然是斷然拒絕了。而豐臣秀吉仍抱持侵攻朝鮮之意，在徵召兵員與船隻的準備期間，朝鮮政府派了兩名使臣去日本，觀察日本的動向，卻因為完全看不出來襲的跡象，而做出完全相反的結論，並且不急著防範，甚至還自以為朝鮮的軍隊很了不起。朝鮮為了防備南方的倭寇與北邊的女真入侵，從十六世紀初就擴充一部分的禁軍，並新設了備邊司，加強邊境的防衛，但是由於兵農未分離的狀態，農民只要納布就能免除兵役，政府反而靠雇傭兵來建立軍隊，而且，他們都不做軍事訓練，反而大部分都被動員去從事勞役，根本完全沒有精銳部隊。雖然曾努力改良火砲與火藥等武器，但性能並不好。而且，主要的武器是弓箭與刀劍，根本不敵日本短槍的威力。

壬辰年（1592 年）春天，豐臣秀吉派遣十五萬大軍跨海攻打釜山，即為有名的「壬辰倭亂」。朝鮮軍奮力抵抗，但因兩軍的武器太過懸殊終告不敵，釜山淪陷，倭軍分三路北上，要逼近漢城時，宣祖避難到義州，並將兩個兒子派到江原道與咸鏡道去招募義兵。在義州避難的國王，眼見倭兵繼續北上，於是乃向明軍求援。到此境地，全國各地儒學學者與僧侶紛紛挺身而出，號召義兵防衛家國。除了郭再祐在慶尚道宜寧舉事（1592 年 6 月），高敬命從全羅道起兵，金千鎰也在全羅道躍起等之外，還有許多義舉。陸軍很顯然處於劣勢，不過，李舜臣將軍指揮下的海軍，比日本海軍優秀太多，而且擁有優異的裝甲軍艦「龜甲船」，把日本

海軍完全壓制下去，斷絕他們對地面部隊的後援，並受困於寒冷的天候與惡劣的疾疫。

另一方面，支援朝鮮而來的明軍，與日本軍呈對峙局面後，日軍答應明軍的議和，自漢城撤軍南下而在慶尚道沿岸地帶築城駐屯。在議和的過程中，部分撤退或喪失鬥志的日軍兵卒，紛紛潛逃回國。朝鮮從一開始就反對明軍與日軍的議和，經過數年的較勁，雙方都自認是戰勝國，在要求條件談不攏的情況下，宣告決裂。

會談決裂後，丁酉年（1597 年）豐臣秀吉再派兵侵略朝鮮，但這次日軍只佔領了慶尚道一帶，以及滲透一些兵力到全羅道。一度被謀陷而遭罷官的李舜臣，再度被起用抗敵，是為「白衣從軍」典故的由來。經他重新整頓的水軍，再次給日軍極大的威脅，當戰事陷入一進一退的膠著狀態時，豐臣秀吉突然病歿，日軍乃奉遺命撤退。日軍開始撤退之際，原本打算在露梁海上攔截退路，並予殲滅的李舜臣，也不幸遭到敵軍流彈所擊，為國殉命。日本前後七次的侵略終告結束。

這次戰亂使朝鮮受害極大，生命與財產的龐大損失，無可計數。許多朝鮮人被挾持到日本，強制從事耕作與勞動或被當奴隸買賣。朝鮮國內也因戰亂使得農民流離失所，農村社會的面貌因而大為改觀。此外，戰爭引發的饑荒與傳染性疾病交相作用，使得慘況更為嚴重。

戰亂導致田野的荒廢，也對朝鮮社會後來的傷害與影響極大。戰後，全國可耕種的農地面積，連三分之一都不到，耕地的銳減

又以受日軍迫害最大的慶尚道為最，只剩下戰前六分之一的耕地可用。如此現象使得國家稅收減少，導致財政持續窘困；同時，因為戶籍與土地資料全都流失，重新建檔也曠日廢時。此外，原本在慶尚道課徵的貢納品，轉到其他地方（京畿與忠清道），而使這些地方的農民負擔更為加重。

經濟狀況如此惡化，更加刺激兩班階層的的權力慾與土地佔有慾，黨派的分裂也就更為激烈了。於是，原本佔優勢的北人，在戰後反而分裂成許多分派。

社會身分的崩解也很顯著。大家在逃難時，保管奴婢籍貫的官廳遭焚燬，證明文件也都流失，使得奴婢的身分無法確認，而且國家財政困難，無法像過去一樣保留供養奴婢，政府於是採取「納粟政策」，只要納入米穀，不分任何身分，就能夠得到報償，像是授予官爵或是提升奴婢的身分等。

至於文化損失也不可小覷。景福宮與許多宮殿、官衙都遭戰火焚燬，弘文館藏書與歷代實錄，除全州所藏之外，全都化為灰燼。許多書籍與美術品等文化財，被掠奪一空，損失極大，導致朝鮮百姓對日本的敵愾意識深植心底。

後來德川家康重新建立武人政權，請求與朝鮮重新建交，使得中斷了一段時間的兩國關係，得以恢復。被日本軍挾持的人當中，有製造陶瓷器的技術工匠，他們使得後來日本的陶瓷器大為發達。同時，帶過去的活字，也對日本的印刷技術貢獻很大。

明朝對滿洲的經略，從十五世紀以來就漸漸減弱，勢力後退到遼河下游流域；相對地，女真的勢力則從松花江上游擴大延伸

到遼河上游一帶，漸漸展現了集結勢力的態勢。遼東東部地方的建州酋長努爾哈赤（1559–1626 年）在十六世紀後半統合了女真族，定國號為後金，並自任國王，開始展露軍事實力。

另一方面，朝鮮與明朝的關係，從初期以來就別無變動，而持續平穩發展。其間，在壬辰倭亂之後，光海君（1608–1623 年）繼宣祖為王，內政與外交都展現了不凡的政治手腕。

他在倭亂後，重整史庫、刊行書籍、實施號牌等，治績顯著。同時，他對女真的後金在滿洲興起所形成新的國際情勢，也能以出色的外交政策來因應，避免陷入國際性的戰亂之中。明為了打敗後金而出兵滿洲，請求朝鮮支援，光海君於是派姜弘立率領一萬多名軍隊馳援。但光海君也給姜弘立密旨，要他研判形勢的向背，當他發現明軍戰況不利，便轉向後金投降。因此，後金並未對朝鮮有任何的報復行動。此外，光海君毫不偏廢軍備，相當重視國防，隨時維修各地的武器並實施軍事訓練。結果，光海君竟遭到西人的罷黜，而擁護仁祖繼位（即為「仁祖反正」，1623 年）。

二、「向明排金」政策

擁戴仁祖的西人，揚棄光海君所採取的對外政策的觀望態度，而改以明確的「向明排金」政策。如此的政策變化，自然挑起了後金的敏感神經；加以明將毛文龍駐軍在鐵山的椵島，意圖光復遼東，也讓後金非常不安。後金認為，要打敗明朝，有必要先擊潰在背後威脅的朝鮮與毛文龍。

　　這當中，發生了李适之亂。李适是仁祖的反正功臣之一，但是只被認定為二等功臣，心生不滿而決心叛亂，一度還曾攻陷漢城。但是被官軍打敗後，餘黨全部投靠後金，向他們抗告罷黜光海君、擁戴仁祖的不當，並慫恿後金入侵朝鮮。於是，後金打著為光海君報復的口實，在仁祖五年（1627年）第一次入侵朝鮮（丁卯胡亂）。後金軍隊的一部分，在椵島打敗了毛文龍，主力部隊則朝平山挺進。於是朝廷請求議和，承諾締結兄弟盟約，後金才把軍隊撤退。

　　後來，後金太宗稱帝，改國號為清，並派來使臣要求朝鮮稱臣。朝廷對此大為反彈，仁祖不僅拒見清使，也拒收國書。如此種下導因，清太宗乃於仁祖十四年（1637年）派遣大軍入侵（丙子胡亂）。此時，王子與妃嬪先避難到江華島，仁祖則設路障，並進入南漢山城。但是山城軍糧太少，援兵又不來；而江華島被攻陷，王子與妃嬪全遭俘虜。於是，仁祖乃採崔鳴吉等主和派的主張，決心投降，到三田渡（松坡）的清太宗陣營，締下了城下之盟。結果是朝鮮承諾與明朝斷交，王子留清當人質，對清朝執以臣禮，並對清朝攻明派遣援軍。於是，昭顯太子與鳳林大君兩王子被擄去當人質，對此羞辱，「斥和派」主張強硬論的三學士：洪翼漢、尹集、吳達濟，被捕並遭處死，後來又有金尚憲被捕，身繫囹圄多年。

　　清軍的入侵與日軍的入侵相比，期間較短，只把國土的極小部分當戰場，使得損失較小，只有清軍經過的西北地方，遭到掠奪與殺戮而成為廢墟。朝鮮人又基於文化優越感，而對清朝的反

圖16：京畿道廣州郡的南漢山城

感更高。雖然被武力所屈服，但朝鮮畢竟不服。像林慶業等與明朝有聯繫者仍想擊敗清朝；而且，仁祖之後的孝宗（鳳林大君）也計畫要北伐，都是基於同樣的反清情結。也因此重修北漢山城與南漢山城，並嚴密整備國防。

三、西洋勢力入侵

　　十五世紀末，西洋人發現印度新航路之後，西方人的勢力就開始進入東方，並透過貿易賺取利益。先驅國家有葡萄牙、西班牙、荷蘭等。此外，基督教也派了許多傳教士到東方來。

　　朝鮮是透過明朝引進有關西方的知識與文化。宣祖末年，派到明的使臣帶回歐羅巴（歐洲）的地圖，首次對西洋有了正確的知識。接著，傳來利瑪竇著的《天主實義》，引起了一些讀者的好奇，李晬光在他的《芝峰類說》中就曾有介紹。後來到仁祖時，派到明朝的使臣鄭斗源帶回有關火砲、千里鏡、自鳴鐘、萬國地圖、天文書、西洋風俗記，以及天主教書籍等。而昭顯太子在清朝當人質時，與湯若望熟識，也帶回了天主教書籍與科學書籍。因此，到仁祖時，對西洋的科學與思想的關心漸漸提高了。

此外，朝鮮也從南部海邊與西洋人接觸。壬辰倭亂時，有傳教士跟著日軍一起來。與日本通商的荷蘭人偉特福瑞 (Weltevree) 在貿易途中漂流到朝鮮，仁祖也曾特別賜給「朴淵」的韓國名，他曾擔任軍隊的 「訓練都監」，並幫忙製造大砲。孝宗時，有 Hamel 一行人漂流到朝鮮，並來到漢城後離去，他們在《漂流記》中把朝鮮介紹給西洋。

如此與西洋文化及人物的接觸，對世界開始有新的認識並改變了他們的世界觀。

第三節　封建支配體制的動搖與重組

兩班官僚的對立與惡鬥造成政治機能的衰弱，從壬辰倭亂中暴露無遺。政府為了打開國家的危機，已到了必須緊急重組機構的地步。

十六世紀初設置的備邊司，原本是防衛邊境的總部；十六世紀中葉時，強化並擴大功能，而成為總括軍務的機構；後來再合併議政府的機能，改組成為處理一般庶政的機關。這是遭逢國難之後，政府認為原本的官僚機關無法收拾殘局，必須糾合文武高官的智慧，組成協議機構一起商討突破難關之道。因此，原來議政府的高官，都必須參與備邊司的會議，議政府的功能實際上已經消失了。只不過為了收拾戰禍，又遭滿洲入侵，才讓議政府繼續留存下來。如此的文武和議體制，意味著王權的相對弱化。儘管如此，擴編的備邊司一直存續到十九世紀末。

　　兩次外族的入侵，使國家稅收減少，財政陷入困境之際，卻讓兩班階級的權力慾更為高漲。權力支配結構的矛盾、生活的糜爛，以及戰後社會狀態的惡化等，都助長了兩班官僚之間的分裂。他們的分裂與鬥爭並不是為了大義名分，而是因王位繼承問題，及「禮論」（喪服制）的紛爭所導致，藉此做為掌握權力的手段。

一、服喪論爭

　　壬辰倭亂之後，宣祖因正妃未生子嗣便去世，所以改立嬪妃所生的光海君為太子。但宣祖末年時，繼妃得一子（永昌大君），北人想要擁他為新的王位繼承人。宣祖崩殂後，光海君即位，支持他的北人中的一派（大北）掌握了政權，並將反對的另一派（小北）完全排除。光海君受到圍繞他的北人影響，以殘暴的手段對付仇人，把因王位繼承權結下齟齬的親兄（臨海君），以及繼妃所生的永昌大君以逆謀罪處死，並將繼妃（仁穆大妃）幽禁。從日軍入侵以來，就一直被排擠在政權外的西人，利用這事件發動政變，而推舉仁祖繼承了王位。

　　1659 年，孝宗辭世時，他父親仁祖繼妃的「服制」（穿著喪服期間）引發了爭議。孝宗雖然繼承了王位，但他是次子的事實，使他的繼母（大王大妃）依禮法的規範，必須穿著喪服一年，這是西人宋時烈的主張。不過，另一派的尹鑴與許穆卻認為，孝宗繼承王位是嫡長子死後的事，因此與長子繼承並無不同，他繼母的服喪期當然是需要三年。

　　如此的服喪論爭，背後更嚴重的問題，是對孝宗繼位正統性

的挑戰。尹鑴身為在野學者，學問與風骨在當時都備受敬仰，家系上他屬於北人，但與西人宋時烈交情甚篤，反而更受西人尊敬，也與東人的立場一致。許穆則是當代具代表性的學者官吏，也是南人的代表。服制的爭論，後來採行西人宋時烈的主張。

但是到下一任國王顯宗（1659–1674 年）末年時，孝宗王妃去世，又引發了一次如同仁祖繼妃喪服問題的論爭，造成南人與西人的對立。結果，這次採行了南人的主張。這年顯宗辭世，他十四歲的兒子繼位，是為肅宗（1674–1720 年），西人全遭排擠，由南人佔據了政權。如此的「禮論」，恰似政權爭奪的手段，論爭的結果也就導致政治勢力的變動。而兩班官僚間的政爭，在幼王之下尤其熾烈。如此，逐漸趨向一黨專制的性格，也使得王權相對地被削弱了。

二、軍制調整

隨著中央機構的改組，軍事方面也做了調整，朝鮮王朝初期，建構的五衛制已隨戰亂而鬆弛，而到日軍入侵時，完全瓦解。因此，部隊的重組，已是勢在必行。於是，從中國引進善戰倭寇的戚繼光兵書《紀效新書》，並模仿中國浙江軍的兵術，創設了新軍，隸屬於新設的機構「訓練都監」之下。編組為三個兵種：砲手（鎗兵）、射手（弓兵）、殺手（槍、劍兵）組成的特殊部隊（三手兵）。地方上，則開始徵召當時仍無兵役義務的私奴，專為他們組成特殊部隊（束伍軍），藉此把兵役義務擴大到私奴。

訓練都監軍到後來仍繼續存在，直到 1822 年，是朝鮮王朝後

期的軍制基礎。那是仁祖二年（1624 年）李适之亂爆發，為了加強防衛京畿，設置名為「摠戎廳」的軍營，統率南陽、水原、長端等多鎮的軍務，並從京畿內的束伍軍中挑選一千多名驍勇者編入。而且，同一年建好南漢山城，兩年後山城內新設守禦廳（軍營），負責警備慶州與附近的多個鎮。

此外，李适之亂時雖臨時組成御營軍，但後來廢除了。孝宗三年時，再設禦營廳的軍營，主要是槍砲兵與騎兵的精銳部隊。這一軍營與部隊，是為孝宗的北伐（清征伐）計畫而設置。到肅宗八年（1682 年），特別為了強化都城的防衛而另設禁衛營，編組成以精銳騎兵與部分訓練都監軍為主的主力部隊。另外，隸屬於禦營廳與禁衛營的步兵，是各地方的農民服兵役義務輪流上京受訓所組成的。禦營廳到肅宗時，改為五部制，而縮小了規模。在倭亂後改組的五軍營，成為朝鮮王朝後期的軍制（五營制）。

兩次戰亂之後，財政不足也使得軍費的挹注與補給更為困難。到朝鮮後期，身分制度的鬆弛，以及貢納收取體制的混亂、農人規避兵役的增加，使得義務兵役制度瓦解，逐漸轉換為募兵制。但招募賤人所組成的束伍軍，很難期待他們具有威武之軍容。

朝鮮後期

第一節　黨爭激烈與經濟社會變貌

　　黨爭逐漸帶有一黨專制傾向之際，肅宗即位，由南人掌握了政治權力。南人之間，也為了攻擊西人應緩或應急而分為兩派，與西人的暗鬥則持續不斷。南人掌權後，因為扶持幼主，所以漸漸趨向一黨專政的性格。但是執政不過六年，在 1680 年因涉嫌圖謀擁立新王，而使整個南人勢力被排除，同時，西人則東山再起，重新掌權（庚申大黜陟）。後來在肅宗十五年（1689 年），為了冊立太子問題，一度重新起用南人，但五年後就遭西人排擠，以致後來南人幾乎完全失勢了。

一、老論派一黨專制

　　但是西人內部，分為以宋時烈為中心的老壯派，以及以尹拯為主的少壯派，兩派之間不合而分裂，並以老論、少論相對立。

　　老、少論之間的勢力雖迭有起伏，但到英祖時代政權幾乎全由老論派壟斷，形成一黨專制的現象。肅宗初年，南人與西人的政爭達到顛峰，西人的分裂，以及老論派的專斷，使其他黨派進入官場之途都被封鎖，兩班社會的勢力呈現非常不均衡的趨向。

　　在如此的狀況下，科舉制度幾乎不可能施行。考試的名堂增加，及第者的人數也激增，測驗內容完全不顧儒家政治的基本精神，而以詞章為主的測驗傾向越來越濃厚。考試作弊的情事越來越多，並且多是黨派與門閥，大體上若非中央兩班的子弟，幾乎很難上榜。儘管考試及格，也未必都能當上官吏。

　　各黨派有各自的系統、侍奉的大儒以及設置的書院，南人是李滉及他的弟子，西人則是李珥與他的弟子。任何一派掌權時，就傾力把反對派侍奉大儒的書院撤廢，遭排擠的黨派重新掌權時，就把廢棄的書院重建，或增蓋新書院。

　　增設書院的傾向，在肅宗二十年時，因南人完全失勢，西人的老論派權力穩固後的五、六年間，最為顯著。在這樣的情勢下，書院蓋得最多的地方就是在慶尚道。慶尚道地方的兩班與學者，學問體系與黨派系統是屬於南人，但很早以來就與權力非常疏遠；與西人對抗後一度掌權的南人，實際上也僅限於京畿與忠清（畿、湖）地方的南人而已。但是慶尚道的兩班與學者，他們的傳統根基相當紮實，擁有雄厚的生活基礎，雖被逐出政壇也不會輕易就沒落。當地的勢力家族以農莊為中心，競相興建書院，藉此努力維繫他們的社會地位與地盤。

二、蕩平政策

　　老論派一黨長期對政權的專制壟斷，導致其他的小政黨被泡沫化，也使王權相對地更形弱勢。唯有讓兩班勢力維持平衡，才有安定可期，否則，王政或儒教官僚政治都不免要走上衰敗之路。為了消弭一黨專斷之弊，從肅宗時代就開始討論所謂的「蕩平策」，來謀求黨派之間政治勢力的均衡。直到英祖與正祖等賢明的君主上任，黨派間的傾軋才稍微緩和。英祖進用老論、少論的人才，刻意安排到不同的官職，同時，勸誡各派的領袖要和睦相處。因此，到十八世紀後半期，呈現了政治安定與文化蓬勃發展的趨勢。儘管如此致力於平衡兩班勢力，但還是無法防止根本性矛盾的擴大。反而因為官職的刻意安排，導致政治紀綱更為混亂，而造成兩班就業競爭的積弊，也就是因為兩班人數與官職數呈現了粥少僧多的落差。其間，又冒出「時派」與「辟派」的新對立。英祖的兒子思悼世子逝世之後，這事件就被利用分裂的工具，其一為同情太子死亡的時派，以及主張他死亡的正當性的辟派，如此的對立現象成為「派中之派」，使得黨爭的狀況更為複雜。而鞏固朝鮮王朝的政治哲學──儒家理念與規範，現在已不再具有社會指導理念的功能了。

　　朝鮮明宗十年左右，廢除了職田制；但戰亂之後，到處都成為廢墟或一片混亂，土地的佔有關係也發生極大變化。王宮與眾宮房、官衙及軍營等，為了確保財源，在亂無章法中，只能靠王命以「折受」的方式，直接把田地割給他們。

原本土地公有的規定已蕩然無存。宮房、官衙、軍營更汲汲於買佔土地，權臣與勢力家族當然也不放過擴大私佔地的機會。

在田稅方面，戰後因財政收支的窘困，改變了過去徵收土產現物的貢納制。光海君即位時（1608 年），採納李元翼的主張，先在京畿道施行「大同法」，以徵收米穀替代土產品，這種米穀就稱為大同米。單位耕作面積「結」徵收的稅額為十二斗米，或是布與鐵，一部分充當地方官衙經費所需，其餘大部分上繳中央。為此，新設宣惠廳來掌管。後來再擴大實施的地方，仁祖元年（1623 年）到江原道，孝宗（1649–1659 年）時再實施到忠清、全羅與慶尚道，肅宗三十四年（1708 年）擴大到全國。實施「大同法」之後，地方官衙仍視需要，隨時向農民徵索。

三、貨幣經濟的發達

不過，另一方面，則出現了被稱為「貢人」的御用商人，並以他們為中心發展出商業資本，以及由貢人下訂單而生產的獨立手工業，這種狀況導致社會極大的轉變。貢人的出現，帶動了商業貨幣經濟的發達。

倭軍入侵後，設置了訓練都監來訓練軍隊，到十七世紀末期又設置五軍營。後來再逐漸轉換為募兵制。在徵兵制時，國民都把當兵的義務，改以「納布」，也就是每名丁男每年徵收二疋軍布，相當於十二斗米的市價。因為負擔太重，逃亡的丁男激增，導致農村荒廢。英祖二十六年（1750 年），下令施行「均役法」，徵收軍布減半為一疋，不足的部分，由漁稅、鹽稅、船舶等的徵

收來挹注。此外，還有「結作」的附加稅，每結農地徵收二斗米。

　　原本均役的意思，是要做到「役的均等」，但是兩班階級仍不需繳稅，農民雖減少了布，卻增加了繳米的田稅，而地方官巧立名目徵稅的惡習仍在。英祖儘管賢明，「均役法」卻是個敗筆。

　　接著，農業生產與收益都提高了。由於農耕技術的發達，到十七世紀之後，過去只能在南部地方栽種的「移秧法」、「苗種法」，已普及到京畿與忠清道。國家財政對田稅的依存增大，農民生活也大為改善。顯宗三年（1662 年）時，政府新設「堤堰司」，主管全國的水利灌溉與堤堰的修築，並積極獎勵農業生產。

　　於是，十七、十八世紀時，農村與都會的人口都大幅增加了。孝宗八年（1657 年）全國的戶口數為六十五萬餘戶，到英祖二十九年（1753 年）增加到一百七十七萬餘戶。

　　人口的增加與「大同法」的實施，以及隨之出現的貢人，更刺激促進漢城市民的商業行為。市廛商人是特許的御用商人，通常都會在市場組成堅固的同業組織，以鞏固自己的商權。貢人出現後，因為替官府調度物資，需要自備資金，而形成了貢人資本。此外，還有來往首都與地方之間行商的都賈商人，以及利用漢江河流在京畿道沿江岸行商的江商，甚至從事國境貿易的義州商人（灣商）。這些商人都會以特定的行商地點，形成自己的商圈與商業資本。後來還出現了類似個體戶的自由商人，許多是出身軍卒或權勢家族的首奴。

　　原本隸屬政府各機關，並由官方控制與管理的手工業體制，到十七、十八世紀時，因官衙的財政不足而無力維持。除瓷器與

紙類等特殊物品，官營手工業體制幾乎崩解，轉換為雇傭或自由
手工業者，接受貢人的訂貨、訂金後，自力生產。

　　十七世紀後期，由政府鑄造的貨幣已經在流通。肅宗四年
（1678 年）鑄造「常平通寶」以後，政府持續鑄造流通貨幣，此
固然是財政措施之一，但也是因為流通量增大所致，貨幣交易已
流行全國。隨著貨幣經濟的逐漸發達，政府與民間利用貨幣從事
高利貸的牟利行為，也日益增加。如此，使得都市與農村開始呈
現「富益富，貧益貧」的現象。

四、社會階層解體

　　到了朝鮮後期，因為戰禍、財政困難、兵制改編等，造成身
分制度的崩解。同時，也因為社會與經濟的變貌、政治實力的消長
等因素，使得兩班階級與農民階層逐漸解體，也導致身分的混沌。

　　在黨爭中失勢的兩班階級，不僅連土豪的生活基礎都不保，
也像畿湖地方的兩班一樣逐漸沒落。也有不少兩班淪為從事高利
貸等牟利生意，漢城與地方也有零落的兩班，與平民或農民毫無
差別。農民則大部分都淪落為零細的小農，只有極少數升格為富
農，再以「納粟策」或「空名帖」晉身成為兩班，而免除了平民
的各項負擔。由於兩班與農民階層呈兩極化改變，一些身分制度
因而解體。

　　至於奴婢身分的改變，也是大勢所趨。官奴婢在十五世紀末
期急速增加，最多達到三十五萬人。由於身分限制與受虐，奴婢
長期壓抑著不滿。到十六世紀末，經過戰亂的衝擊，他們曾在混

亂之際襲擊掌隸院與刑曹，放火燒掉保管的奴婢文書。文件的燒燬與戰禍的離散，使得奴婢數銳減，1655 年的紀錄中，官奴婢只剩下十九萬人，私奴婢約四十萬。

有的奴婢是因為官衙財政無法支撐，而將他們解放；有的是從軍立下戰功，身分晉級；也有人是上繳一定數量的米穀而得以從良。至於私奴婢，是因為兩班沒落無法供養，而得到解放或改為雇傭關係。有的奴婢成為良人後，在官廳擔任雜役或基層書記。

社會型態改變後，廣開了許多門路，讓奴婢晉級或改變身分。因此，兩班與平民，以及平民與奴婢之間，原本階級分明的關係，實際上已經慢慢在消失。

到十八世紀末，身分制度的崩潰更為徹底。終於在純祖元年（1801 年），把隸屬許多宮房與官衙的奴婢帳籍簿都放火燒掉，准許他們成為良民。大部分的官奴婢身分都可以從法律上得到解放，但並不是制度本身消失了，私奴婢制度還是存在，但也漸漸朝向崩潰之路。

第二節　朝鮮後期思想界的動向

與西洋人直接或間接的接觸，而傳進西洋文物，必然會在國內的知識分子間傳播，也因此引起對知識的好奇。十八世紀前半，許多人從中國帶回來有關西洋的書籍，讓知識分子對西洋火砲、天文、技術、世界地圖、望遠鏡等各種文物的精巧，感嘆不已。西洋傳來的《時憲曆》、《幾何原本》等新知，對農業、學術、醫

學、算學等各方面的影響極大，也擴大了知識分子的世界觀，以及對實證主義研究方法的認識。

一、天主教的傳布

此外，天主教教義的引進，引起儒教學者的關心，除了宗教信仰，他們更從學問與思想層面去探究。從社會層面看，天主教對傳統儒教社會的衝擊也不小。儘管許多人並不相信「天堂地獄說」，但在戰亂後轉型與崩解的社會中，天主教適時扮演了填補心靈空虛的角色，當然也不免衝擊儒家傳統的規範。

到十八世紀後半期，在首都與地方都有信仰運動。許多南人系統的兩班、學者、才俊之士都是天主的信徒，其中，以碩學丁若鏞、李家煥為代表性人物。當時，傳教遍及全國各地，只有儒教傳統最根深柢固的慶尚道地方，以及中央的兩班與學者，比較不容易被突破進去傳教。

天主教對處境不幸或苦難的庶民，甚至想擺脫身分桎梏的奴婢與賤民階層，相當具有號召力，頗能迎合他們的心靈與慾望。它並正面挑戰了傳統的「家父長制」的社會秩序，以及儒家的倫理道德規範，造成社會內部的解構。傳統宣揚的父子、君臣之義，以及男女差別與貴賤的階級意識，都被天主教帶來的平等觀念所打亂，政府擔心恐會造成無窮禍害，於是在正祖九年（1785 年）正式對天主教下達禁令，不准從中國燕京帶回天主教書籍，使臣去中國也不准與當地教徒相交或到聖堂禮拜。但是，仍無法根絕傳教活動。

　　正祖十五年（1791 年），全羅道教徒尹持忠以天主教儀式為母親辦喪事，被政府視為等同於「弒逆之罪」，將他與協助的親弟同處死刑，罪名就是「不孝」。這是朝鮮首宗殉教的案例。由於政府對天主教的傳布充滿戒心，後來甚至下令焚燬弘文館所藏的漢譯西洋書籍，並全面禁止從燕京帶回書籍。

　　不過正祖在位期間，並未對天主教信徒予以更殘酷的迫害或鎮壓。當政者認為，提振儒家思想就可以遏止天主教的傳布，但是，天主教反而更為盛行。正祖十九年（1795 年），甚至有中國籍神父周文謨越過鴨綠江潛入朝鮮傳教。正祖時期任用許多支持天主教的南人擔任高官，也是為了惜才，而避免激烈的鎮壓政策。

二、實學風氣興盛

　　天主教引進西方的文物技術讓學術界大開眼界之外，知識分子則興起了一股「實學」的風氣。

　　在政治對立與兩班分裂的局勢，以及儒家思想為主軸的學術風氣下，學者間仍繼續偏執於空洞的性理學辯難，或為應付科舉而磨練詞章作法，甚至為禮儀的細節問題在辯論「禮論」，如此更助長了學派與黨派的對立與分裂。如此的現象，絲毫無助於革新社會體制。日本入侵後，感時憂國的官僚與學者，無不感受到尋求具體改革方案以匡正時弊、救濟現實社會的急迫性，他們認為必須排除講究華麗詞章或討論空洞思辨問題的學術風氣，必須以經驗性與實證主義的態度去探討問題才行。尤其，親眼目睹西洋學術成就之後，這種務實的態度更加堅定。因此十七、十八世紀，

知識階層都期待著務實的風氣，部分官僚之間，已經有了相當務實的作風，像「大同法」與「均役法」就是因此應運而生。

尹鑴（1617–1680 年）是從一開始就對朱子學採批判態度的人，他尤其排斥盲目追從朱子的學術態度，西人執政時，他甚至被烙印為「儒學的叛逆者」而遭到處死。同時代的朴世堂（1629–1703 年）也反朱，而潛心研究當時被視為異端的老莊學說。

到英祖、正祖的盛世（1725–1800 年），兩位英明的國王崇尚學術也勵精圖治，同時，又受到鼎盛時期的清朝學術文化的極大影響，使得朝鮮的官僚與學者同樣耳濡目染。正祖時擴充了奎章閣，當作是宮中圖書館，給官僚做為研究機關，並從事許多編纂工作。英祖、正祖兩代，重新編修了《續大典》、《續兵將圖說》、《續五禮儀》等法典、兵書與禮法。同時，對天文、曆法，以及學校、職官等諸多朝鮮的文物制度，依歷史變遷重新修訂，也編纂了《東國文獻備考》。如此的編纂事業，到正祖時仍持續下去，重要的有：增補編纂的《大典會通》、《武藝圖譜通志》、《秩官志》、《度支志》、《同文彙攷》、《奎章全韻》、《全韻玉篇》等；並且鑄造了木活字與銅活字等。如此的官方編撰事業，也是因為政府本身體會到統治規範必須順應時代變遷，做適度的修正，才能符合政治經濟的實際需要。

在修正與重整社會規範與制度的過程中，也讓懷疑與批判的精神開始萌芽。尤其以在野學者最為顯著。尹拯（1629–1714 年）是最強調重振「實學」精神的學者，他基於「民本思想」，認為「無民則無君，無君民猶在」，而主張解決民生問題才更實際。他

們也認為，人不是生來就有身分與貧富的差異，唯有全面重組社會體制，才有可能重建社會。透過對現狀的敏銳觀察與批判，他們把抱負與理想寫成短篇的時弊論，並各自構思新的社會體制。

一生都待在農村的柳馨遠（1622–1673 年），在他的《隨錄》中構思了制度的重整。他基於重農思想，主張重視土地制度，「土地均佔」才有實效。除了修正田制，應確立稅制、祿俸制，廢除科舉、採行「薦舉制」等等。

柳馨遠之後，擴大他的觀念的是李瀷（1681–1763 年）。他出身南人系統，一生埋首讀書，從未出仕。他也在著作中，從重農主義基礎提出許多興革的建言，包括限制個人佔有土地，防止田主沒落，剷除兩班與農民之間的身分障礙，以及解放奴婢等。

然後就是丁若鏞（1762–1836 年）。他接受過西學，信奉天主教，1801 年大鎮壓天主教時，被流放到全羅道康津十八年。但他仍繼續批判社會現狀，主張全面改革政治機構，刷新地方行政，農民應依勞動力公平分配收穫等等，也對技術教育與社會改革充滿理想。

隨著對農業關心度的提高，朴世堂撰寫《穡經》的農業書籍，洪萬選有《山林經濟》，徐有榘著有包羅農技與經濟的《林園經濟志》。

在漢城，隨著商業經濟的發展，有一些學者主張應該開發生產道具與流通手段，促進手工業的發展，並積極開發與引進技術。

曾一度當官的少論派柳壽垣 （1694–1755 年），在他的著書《迂書》中，除了批判社會並提出興革意見外，他還特別強調振

興商業、貨幣流通政策等，能見人所未見，頗為獨到。

此外，被稱為「北學派」的使臣出身的學者，因為外放到清朝，學到許多清朝的文物制度，而引介回朝鮮。其中有朴趾源（1737–1805 年），提出許多經世濟民的實用技術與新觀念，包括農業、商業、貿易等實用之學。更為重商的論者，有朴齊家等人。

三、主體意識的提高

十八世紀後半期實學思想興盛之際，學者間也開始關心朝鮮的自體性問題。這導因於社會變遷與意識的擴大，以及受清朝考證學的影響，而有了自我反省與自我意識的提高。對朝鮮歷史、地理、國語等的研究，留下不少學術成就。十八世紀實證主義的思潮與歷史意識的提高，提升了對韓國史的關心。李瀷的實證主義歷史理論，由他的弟子安鼎福加以完成。他在《東史綱目》中，擺脫一貫以中國為中心的史觀，提出韓國史本身的正統性與獨立性，建立自我的歷史體系，並做了歷史、地理的考證研究，可說是成果極大的著作。丁若鏞等學者對渤海國的研究，提供了對高句麗故土的重新認識，將渤海包含進韓國史去思考，也算是民族自覺的展現。

此外，也有一些學者致力於朝鮮疆域、地理、山水、地圖等的研究，而有了《東國地圖》、《大東輿地圖》等比較科學的近代地圖的出現。

對國語國文的研究亦逐漸興起。申景濬的《訓民正音韻解》對韓文的音韻研究，在國語學史上具有重大意義。傾力對自己語

文的研究，意味著文化性自我意識的覺醒。也有博學多識、從事百科全書著作的學者。茶山丁若鏞應可稱為當代的大碩學。

第三節　兩班政治的瓦解與民眾運動

十八世紀的英祖與正祖時代，因為崇文政治與蕩平政策的施行，使得政壇大致還算安定，同時也牽制了激進勢力的對立。

但是因為王位繼承問題，導致王室內的權力傾軋，又成為官僚間對立的新契機。英祖之後的思悼世子因為疾病發作，又與英祖繼妃金氏不和，無法繼承王位。他不幸被英祖賜死後，由兒子正祖繼位。保護新王的洪國榮，將妹妹許配給正祖當王妃，於是，他就以外戚身份獨攬大權，但是不久就遭到排擠而失勢。當國王寵信特殊的人，委任他代行王權，而使他獨擁政治權力時，這就稱為「勢道政治」。

一、「勢道政治」時代

正祖之後的純祖，以及後來的歷任國王都是年幼即位，實際的政治權力都被與王室及戚族有關係的兩班官僚所掌握，導致外戚的勢力無限龐大，反而壓過了王室。如果外戚原來又屬於某個黨派的話，那麼他們的權勢會達到顛峰，相對地，王室就極為衰頹了。

純祖（1800-1834 年）十一歲即位，奉正祖遺命由金祖淳輔佐，他把女兒嫁做王妃，於是以國王的岳父掌控了權勢，金氏家

族佔據了政府的要職，被稱為「老論派安東金氏的專權時代」。純祖二十七年（1827 年），國王因為養病，由皇太子代理政務，太子的親家豐壤趙氏的勢力馬上竄起，此後一直掌權到憲宗（1834–1849 年）。憲宗在位十五年逝世，因無子嗣，由英祖曾孫繼承王位，是為哲宗（1849–1863 年）。哲宗才十九歲，乃由純祖妃金氏垂簾政治，並將親族配做王妃。於是，金汶根以王妃之父輔弼哲宗，政權再度回到安東金氏家族。如此，安東金氏經歷了純祖、憲宗、哲宗三朝，被稱為勢道政治時代，王室的權威蕩然無存，所謂的王政只是虛有其名，政治紀綱極為混亂，儒教的官僚政治只不過是假象，雖是某種型態的「族閥政治」，但已經縮小為一個血緣集團。

　　國家紀綱紊亂之際，科舉制度也一樣。原本嚴格限制應試者身分的制度，已蕩然無存，賄賂、作弊與濫發及格證書等，已使考試的公正性無可期待，同時，若不依附權貴就難以出頭，因此，有才氣與能力的學者，根本不屑於應考。

　　上樑不正，下樑必歪，地方也有行政與財政的脫序現象。在勢道政治下，地方的守令或吏胥也更為貪婪與暴虐。靠行賄謀求官職，再靠貪瀆回收投資，已司空見慣。吏胥原本無薪給，為了生計不是向農民壓榨，就是詐取各種稅錢。

　　當時最重要的財政就是田政、軍政、還穀，所謂的「三政」。但是地方行政失序，三政也跟著紊亂。田政的米稅，軍政的軍布，還穀的利息，都因地方官巧立名目徵收，或加收附加稅，或以高利貸牟利，而對農民造成更大負擔，生活更加貧困，農村社會因

而加速沒落。

　　進入十九世紀後，勢道政治繼續橫行，民心對於當政者也就越為離反。若對民心的離反嚴厲鎮壓的話，就會出現隱性型態的抗爭。各地的「掛書」與「榜書」事件接二連三地出現，就是要蠱惑人心。純祖四年（1804 年），發生了漢城四個城門被張貼「關西祕記」的事件；同年，在安岳則發生用奇怪的歌詞誹謗朝廷的事件。造成民心動搖的理由，除了政治紀綱紊亂而使地方官吏貪瀆腐敗，刺激人民之外，全國各地一再發生的災難與疾病疫情，讓農民生活陷入困境。例如，1810 年義州、1815 年慶尚道、1818 年全羅道、1819 年忠清道、1820 年全國接連發生的大水災；1822 年黃海道、1823 年慶尚道、1824 年全羅道、1829 年咸鏡道、1832 年忠清道等，各地都有災害；1821 年全國蔓延了霍亂，讓百姓幾乎陷入絕境。如此，幾乎無時無地不有的災難，導致饑民與流民叢生，但政府卻束手無策，無力救濟。農村人口大量湧進都市，或逃入深山淪落為墾荒人。戶籍則更為混亂，每三年一次的調查，戶口人數銳減，全國各地則是盜賊橫行。盜賊逐漸形成集團的型態，後來更超越了單純的盜賊性格，而成為一種「不滿集團」的組織。

二、民亂四起

　　叛亂的起源是純祖十一年（1811 年）發生的洪景來之亂。他出身平安道，對平安道鄉親遭到差別待遇心懷不滿，也痛恨官吏、吏胥、商人、遊俠等的蠻橫與勾結，於是鼓動饑民與流民，激起

他們洶湧的反抗意識，而點燃了動亂。叛亂一起，清川江以北全都落入他的支配下。但是他在博川松林里遭到挫敗，雖雄踞定州城奮力抵抗，不過定州仍被攻陷，洪景來戰死，叛亂被平定。

　　小規模的民亂，幾乎未曾停歇，隨時都在全國各地發生。哲宗十三年（1862 年）爆發的晉州民亂，起因於新上任的慶尚道右兵使白樂莘的極端貪婪與暴虐。他以各種名目強制徵收鉅額的稅款，全部中飽私囊，而引發民怨與騷亂。主謀者糾合了不滿的民眾，襲擊地方官並將奸吏打死，進而縱火焚燒富人與鄉吏的住宅。政府接到報告後，將右兵使白樂莘與晉州牧使洪秉元罷免，並派使臣安撫民眾。主謀者後來被官憲所逮捕，卻毫不寬恕，十三人被處死，十九人被處以流配刑。

　　晉州民亂發生四十天後，忠清道益山也發生動亂，幾乎就在同時，就擴散到三南地方，嶺南的慶尚道、湖南的全羅道轄內大小地方動亂四起，如此自發性的民亂，基本上都有共通的特性。

　　政府對於當時三政的紊亂，地方官吏的腐敗與殘暴的事實，也無法否認。為了改善弊政，新設了三政釐整廳，同時要求所有官吏與儒生對改進之道獻策，並致力於縮減財政支出、鞏固稅收，但是改進政策只淪為空談，並無具體結果，甚至連新設置的改進機構都撤除了。

　　由於政府對改革積弊束手無策，民亂仍繼續四起。社會的不安與民心的背離，隨著時間的流逝更加嚴重。在如此的情勢下，一些人心就皈依了天主教。

三、鎮壓天主教徒

　　從十八世紀末期以來就禁止天主教，但並未殘酷鎮壓。尤其正祖時的宰相蔡濟恭是南人，不可能迫害南人極多的天主教徒。然而，1799 年蔡濟恭辭世，隔年正祖也駕崩，接著由純祖繼位，由大王大妃從旁協助，老論派的黨人一直環伺，為了打倒國王周邊的南人。終於在 1801 年（辛酉）對天主教徒展開了大迫害，包括李承薰、李家煥、丁若鍾等死刑，丁若銓、丁若鏞、李致薰等人流配，一共株連三百多人。雪上加霜的是，有位教徒用絹布寫了一萬三千多字的求救信，央人送到北京給法國主教時被人發現，使迫害行動更為加重。當政者始終懷疑天主教背後有外國勢力的不軌意圖，採取禁制與鎮壓手段是具正當性的。不過如此的鎮壓，並無法澆熄火苗，一些知識分子與民眾為了擺脫儒家政治的困局與桎梏，便開始尋求可替代儒教的新信仰，做為他們的精神出路，法國籍的神父則提供了熱心的協助。

　　憲宗二年（1836 年）首次有法國神父直接潛入傳教之後，次年，又有兩位神父進來全心投入傳教。到 1839 年時，天主教教徒已達九千人。信徒中有人祕密往來中國，或與北京教會聯絡。後來政府眼見天主教勢力再次膨脹，於是，在憲宗五年（己亥，1839 年）春天，又大肆鎮壓。這次犧牲者有八十多人，三位最早到朝鮮的法籍神父全都殉教。

　　1845 年 8 月金大建成為朝鮮第一位神父，他自澳門返國時有兩位法國神父陪同，他們一起重開傳教活動。但在次年，他就遭

到逮捕處刑，年僅二十五歲，1984 年他被梵諦岡教廷「封聖」，是第一位被封聖的朝鮮神職人員。到後來的哲宗治世，鎮壓漸趨和緩，1863 年已有十二位法國神父在朝鮮傳教，1865 年天主教教徒已經多達二萬三千人。

四、「東學」應運而生

在兩班支配社會的崩解過程中，朝鮮人民遭遇了價值觀與倫理觀的混淆，但並非新興宗教都能迎合百姓的需求，於是，「東學」乃應運而生。

東學的創始者崔濟愚（1824–1864 年）是很早就沒落的慶州兩班後裔。他對兩班社會的矛盾與破局中，社會倫理的頹廢墮落，頗為憂心。尤其意識到天主教在朝鮮的膨脹發展以及西洋人侵略中國，使他對國家的命運充滿危機感。他認為頹廢的傳統思想已不可能克服當前的危機，必須確立一個超世俗的新倫理觀。基於對抗西學的用意，他倡導的新宗教稱之為東學。東學於是廣泛受到喪失精神支柱的沒落兩班後裔（即所謂的「殘班」），以及在貧困與疾病中掙扎的農民的認同。短短三年間，就在各地設置「接所」（教團支部），選拔地方人士擔任「接主」，致力於教徒的修煉與教勢的擴張。東學從古都慶州開始，在慶尚道各地傳布，已發展成為宗教團體式的組織。

東學的教勢日益繁盛，政府認為有蠱惑民心之虞，而視之為邪教予以查禁。哲宗十四年（1863 年）底，終於將崔濟愚與信眾二十多人逮捕，次年春天在大邱將崔處死。在政府的鎮壓與教主

被殺之後，雖然一時逃散，但因東學已在民間生根，於是在第二代教主崔時亨領導下再度擴張旗鼓。高宗即位，大院君掌權之後，大肆撤廢書院、鎮壓兩班、迫害西學等，在如此的政治與社會趨勢之下，反而有利於東學勢力的擴張。

東學的思想內容是以《東經大典》與《龍潭遺詞》為主，它融合佛、儒、道三教，最基礎的思想是源自東洋自古以來的「敬天」思想。理論體系的構成是以「天運循環論」與「道德論」為根幹。還有其他源自東洋古代的思想，例如《周易》與《禮記》中的天道、天德觀與陰陽五行說等「運數觀」，是東學思想的核心。因此，人應該順從循環與輪迴的「天運」，善用隨時的「時運」，人應與「天之道、天之德」合而為一，修煉了道德才能成為君子。他們認為人的存在，本質上是與天一樣，所以，侍人也應侍天，「人乃天」便是東學最基本的信條。

東學想用這種超世俗的倫理思想吸收民眾信仰，其實是不夠的。東學的第二個基礎，就是黃教 (Shamanism) 的巫術，也就是通稱的仙教。東學就是利用咒術的方法以及鬼神觀，來深入民間傳教。

東學否定儒教倫理與頹廢兩班的社會秩序，主張平等思想，並預言會有「地上天國」，具有相當「反封建」與革命性的性格，尤其是抗拒外勢的威脅，被認為是民族主義性國家意識的萌芽。

五、朝鮮後期的文藝

此外，朝鮮後期的文學與藝術，也有可觀之處。除了延續中

期以來的庶民小說之外，更把庶民化的《春香傳》這本社會小說「唱劇化」；詩歌方面，則流行「時調」。這時，還出現一個新風潮，就是兩班遺緒、中人、吏胥出身的學者與文人輩出，許多詩歌的蒐集與編纂刊行，都是由他們所做。而且，文學不再是兩班階級的專利，許多文學作品都是對兩班的諷刺與批判，或揭露兩班社會矛盾的佳構，並且展現對一般庶民的生活與感情的尊重。同時，韓文也成為詩歌與小說的主要表現手法。

　　美術方面呈現在畫風上的，是自我的覺醒。逐漸擺脫一向模仿中國畫的作法，不論在素材或情趣的呈現上，都充分表現了朝鮮式的雅趣。鄭歚是當代畫壇的代表人物。書法則推金石大家秋史金正喜，他自創霸氣洋溢的「秋史體」的新風格。瓷器則以正祖時代使用自國生產的顏料製造的青花白瓷最為發達。

第 Ⅳ 篇

近代挑戰

第九章 │ *Chapter 9*

自主考驗時期

第一節　大院君改革、鎖國與甲申政變

　　哲宗在位十四年辭世（1863 年），因無後嗣，由高宗以十二歲幼年繼位，此時，高宗父親興宣大院君掌握政治實權，壓制了外戚勢道的專橫，並為了強化王權採取果斷的改革。他把長期壟斷政治的安東金氏家族的外戚勢力，驅逐出政界，傾全力要挽救衰頹的國運。用人不再分南北老少的四色，而是以人品與能力為用人的標準，用人唯才，也不分地域與出身的貴賤。

　　大院君斷然撤廢地方的書院，以剷除兩班的勢力基礎。高宗元年（1864 年），禁止各地書院與養賢祠的重開與私設，後來僅留下四十七個書院，侍候道學與節義真正卓越的學者。同時，為展現王室的威嚴，他花兩年重修倭亂時遭焚燬的景福宮，但也因徵收新稅籌經費，而民怨四起。大院君掌權十年後下野。

一、鎖國攘夷

從十九世紀以來，西洋人不斷提出與朝鮮通商的要求，對此，大院君強行徹底的鎖國政策。朝鮮王朝認為唯有拒絕通商要求，才是維護國家安全的最上策。同時，對天主教的查禁，也認為理所當然。

大院君原本對天主教採寬容態度，後來因為懷疑法國勢力企圖藉傳教進入朝鮮，加上傳來清朝鎮壓的消息，乃於高宗三年（1866 年）下達對天主教的鎮壓令，迫害一直持續到 1872 年。當時十二名法國神父有九人被逮捕處死，教徒則有八千多人慘死，是為「丙寅邪獄」事件。如此的高壓後，鎖國的決心更為堅定。

三名倖存的神父逃到中國，向法國公使報告，於是派遣法國遠東艦隊三艘軍艦來朝鮮示威。第一次先來刺探形勢，朝鮮為他們將再來襲預做嚴密部署，法國果然派七艘軍艦分多路來攻，經過兩個月在江華島與漢江的交戰，終於將法軍擊退，此為「丙寅洋擾」。後來，重新修築城郭與砲臺，鑄造大砲，更加強防備。丙寅洋擾是法國累積一再被拒通商的不滿，以神父被殺為藉

圖 17：固守鎖國政策的興宣大院君

口而引爆。擊退法軍後，讓大院君聲勢大漲，對天主教的迫害更甚以往，鎖國攘夷的意志越堅強。

高宗八年（1871 年），又發生「辛未洋擾」，不過這次是美國。亞洲艦隊司令羅傑斯率五艘軍艦來到江華島近海，要求追究五年前美國商船在平壤大同江被擊沉的事件，同時，試圖以對日本「開國」（1854 年）的方法，打開與朝鮮修好通商之路。未料遭到朝鮮的頑強抵抗，死傷不少而班師回國。

兩次擊退洋擾的大院君，頗為得意洋洋。挾著戰勝的餘威，他向全國人民昭告「斥邪」的決心，並在全國各地廣設「斥和碑」，上面刻著：「洋夷侵犯，非戰則和，主和賣國——戒我萬年子孫」，顯示他的意志有多堅定。鎖國政策也就更徹底執行了。

當時，西洋諸國各自都有國內問題需要處理，對經略亞洲還力有未逮。不過日本的情況就不同了。日本與美國締結《和親條約》後，接著又與西歐各國陸續簽訂通商條約，然後明治天皇開始維新，積極以開化政策為現代化鋪路。

日本的明治政府，在高宗五年（1868 年）向朝鮮通報新政府建立並請求建交，但是朝鮮依慣例並不承認日本天皇的存在，尤其對國書上使用「皇上」等傲慢的用語，頗為不快而斷然拒絕。大院君對開化的日本仍充滿疑慮，

圖 18：大院君在各地設立的「斥和碑」

圖 19：朝鮮開化的發源地——江華島的草芝鎮城堡

警戒心態無異於斥洋。朝鮮如此的態度，刺激了日本，而興起「征韓論」。日本後來又派使臣來，再請建交，但遭朝鮮頑強拒絕。日本政府暫時壓制征韓的聲浪，決議先致力內政修治，以富國強兵政策培植國力，再擇適當時機侵略朝鮮。

　　大院君對清朝則維持了傳統的關係。每當重大事件發生時都會派使臣到北京知會清朝，並請求諮詢。不過，清朝自己忙於應付一波波侵襲而來的列強勢力，沒有餘力對朝鮮多所關心。

　　於是，大院君繼續以鎖國政治自絕於外部世界，雖不受任何影響，但完全不知道自己遲早將要面對新的局面，而能夠預先積

極去因應。強硬的大院君把朝鮮完全鎖住而孤立了。

大院君專制的革新政策，導致戚族與兩班乃至一般國民不少的反感；被他逐出政權的安東金氏家族更是敵對勢力。而且，把地方書院強制廢除的作法，讓大院君與所有儒生及兩班為敵。外在的反對勢力之外，宮內則有以王妃閔氏為中心的反對派。閔妃操縱高宗，並結合不滿的各路勢力，動員儒林崔益鉉上疏彈劾大院君，在高宗十年（1873 年）將他驅逐下野成功，結束大院君十年的掌權。

而一直覬覦朝鮮的日本，以測量為藉口，派軍艦到朝鮮的草芝鎮外海，展現威脅性的示威，遭到守備兵發砲，這就是高宗十二年（1875 年）發生的「雲揚號事件」。日本似乎要以自己遭美國艦砲示威而被迫開放門戶的經驗，施加在朝鮮。次年，日本以此事件為契機，派黑田清隆為特命全權大臣在江華島上陸並強行協商。朝鮮對日本如此的強迫態度頗為反感，但仍應允交涉並締結建交條約。

高宗十三年（1876 年），雙方締結了《丙子修好條約》，或稱《江華條約》，總共十二條文，內容有：朝鮮為自主國家，具有與日本對等的權利；以二十個月為期將開放釜山等兩個港口；以及被朝鮮方面認為不平等的條文，例如日本可以隨時測量朝鮮海岸、居住在朝鮮的日本人犯罪時由日本人依照日本法裁判等。朝鮮因為不懂國際法而被日本奪走了治外法權。這個不平等條約，迫使朝鮮開放門戶。儘管日本圖謀朝鮮的野心昭然若揭，《江華條約》還是有其歷史意義，那就是讓朝鮮踏上國際舞臺，走出第一步，

對世界開放門戶而能夠引進西洋新文明，促進了朝鮮的現代化。

　　朝鮮能夠對國際狀況有更詳細的瞭解，是在高宗十七年（1880 年）金弘集任駐日修信使，從日本回來之後。他深入觀察日本驚人的發展與世界情勢的動向，對朝鮮的開化相當關心。駐日時與清朝的公使何如璋及參事官黃遵憲有接觸，經常討論世界情勢、朝鮮的立場，以及外交政策等。金弘集返國時，帶回黃遵憲所著的《朝鮮策略》一書，其中提到朝鮮所面對的外交政策與富國強兵的策略，也就是應學習西洋發達的制度與技術。同時，為了防止俄國南侵，應採「親中國、結日本、聯美邦」的外交政策。

　　金弘集將此書呈給高宗，經大臣討論後的結論是，為了因應國際情勢的變遷，朝鮮外交政策的轉換已無可避免。但是，卻遭到頑固的儒學學者的強烈反彈，他們也就是締結《江華條約》時，數次上疏高宗反對開港的那群學者。他們認為《朝鮮策略》中揭示的外交政策，落實的可能性極其渺茫，而且固執地主張，富國強兵的方法未必要依賴西洋的學術。此時，主張鎖國、猛烈攻擊天主教的代表性上疏運動，就是嶺南儒學學者提出的所謂《嶺南萬人疏》。

二、開化政策

　　儘管遭到迂腐的學者全面反對，政府還是採取開化的方向來因應世界情勢。其中，除了著手改革行政機構之外，最關心的還是軍事制度。為了強化軍備，有必要學習新式戰術與製造武器的技術。高宗十八年（1881 年），除了把過去的五軍營改編「武衛

營」與「壯禦營」兩營之外，並請來日本教官堀本禮造組織「別
技軍」，施以新式的軍事訓練。

　　開化政策導致學者與舊軍士兵的不滿。舊軍幹部尤其對新設
的別技軍享有特別優厚待遇，無法釋懷，他們也憎恨日本教官與
訓練軍官。舊軍隊的官兵利用地方官軍糧舞弊事件來宣洩不滿，
他們去找被閔妃逼下臺的大院君，他表面上安撫他們，卻暗中鼓
動他們暴動。官兵破壞軍火庫盜取武器，分頭襲擊閔氏戚族宅邸
與日本公使館，並殺死日本教官堀本，第二天繼續進擊宮城，殺
死兩名高官，閔妃則躲過一劫。此即「壬午軍亂」（1882 年）。

　　高宗為了收拾混亂的局面，把幕後策動的大院君找來，下令
他處理所有的政事。大院君的重新登場，意味了舊體制的恢復。
壬午軍亂可說是一場結合了多重因素的動亂：開化對守舊的抗爭、
大院君對閔妃勢力的抗爭、日本勢力的介入與朝鮮民族主義對立
的抗爭。

　　結果，清朝與日本的勢力都爭相要介入這次事件。日本藉機
展現它在朝鮮的勢力穩固；清朝則想直接干涉朝鮮的內政，掌握
它對朝鮮的支配權。清朝以宗主國的立場，派馬建忠、丁汝昌率
領北洋艦隊，在漢城乘機逮捕大院君，押回天津，政權交還閔氏
戚族，他們在清朝包庇下成為「事大黨」。於是朝鮮的外交、軍國
機務、內政等都在清朝的操控之下。

　　開化思想在開港前後時期，對知識分子思想的轉變有極大的
影響。當時政界的核心人物中，金弘集、金允植、魚允中、閔泳
翊等人贊成開化，但他們依賴清朝，希望漸進的革新，他們也被

稱為守舊黨或事大黨。相對於此，有金玉均、朴泳孝、洪英植、徐光範、徐載弼等青年是激進的開化派，主張應仿效日本明治維新，才能獲致自主與獨立的果實，他們則被稱為開化黨或獨立黨，都是當時開化思想先驅劉大致的門下。

事大黨與開化黨之間，隱然已形成對立。開化黨尋求採取非常手段來落實他們的政策，於是與日本公使竹添進一郎密商發動政變。高宗二十一年（1884年）十月，他們利用郵政局晚宴舉事，意圖驅逐事大黨勢力。但是晚宴計畫失敗，金玉均等開化黨人進入宮內，佯稱清軍動亂，請求日軍保護；同時，將國王送到景祐宮，然後將守舊派大臣與多位軍方營使殺害，並發布十四條革新政綱，是為「甲申政變」。但是，政變政權只維持了三天，清朝袁世凱出兵干涉，革新政府遂告瓦解。金玉均、朴泳孝、徐光範、徐載弼等人潛逃日本。政變之後，國際間複雜的關係又糾纏不清了。

甲申政變的目的是為了打破封建的朝鮮社會，試圖建立一個近代國家的體制，在近代史上具有重要的歷史意義。

後來，日本以公使館被燒要求朝鮮賠償，而派外務卿井上馨於1885年1月到漢城，與朝鮮締結《漢城條約》；4月又派伊藤博文到中國，與李鴻章簽訂《天津條約》，雙方自朝鮮撤軍。不過清朝派駐朝鮮的袁世凱，仍繼續滯留並干預朝鮮的內政；日本則希望在朝鮮問題上，得到與清朝相同的發言與干涉的權利。

第二節　東學農民運動與清日戰爭

在兩班社會末期的崩潰過程，朝鮮人民陷入倫理觀與價值觀混淆的危機感當中。如此導致兩種極端的現象，其一是從儒教立場而發的「斥邪論」；另一是以新興宗教抗爭的「東學」。

大院君垮臺、閔氏政權的腐敗、地方官吏的貪斂苛求、外國商人勢力的入侵，造成農民的負擔加重。結果東學軍崛起，成為「東學農民運動」，對外導致清日戰爭，對內則引發「甲午改革」。

一、東學農民運動

天主教是以沒落的兩班階級為傳教訴求對象，東學則在農民中萌芽，讓農民的不滿不僅從民亂宣洩而已，也可藉由宗教運動來展開。東學提倡人的平等，頗得長年受迫害的農民歡迎，它以咒文唸禱，也與農民的巫術信仰相契合。不過東學並非單純的宗教運動，它是以農民為中心，具有改革社會現狀的性格。東學也揭示「輔國安民」的主張，意圖改革腐敗的政治；對兩班官僚的反抗與外國勢力的抵抗，東學都是讓農民去扮演馬前卒的角色。如此，導致朝廷對東學的盛行充滿戒心。

東學成為龐大的社會勢力，是來自「教主伸冤運動」的示威。數萬教徒自高宗二十九年（1892 年）先後在全羅道、忠清道、京城等地大規模示威，並高喊「斥倭洋倡議」的口號。直到高宗三十一年（1894 年），在全羅道古阜發生的民亂，是東學農民運動

正式的發端。古阜的農民對郡守趙秉甲的貪瀆暴虐曾經多次陳情，但都無效。後來在東學教徒全琫準指揮下，農民佔領古阜郡衙並奪取武器，把郡守違法徵收的稅穀搶走，分發給貧民。政府派了安覈使李榮泰去調查，結果安覈使把民亂責任歸咎東學教徒，並將教徒列名造冊，對他們採取逮捕或殺害，或將他們房舍燒燬的暴行。如此更激起了東學教徒的公憤，於是在全琫準、金開男、孫化中等東學核心人物領導下，農民再度起義；他們向農民散發倡義文，並呼籲大家為「輔國安民」而鬥。

東學軍以高昂的士氣攻無不克，並乘勝長驅佔領了全州。清軍趕來馳援，日本軍也跟著出動，兩軍對峙在朝鮮的險惡情勢下。政府感覺有必要懷柔東學軍，以早日解散他們，而提出停戰交涉。政府接受東學軍提出的改革弊政方案，做為停戰的條件。包括遏止兩班官吏的貪斂苛求，以及反對與外國商人進行商業行為等。

但是停戰對東學軍不利。清朝的後援部隊與兼程趕來的日本兵，形成一觸即發的緊張態勢。如此，導致東學軍重新出發，打著斥倭的口號開始北進。但是卻在公州與泰仁遭到連敗，全琫準及許多東學軍領袖被捕被殺，東學農民運動乃告終結。

東學農民運動是抗拒兩班社會而起的大規模農民戰爭。但遺憾的是，東學領導階層中沒有足以領導農民力量朝近代方向發展的人。甚至第二代領袖崔時亨等人還痛斥農民是「國家的逆賊」、「師門的亂賊」，而反對武裝起義；內部的分裂削弱了東學軍隊的戰鬥力。另一方面，東學農民運動是對外國，特別是日本，經濟入侵的反抗，起先是向政府提出斥倭，後來日本介入，就直接打

了起來，但是東學軍卻不是武器與訓練精良的日軍對手。對內，是為了對抗兩班為中心的封建體制，對外，則是對抗外國資本主義的侵略，結果在兩者勢力的結合之下，東學農民運動便告失敗。

二、清日戰爭

為了在朝鮮的利益而虎視眈眈的清、日兩國，因為東學農民運動而引發衝突，即為清日戰爭，或稱中日甲午戰爭。

由於朝鮮無法自力平亂，於是央請清朝派兵來援。清朝認為這是強化自己日漸衰頹國力的好機會，於是派葉志超率領三千兵力在牙山灣登陸。而且，根據《天津條約》向日本通告。

日本在朝鮮的利益更甚於清朝，也想利用機會擴張勢力。不僅要恢復壬午軍亂之後下跌的政治地位；尤其，想要確保商品市場，以及鞏固比重為清朝四倍的對朝鮮經貿量。於是，以保護居留朝鮮日本人為名，派遣七艘軍艦與七千大軍在仁川上陸。但是，此時東學軍隊已從全州撤退，清、日兩軍已無正當理由繼續駐屯朝鮮。因此，清方提議兩國共同撤軍，撤軍之議並得到朝鮮與各國的支持。

但是日本斷然拒絕了清的提議，日方認為這是把清朝勢力逐出朝鮮的絕佳機會。日本提議與清朝共同改革朝鮮的內政，但清方認為這是藉口，是為了開戰的無理取鬧。而且，這樣的提議也是對外國內政的干涉，而拒絕了日方。會談決裂後，清方再派援兵，雙方的衝突已無法避免。於是在 1894 年 7 月，日軍先攻佔牙山灣，雙方軍艦互擊，開啟了戰端。

　　清日戰爭以日方的全面勝利收場。清軍在成歡與平壤的地面戰大敗，在黃海的海戰，清朝艦隊也敗逃。然後，旅順與威海衛被日軍攻陷，臺灣也被佔領。清朝承認戰敗，向日本提出議和。次年，日本派伊藤博文與清朝李鴻章締結《馬關條約》，結束了這場戰爭。

　　《馬關條約》第一條，承認朝鮮為完全獨立自主的國家，但這並非為了朝鮮的實質獨立，而是藉此否定清朝的宗主權。此外，《馬關條約》也將遼東半島與臺灣割讓給日本。日本藉由遼東覬覦滿洲的意圖已昭然若揭，如此便能將朝鮮完全置於掌中。除了割地，日本也從清朝得到許多通商的利益以及龐大的賠償金。

　　日本對朝鮮提出內政改革，其實是為了侵略而包裝的口號。日本認為，朝鮮必須改革內政，才能防杜內亂的再起，否則，無法將這個東亞的禍根完全拔除。

三、甲午改革

　　清日戰後，日本非但未從朝鮮撤軍，反而兵力進駐景福宮監視朝鮮國王；同時，讓大院君復辟執政，並改組政府，由親日派的金弘集擔任新設的「軍國機務處」總裁官，日本公使大鳥圭介為顧問。軍國機務處是超政府的會議機關，由十七名議員組成。不僅無視於國王的存在，以王命代行一切政治，也威脅了大院君的地位。事實上，設置軍國機務處的目的正就是要把他們的權力推出政治圈之外，改革完成後，軍國機務處就可以廢除了。因此所有的甲午改革，都是依照日本的目的、也都在日本公使的操縱

下而進行。

　　朝鮮方面的改革者，是延續開化黨以來傳承了開化思想的人，他們的改革也反映了東學革命中農民的要求。因此，儘管改革是在日本的強迫下進行的，但仍具有它的實質意義。

　　首先，在政治制度改革方面，把議政府與宮內府分離開來。廢除科舉，採行官吏任用法；據此，過去的兩班與常人、文班與武班的區別已經消失。此外，也改革地方官制，八個道改為二十三個府，改變為小地域主義。同時剝奪了地方官的司法權與軍事權，從制度上削弱了地方官的權限。而且司法權也從行政權分離，並將警察權一元化。

　　經濟改革方面，財政實施一元化政策，由「度支部」掌管所有財政事務，也整頓貨幣制度，採行銀本位制度，租稅則改為「金納制」。

　　社會改革先廢除身分制度，打破兩班與常民的階級，用人不分貴賤，不再文尊武卑，廢除公私奴婢的法律，並且禁止人身買賣，還有禁止早婚、刑求，寡婦可以再嫁等。這些改革意味著封建身分制度的崩解，是一種社會性的大變革。

　　甲午改革在韓國近代化的過程具有重大意義，它是結合政治、經濟、社會等多方面的大改革工程，是在日本軍佔領下，被他們強制的非自主性改革，是為了他們的資本主義滲透鋪平一條坦路，也是為了侵略朝鮮所做的部署。

第三節　列強勢力的侵入與民眾的覺醒

　　壬午軍亂與甲申政變之後，為了防杜日本的勢力進入朝鮮，清朝曾經主導朝鮮與西洋各國締結通商條約。不過，清朝的努力也造成了新的威脅，那就是俄國勢力在朝鮮半島的出現。

一、日本與俄國的權力角逐

　　哲宗十一年（1860 年），清朝與俄國締結《北京條約》，取得西伯利亞遠東地區的土地之後，國境就與朝鮮接壤。高宗二十一年（1884 年），俄國與朝鮮簽訂《通商條約》。俄國公使韋貝外交手腕圓熟，經常出入宮城並積極扶持朝臣間的親俄勢力。由於對清朝過度干涉內政的反感，朝鮮政府漸漸展現親俄的傾向。對此現象，最敏感的當屬清朝。不過甲午戰後，清朝的勢力已完全退出朝鮮，代之而起的是日本。於是，日本與俄國在朝鮮半島上形成新的權力角逐戰。俄國首先對日本在《馬關條約》中得到遼東半島頗不以為然，於是結合德、法，提出「三國干涉」要求歸還遼東。日本引起國際公憤的弱點暴露以後，促使朝鮮政府內「排日親俄」政策的抬頭。親俄派人士有閔妃、李完用、李範晉等人。

　　為了排擠親俄派，日本是拼了命也要重新扶植親日勢力，於是採取驚人與野蠻的手段。武人出身、接替井上馨駐朝鮮的三浦公使，為了挽回日本勢力，採取重新起用大院君的計謀。高宗三十二年（1895 年）八月，他動員日本浪人與訓練隊闖進宮城，與

侍衛隊發生槍戰衝突，侍衛隊不敵，於是宮內大臣李耕植遭殺害，國母閔妃也遭刺客所弒，此乃「乙未事變」（閔妃死後被追諡為「明成皇后」）。皇宮因而被橫暴的日本人所佔，高宗在他們的強迫下撤換親俄派，然後扶植一個由金弘集組成的親日派內閣。日本的暴行引起各國義憤，在國際壓力下，日本把三浦公使移送法辦，但以罪證不足而無罪開釋。

與此同時，新組的親日內閣，延續甲午改革的路線，採取了更激進的改革。諸如：使用太陽曆，建立一世一元的年號，自1896 年 1 月起，使用「建陽」的年號；軍事制度也做改變，在中央為「親衛隊」，地方為「鎮衛隊」（全州與平壤）；制訂並頒布「小學令」，在地方開辦郵政事務等。

改革措施中，以「斷髮令」最讓朝鮮人反感。公布這項命令，等於在一夕之間要改變人民長期的習慣；已經因為國母被弒而激憤的朝鮮人，更因此一被日本人強迫開化的無理措施，而使民族情緒大受刺激。於是，群情激憤的反日國民，終於在各地集結參與義兵活動，要對日本的侵略行為採取武力抗爭。其中的代表性人物有柳麟錫、李昭應、李春英、金福漢等。為了鎮壓義兵，政府甚至淪為必須把中央親衛隊的大半，派遣到地方去鎮壓的窘境。

全國各地義兵騷亂風起雲湧之際，親俄派的李完用等人與俄國公使韋貝共謀，在建陽元年（1896 年）把國王高宗從皇宮移駕到俄國公使館，此為「俄館播遷」事件。同時，親俄派殺害親日內閣的金弘集與魚允中等人，組成了親俄內閣，此後的一年中，朝鮮政治幾乎被俄國所操弄 ， 各國在朝鮮的利權都必須由俄國經

圖 20：舊韓末，在全國各地起義的抗日義兵

手。對俄國在朝鮮獨享利益最為吃味與關切的，當然就是日本。但由於當時日本還沒有實力對付俄國，也只能暫時妥協再伺機而動。

高宗播遷俄館一年後，在內外強烈的干涉與要求下還駕慶運宮（德壽宮），改國號為「大韓帝國」，年號為「光武」，改稱皇帝，並昭告各國大韓為獨立國。國王避身外國公館一年間，國家利權淪入外國手中，不免遭到國民的抨擊。其中扮演中樞角色的，要屬「獨立協會」所領導的運動。

儘管已昭告國際為自主獨立國，但是國王自己無力擔負國政，國王或大臣都需依賴外勢才能保全國家。如此的權宜與姑息，讓一般國民、尤其是學過西洋自由主義思想的新知識分子，都想為民族的獨立自主而打拚。

二、獨立協會

獨立協會是當時最活躍的一個團體，它是由徐載弼所組織，

徐在甲申政變失敗後流亡日本，然後又逃往美國，在 1896 年回國。起初，政府要人也參加獨立協會，後來因協會批判施政而全部退出，由徐載弼、李承晚、尹致昊、李商在等年輕知識分子主導運動的發展。

　　獨立協會的主要活動，首先是透過媒體向國民鼓吹自主獨立意識與民主思想，其次是批判政府施政，防杜貪官污吏的專橫；並發行韓文版與英文版的《獨立新聞》。《獨立新聞》的創刊，是朝鮮報業的嚆矢。他們也將漢城市內為迎接清朝使臣、象徵對清依存的「迎恩門」拆除，改建為「獨立門」來鼓吹獨立自主的意識；次年，更將接待清使的「慕華館」改為「獨立館」。此外，他們也主張全民都能參與政治，充分利用民氣促進民權運動。

　　獨立協會對全民的啟蒙運動達到最高峰，是在光武二年（1898 年），在漢城的鍾路廣場舉行「萬民共同會」，推舉尹致昊為會長的時候。這次集會結合了政府大臣、學生、市民、勞工、儒生、官吏等各界人士的參與，並批判政府的賣國行為，提出改革時局的六項決議案，此決議案並奏請高宗採行。在獨立協會的努力下，沒多久

圖 21：獨立協會在 1896 年興建的獨立門

就促成俄籍財政與軍事顧問的撤離，以及韓俄銀行的關閉，成果相當可觀。

由於獨立協會的活動都集中在批判政府，並不時與御用的「皇國協會」尖銳衝突，導致政府與協會間產生嫌隙，後來甚至下令解散獨立協會，同時逮捕了李商在等十多名核心人物。

獨立協會被解散，雖然使獨立自主與民權運動的鼓吹暫告中斷，但所發揮的功能卻不可小覷。它揭示的「確保自由」、「伸張民權」、「爭取獨立」等，並由具進步自由主義思想的人物所組成，與當年的開化運動不同，它既主張開化也要求自主獨立，而且不是只被少數政客所把持，它包羅各階層的社會大眾做為基礎，真正發揮了民族史上民權運動的推進功能。

三、民族意識的覺醒

獨立協會創辦的《獨立新聞》之外，1898 年還有《皇城新聞》創刊，這份採韓文與漢字混用的報紙，可說是反對日本侵略的先鋒，促進了民眾的覺醒。它最有名的是對《乙巳條約》（1905年）的過程做了詳盡的報導，並對日本詐欺式的侵略行為以及政府的無能，毫不保留地加以痛批。主筆張志淵寫的題為「是日也，放聲大哭」的社論，激起了全民義憤填膺，他感時憂國的情懷，讓後代人刻骨銘心。同年，還有《帝國新聞》創刊，致力以啟蒙社會為職志。

其間，還有一些新聞媒體登場，包括韓、英對照的《大韓每日新報》、美國人辦的英文 *Korea Review*，以及《萬歲報》、《大韓

民報》等，這些媒體對提振國民的政治意識，貢獻極大。

這時代的教育熱潮也不可忽視。許多愛國志士為了培育人才，積極從事教育事業或組織教育團體。例如張志淵的「大韓自強會」與「嶺南學會」、李甲的「西北學會」、李光鍾的「畿湖興學會」，以及俞吉濬的「興士團」、金允植的「大東學會」、秦學新的「女子教育會」等。此外，私立學校對民族意識的啟迪也有貢獻，並且成為民族運動的根據地。

另外，基督教對知識分子的政治教育運動也影響極大。他們在傳教之餘，也鼓吹自由主義思想，獨立協會的核心人物都是基督徒。

在開化期的政治多事之秋，學術研究難有大幅進展。不過，為了鼓吹獨立愛國精神，國語運動非常活躍地展開，也出現了站在民族立場的韓國史研究者。在韓國文學方面，新文學的誕生就在這時候，新小說的創作留下了不少的成績，而成為新文藝運動的開拓者，李仁植是其中的代表。

第四節 抗日民族意識的成熟

日本與俄國為了獨佔朝鮮與滿洲的利益而對立，它們侵略的野心昭然若揭。這兩個帝國主義國家毫無和平解決的跡象，終於爆發了衝突。

一、日本入侵朝鮮

在此之前，清朝發生了民族主義的反抗運動「義和團事件」，

還導致各國出兵鎮壓。但是事件後，俄國非但未從滿洲撤軍，反有長期佔領的意圖。對此，英國與日本最為敏感。俄羅斯在國際壓力下仍無意撤軍，於是日本要求與俄國協商，保障日本在朝鮮的最高利益。結果談判破裂，兩國正式開戰。1904 年日本未宣戰就突襲俄國佔有的旅順港，於是朝鮮半島成了日本軍隊的過路站，國土一再遭到蹂躪。

雖然朝鮮政府宣布中立，但日本軍還是侵入了漢城，並強迫朝鮮提供協助。當年 2 月，日本用武力威脅朝鮮與它簽署《韓日議定書》，內容主要是為了合理化日本的政治與軍事干預。同時，還限定朝鮮若無日本的同意，不得與第三國締結條約。美其名為了保障朝鮮的獨立與領土完整，其實侵害了朝鮮的政治與外交權。日本為使戰爭更有利，著手興建京義與京釜鐵路，強佔通訊網，並取得河海的通航權。

二、「顧問政治」

同年 8 月，日方要求朝鮮聘請日本人擔任「顧問官」，圖謀徹底干涉朝鮮的內政、外交等所有的事務。為此，與朝鮮簽訂了《韓日協定書》（即第一次《韓日協約》），由日本推薦一位財政顧問給朝鮮，所有相關的財政事項都必須經他裁決後才能施行；也替朝鮮找來一位美籍的外交顧問須知分 (Stevens)，掌管一切外交事務。如此一來，包括宮內部、軍部、警察等所有部門，都設置了日本顧問，所謂的「顧問政治」於焉展開。

由於大部分的主權已被日本所侵害，韓國政府不得不召回所

有駐外的公使。日俄戰爭也成了日本鞏固在韓利益的良機。列強未曾料到，日本居然能夠戰勝俄國，後來美國總統羅斯福斡旋日、俄簽訂《樸茲茅斯條約》，各國承認日本接手俄國在朝鮮的政、軍、經的特權與利益。如此，日本剷除了它在朝鮮半島最強大與最後的敵人，開始用盡一切手段要把韓國「殖民地化」。

三、「統監政治」

接著，日本派伊藤博文到韓國強迫締結保護條約。日方動員軍隊包圍皇宮，並威脅高宗皇帝與大臣承認這項保護條約，終於在 1905 年 11 月，簽訂第二次《韓日協約》，也就是《乙巳保護條約》，至此，韓國的外交權被完全剝奪，由日本派「統監」來管治。這項喪權辱國的條約，引起全國人民激憤，許多官員與人民義憤難消而自殺抗議。1906 年 3 月日本派伊藤博文為首任漢城統監，地方的開港港埠與主要都市則設置理事廳。此後，即為「統監政治」的開始。

國家主權被日本帝國主義者所強奪，韓國國民紛紛挺身抗爭。除了民眾示威之外，商人也罷市抗議。締結這項賣國條約的大臣李完用住宅被群眾縱火焚燬。

1907 年 6 月，利用在荷蘭海牙舉行萬國和平會議時，高宗授與三名使臣信任狀到場向各國呼訴，但因無外交權不得其門而入而以失敗收場。儘管請願未成功，仍引起國際間的注意，並讓日本驚慌，於是更加強化對韓國的控制。日本向韓國追究責任，並強迫高宗讓位。高宗迫於情勢，只好讓位給皇太子純宗。讓位消

圖 22：乙巳五賊之一的李完用（前左一），以
及他與伊藤博文秘密簽署的賣國備忘錄

息傳出，國民又是強烈不滿，屢屢發生襲擊日本人的情事。

　　《乙巳條約》締結後，全國各地義兵抗爭紛起；這次則是發展成全國性的民族抗日運動，並由各地的儒生階層所領導。

四、「次官政治」

　　高宗讓位後，日本更變本加厲地殘酷壓榨韓國，1907 年再簽訂《韓日新協約》（《丁未條約》），統監正式取得干涉韓國內政的

權力。此外各部門的顧問撤銷改為任命次官,於是又被稱為「次官政治」。

在皇帝讓位與軍隊解散的情況下,義兵的武力抗爭更為激烈。侍衛步兵第一大隊的官兵甚至與日本軍隊發生市街戰;遭解散的軍隊則與地方義兵結合,以組織化的戰鬥力量抗日。全國風起雲湧的義兵抗爭,最激烈的地方是京畿、忠清、全羅、慶尚等地。他們獲得人民的支持與聲援而士氣大振,但是因為武器裝備較差,而無法長期抗戰。日本軍隊則仗恃精良武器,恣意殘暴鎮壓,並以焦土作戰來掃蕩。

五、朝鮮王朝落幕

在義兵抗爭之外,韓國國民對於協助日本侵略的共犯也不放過。替日本人當外交顧問的美籍須知分,遭到在美韓僑所殺;日本侵略的主謀伊藤博文,則在哈爾濱遭到安重根暗殺。在全民的強烈抵抗之下,日本圖謀朝鮮的野心更亟,終於在 1910 年強佔了

圖 23:暗殺伊藤博文的安重根在獄中受審後撰寫遺書

圖 24：李氏朝鮮王朝最後的團聚，左起：英親王、純
宗、高宗皇帝等

韓國，朝鮮王朝正式落幕。

　　1910 年 8 月 22 日，在極機密的情況下，寺內正毅統監安排
了日、韓《合併條約》的簽署儀式。日方表面上指出，合併是朝
鮮國王所提出，日本天皇同意接受；而且，親日的賣國團體「一
進會」贊成合併，並說是朝鮮人民所希望，是為了同胞的福利，
事實正好完全相反。《合併條約》於 8 月 29 日才在東京公布，從
此朝鮮半島淪為日本殖民地達三十六年。

第十章 | *Chapter 10*

抗日與獨立時期

第一節　民族主義運動的成長

一、日本的武斷統治

　　日俄戰爭後，日本對朝鮮的予取予求已到猖狂的地步。最典型的是 1905 年強制締結《乙巳條約》，奪取朝鮮的外交權，兩年後再締結《丁未七條約》，掠去朝鮮的「行政權」。日本不僅強力鎮壓朝鮮人自發性的反日意識，甚至殺害無數抗日救國的義兵。就在如此高壓與暴行之下，日本帝國主義者以「合邦」為名，強佔了韓國。

　　1910 年日本任命陸軍大臣寺內正毅為駐韓新統監，擔負強佔的任務。寺內實施了憲兵警察制度，並關閉《皇城新聞》、《大韓民報》、《大韓每日新報》等報社，其間，一些賣國分子策劃《合邦條約》。日本的併吞計謀，導致韓國人強烈民族意識的覺醒並展

開民族主義運動。

　　日本新設「朝鮮總督府」來替代統監府，總督掌控立法、行政、司法等所有的支配權，首任總督寺內正毅在併吞時，就增加二千名的憲兵警察網，採行他自稱的「武斷統治」。憲兵警察制度是從一般行政權獨立出來的組織，中央的「警務總長」是駐韓憲兵司令官，地方上則由各道的憲兵隊長擔任警務部長，徹底執行以武力高壓的統治。併吞當時，憲兵警察機關有一千一百二十個，憲兵警察二萬名，憲兵輔助員二萬名。到 1918 年增加到一千八百二十五個。日本的治安政策完全是依靠憲兵，憲兵警察的費用也在總督府的預算中佔最大的比重。同時，為了防止治安的維持出現亂象，還派有兩個師團的兵力常駐韓國。

　　日本為了鎮壓抗日運動，經常任意取締韓國人的言行。1912年逮捕了五萬人以上，1918 年則高達十四萬人。對於武斷統治不合作的韓國人，就列為「不逞鮮人」，是憲警的逮捕對象，他們不

圖 25：原朝鮮總督府，現已拆除

必經由審判就可受到刑罰。日本還頒布「朝鮮刑事令」、「保安法」、「集會取締法」、「槍砲火藥取締令」等來壓制民族運動。此外，並加強監控諜報活動，刑案即審即決，監視道路、森林、郵件、徵稅與海關等，並加強普及日語，讓殖民統治能夠更為順遂。

總督府之下設有中樞院，做為諮詢機關，有七十一名親日的韓國人參與，藉以偽裝成韓國人也能參與政治並表達意見的模樣。但是中樞院的諮詢並非政治與經濟問題，而是調查韓人的舊習慣與風俗。

武斷統治之外，經濟方面就是以掠奪政策做為殖民統治的基礎。最具代表性的掠奪政策，就是以所謂「土地調查事業」的名目來搶奪土地的行為；也就是透過調查事業，將土地的強奪合法化。總督府內設置「臨時土地調查局」，全面著手調查土地與住宅的現況，1912 年制訂頒布「土地調查令」、「不動產登記令」、「不動產證明令」等。

根據土地調查令，土地所有人必須提出申告，所有權才得到認可。未申告的土地便歸總督府所有。許多因民族感情或延遲申告的土地就遭到奪取，像過去皇宮、宮院、官廳所屬的官庄田或驛屯田，以及村里或宗族持有的公有地等，因為無人申告，都成了總督府的土地。

總共投入二千零五十萬日圓的土地調查事業，在 1918 年結束。於是，總督府成了最大的地主。根據 1930 年的統計，總督府擁有相當於全部國土百分之四十的農地與山野地。日本把搾取的土地讓售給「東洋拓殖會社」等日本人土地公司或移民。另一方

面，日本人也對兩班採懷柔政策，有些兩班從過去收地租的人，搖身一變成地主；也有韓國人惡用申告制而成為大地主。但是大多數的農民都淪落為零細的小農，連祖傳的耕作權都被剝奪了。全國約有半數的農家每年都是赤字的慘況，於是，轉作旱田或流亡到滿洲的農民激增。

此外，日本也透過「會社令」（公司法）的公司申請登記，來限制韓國人發展民族產業，而保障及獎勵日本企業的活動。如此，使得日本的三井、三菱等企業能在韓國擴張事業而大幅成長。同時，在農、林、漁、礦等各方面，日本都獨攬了權益，使韓國人的生存權幾乎都被剝奪了。

以上有關「土地調查事業」的論述，幾乎已經成為南韓歷史教科書中的定論。不過，首爾大學經濟史教授李榮薰在 2008 年出版的《大韓民國이야기》（大韓民國故事）中，卻否認了所謂「總督府透過土地調查事業，將全國近四成的農地強行變成國有地，並將這些農地以低廉的價格，賣給從日本搬來的農民或國策會社。還有警察及憲兵以刀槍威脅，將收割來的米一半都搶走」的論述。他指責南韓國史教科書中這些內容大多是歷史學家所編造出來的故事。

而且李榮薰也指出，「將近四成的農地被強行占領」的說法也是毫無根據。因為在當時的史料中找不到相關的事實。

這段歷史公案如何重新詮釋，只能期待韓日兩國的史學家秉持史料證據與良知，能夠理性客觀地重寫了。

二、三一獨立運動

在如此的專制暴政下，韓國人於是起義抗爭，「三一運動」乃告爆發。由於武斷體制使得國內被高壓統治，獨立運動或抵抗運動不可能發展，許多民族運動者便流亡到中國、滿洲、蘇境等海外，他們透過武力與外交活動爭取祖國的獨立，武力活動的領袖有李始榮、李東輝；外交活動的促進者有申圭植與李承晚等人。國內則有祕密的結社組織與海外相呼應，其中具代表性的有：林炳瓚組成的義兵、儒林系統的「獨立義軍府」與安昌浩組織基督教系統的「新民會」。雖然新民會被強制解散，但安昌浩主張的精神：提高人民知識與道德水準與振興產業，以爭取獨立，為國內的民族運動揭示了方向。

1914–1918 年發生的第一次世界大戰，不僅改變了列強的版圖，也因為美國總統威爾森提出的「民族自決」原則，使得許多弱小國家能夠在戰後獨立。大戰前後，在海外的民族運動者就積極展開外交活動；戰後，金奎植並參加了巴黎和會。海外人士並且與國內許多民族運動團體加強建立相互奧援的關係。國際潮流與海內外互通聲息，使得獨立運動受到相當的刺激與鼓舞。1919 年 2 月 8 日，六百多名留日學生在韓人基督教青年會館聚集，發表《獨立宣言書》的決議文，點燃了民族運動的烽火。於是，全民族的三一獨立運動也就開始燎原了。

三一運動是在高宗葬禮兩天前的 1919 年 3 月 1 日，由國內天道教、基督教、佛教的領袖所計畫與策動，包括了孫秉熙、李

昇薰、韓龍雲等知名民族主義宗教領袖，簽署了《獨立宣言書》，
他們在宣言中昭告國際，「朝鮮為獨立的國家，朝鮮人為自主的人
民」，並主張「韓國獨立，才能實現與貢獻東洋的和平與人類的正
義」。

　　植基於民族自主精神的三一運動，以和平、非暴力，而且光
明正大自許。他們齊集泰和館朗讀《獨立宣言書》，並不畏懼日本
當局的逮捕。這個運動從漢城的塔洞公園開始，擴散到平壤、鎮
南浦、義州、安州、宣川、定州、元山等地，成為全民族的示威，
而串聯的工作都由學生或宗教團體負責。

　　當天，漢城的塔洞公園聚集了兩萬多市民，宣讀《獨立宣言
書》之後，走上街頭舉行「獨立萬歲」的示威遊行而揭開了序幕，
接著持續 3 月與 4 月而達到高峰。參與這次運動的國民超過二百
萬人，示威場次達一千五百多次，全國二百十八個郡有二百十一

圖 26：三一獨立運動的發源地「塔洞公園」，
在 1980 年代成為民主運動的基地，經常需
要靠鎮暴警察來保護，確是一大諷刺

個參加了，而且連國外的滿洲、俄國境內，甚至美國僑民也都舉行獨立宣言的儀式。

日本細密的警察網事先對這次運動的徵兆都未察覺，而使官憲大為震驚，於是便以武力來對付這項和平運動。除了憲兵與警察，還動員海、陸軍來逮捕與殺傷參與民眾。根據統計，韓國人的受害狀況是：被殺者七千五百零九人，受傷者近一萬六千人，被捕者四萬六千餘人，起訴者一萬多人，民宅被焚七百十五間，教堂四十七座，學校二所。水原堤岩里教堂發生日警縱火屠殺做禮拜的數百名教徒的事件，更顯示了日本人的殘暴行徑。日本如此兇殘，是因為仗恃著戰勝國在國際間的優勢，而且韓國人的全民族抗爭運動也得不到國際的聲援，以失敗收場乃是必然。

三一獨立運動雖然未能達到預期的目的，但在韓國民族主義運動史上卻具有重大意義，他們追求的民族自主與獨立以及和平抗爭的精神，對後來的影響既深且遠。此一運動導致當年 4 月大韓民國臨時政府在上海成立，展開更組織化的民族獨立運動。當然，更讓日本殖民統治當局不得不換下「武斷統治」的招牌，而改以所謂「文化政治」的殖民體制來偽裝。

第二節　日本的殖民支配與掠奪

三一獨立運動向全世界揭穿了日本指稱「朝鮮人對殖民政策心悅誠服」的謊言，使日本的蠻行遭到國際的譴責。日本殖民當局於是改變策略，以「文化政治」的新包裝做更奸巧的掠奪。

一、「文化政治」下的掠奪

　　文化政治由 1919 年 8 月上任的新總督齋藤實所標榜。內容大致是，會尊重朝鮮的文化與習慣，並革新文化制度來謀求韓國人的幸福，同時，武斷與掠奪政策表面上緩和了一些。陸海軍大將出身的這位總督也可以任命文官，並將憲兵警察制改為普通警察制，也放寬了對媒體的控制，讓韓國人可與日本人受相同的普及教育。此外，韓國人也能夠出任總督府的官吏。

　　到 1945 年結束殖民統治為止，日本都未曾派遣過文人到朝鮮擔任總督。採行普通警察制之後，也擴大全國的警察網，在府、郡設警察署，在村里設警察官駐在所，增員一萬名警力，各地憲兵隊與分遣所的憲兵，實質介入行政與司法。雖然也任用韓國人擔任總督府官吏，但那只是懷柔政策，反而是增設了監獄，思想犯也增加了。每三個村里就設置一所學校的措施，實質上是為了愚民教育的需要，1920 年 3 月、4 月《朝鮮日報》與《東亞日報》先後創刊，讓韓國人充分表達意見，更方便日本殖民當局的控制。對於這些鼓吹民族意識與提倡民族文化的媒體，平均每個月都會遭到五、六次的刪除、沒收、罰金、停刊等處分。

　　在經濟方面，進行過土地調查事業之後，殖民政府制訂了稻米增產計畫，以便將韓國經濟隸屬於日本經濟體制之內。日本曾在 1918 年發生米價風波，對於韓國稻米的產量控制更加謹慎。

　　從 1920 年之後的十五年間，計畫投入一億六千八百萬日圓來改良稻米耕種技術，以增產九百二十萬石稻米，其中五百萬石出

口到日本。不過，後來並未達到預期的生產目標。十三年間只增產三百六十萬石，但出口到日本卻達六百八十五萬石。如此，使得韓國農民受害不小。韓國稻米產量增加了，代價卻是農民糧食不足，必須靠滿洲進口的雜糧來充數。後來，因為擴充水利灌溉設施，使得農民負擔加重，又遭到進一步的剝削。農民地位的沒落，導致許多農民流浪到滿洲或日本去討生活。由於農民的生存權一再遭到漸增的日本地主威脅，對地主的抗爭日益升高，而在1930年達到最高潮。

日本的掠奪政策不僅在農業部門，工商業也一樣。1920年日本撤銷了日、韓間的關稅制度後，對韓國這個糧食供應基地與商品出口市場的期待更大了。日本並以韓國豐富與廉價勞力的優勢，將韓國視為投資市場。日本的財閥資本開始在韓國插手電力、肥料等重化工業的投資與生產。1931年日本建立滿洲國扶植溥儀傀儡政權後，為了加速侵略中國，更加強開發韓國的軍需資源。如此，使得日本資金的滲透更快，在工礦業所佔的比重也愈大。

到1930年代，韓國產業從過去的農業，轉換為以工礦業為主。雖然對韓國的產業現代化有貢獻，但也不能否認，那是為了發展軍需工業以侵略中國大陸，而將韓國當做軍事生產基地才大肆投資重工業。也因為軍需生產，而大量雇用韓國勞工，勞動力幾乎是以等比級數在成長。如此，也和農民抗爭一樣，勞資爭議乃日漸增加。

有關經濟掠奪的部份，李榮薰在書中指出，朝鮮所生產的米，將近一半運到日本，並沒有錯。但是這並不是搶奪，而是透過「出

「口」的市場經濟路線。占領時期並沒有造成朝鮮糧食不足，相對地，出口則是有給農民金錢上的補貼。出口至日本並非總督府強制執行，而是因為價格比朝鮮米價高出 30% 左右的緣故。也因此使朝鮮的總所得增加，經濟也有所成長。即使不足的糧食也從滿洲進口粟米或豆類等替代品，人均的卡路里消耗量並未減少。

他進一步說，2006 年所發表的統計來看，在日本統治時期（1910-1940 年）的朝鮮經濟，呈現了年平均 3.7% 的成長率。同時期的人口增加率為 1.3%，每一人的實質所得則年平均增加 2.4%。在主要資本主義國家成長停滯的這個時期，這個數字在世界上可說是具有很高的水準。若如前面所述，是在得不到任何金錢補償，以致財物流至海外的強行占有的話，是不可能有這樣的成長。

至於由日本人的資本主導的經濟成長，以及日本人及朝鮮人的貧富差距擴大，李榮薰認為二者皆為事實。但是，僅佔人口 2.3% 的在朝鮮日本人，並非獨占了年平均 3.7% 的經濟成長；而朝鮮人的平均所得也是在這個時期增加，是相當明顯的事實。

二、強行民族抹殺政策

1937 年日本侵略中國，接著在 1941 年又攻擊美國，太平洋戰爭全面開打。日本為了強化戰時體制，高舉「內鮮一體」的口號，強制執行抹殺民族的政策。1930 年代末期開始禁止在學校教韓語，強迫韓人在日常生活中使用日語，到 1940 年更將韓文報《朝鮮日報》、《東亞日報》停刊，作家與文人只能用日文創作。

此外，還鎮壓研究語言與歷史的學會組織，將他們解散並逮捕幹部，許多文人學者因而病死獄中，這些都是為了抹殺韓國人的民族意識。

更變本加厲的民族抹殺要算「皇民化」政策。日本制訂「皇國臣民誓詞」，集會時都要朗誦。1938 年更強制「創氏改名」，要每個人把姓名改為日本式。同時，還要朝東方遙拜日本天皇，並強迫韓人去參拜建在各地的日本神社；有許多基督教學校的師生，為了守護民族良心拒絕參拜，而遭到逮捕入獄。

在人民受教育的權利方面，日本人與韓國人也有明顯的差別待遇。日本殖民政府在 1911 年頒布「朝鮮教育令」之後，加強對私立學校的壓制，使得私校銳減一半、學生則減少近三成。到 1919 年時，居留韓國的日本人有三十萬，學校共三百七十九所，而為全韓國人教育的學校只有四百九十八所，差別之大由此可見。許多對殖民教育不滿的學生，於是轉赴日本或美國留學，這些精英知識分子對韓國的文化運動與民眾的啟蒙，都有極大的貢獻。

日據時代的作家與文人，也把他們的憤怒與挫折感，充分展現在文藝創作當中。延續舊韓末成熟的新文學運動，而成為現代文學先驅的作家有崔南善與李光洙，他們以現代口語體寫的詩與小說作品中，鼓吹民族意識，並啟蒙自由、平等與科學思想。日據時代的文學，不僅具有啟蒙性與理想主義性格，也從外國引進新文藝思潮。作家們透過文體改革運動，致力於發展寫實主義文學，並深刻描繪三一運動之後黯淡的時代面貌與社會風潮，當時的文藝同仁雜誌有《創造》、《廢墟》、《白潮》等；也有人開始嚮

往社會主義，而致力於發展普羅文學。

第三節　展開抗日民族鬥爭

一、成立大韓民國臨時政府

　　為了得到獨立自主，就必須展開持續性的與組織性的抗日運動，於是獨立志士在三一運動之後，立即於當年 4 月在上海成立大韓民國臨時政府。雖然當時在西伯利亞的韓僑組織了「大韓民國議會」，國內也宣布成立「漢城政府」，但是上海臨時政府做為獨立運動團體的中樞角色，確有極為重大的意義。

　　臨時政府制訂了大韓民國臨時憲章與政綱，所組成的內閣分為國務院與議政院。當年 8 月，向全世界宣布大韓民國臨時政府組成、韓民族獨立，並頒布了第一部民主憲法。以安昌浩為中心

圖 27：上海的臨時政府委員，中坐者為李始榮，其右為金九

改組而成的臨時政府，首先做的工作就是與國內建立「聯通制」，在全國各地建立通聯管道，聽取民意，並籌募所需的軍備資金。為此，臨時政府還發行《獨立新聞》（1919–1925 年），對國內外鼓吹獨立思想，報導抗日運動的現況。同時，也加強外交宣傳活動，派員參加在歐美與日本舉行的國際會議。後來也在中國境內組成了「大韓光復軍」，由中國國民黨政府的黃埔軍校代為訓練，並編組在中華民國國軍之內。

二、六・十萬歲運動與光州學生獨立運動

同時，列寧在俄國革命成功之後，一些朝鮮民族主義運動者也開始傾向社會主義，而於 1920 年在上海組成「高麗共產黨」與臨時政府對抗。在國內，同樣也開始流傳社會主義，1922 年左派青年組成「漢城青年會」，1925 年組成「朝鮮共產黨」。1920 年代後期的一連串抗日運動，較有名的是「六・十萬歲運動」與「光州學生獨立運動」。

1926 年 4 月，朝鮮王朝最後一任國王純宗逝世，青年學生便利用 6 月 10 日出殯的機會，發起獨立萬歲的示威運動。包括社會主義運動者、學生、勞工等，都計畫參加這項反日大示威。但因日本警察事前察覺，逮捕了相關的領導人，並沒收五萬多份的檄文。儘管如此，喪禮當天還是有數萬名的學生沿途夾道示威，並散發檄文與高喊「大韓獨立萬歲」的口號，使得送葬行列陷入一片混亂。這次示威有一千多人被捕，其中不少人遭起訴判刑。六・十萬歲運動後來繼續蔓延到各級學校，對後來的抗日運動有極大

的啟發。

後來，在 1929 年光州爆發了抗日學生運動。導因是光州學生長期以來對日韓差別教育的不滿，他們要求改善奴隸式的殖民教育為韓國人本位的教育制度。11 月 1 日光州學生挺身而起，展開抗日的示威，引發全國學生的共鳴而擴散到全國各地，並持續到次年 3 月底，共有一百九十四所學校、五萬四千名學生參與，全國有一千六百四十二人被捕，近三千人被退學或無限期停學。光州學生抗日運動是三一獨立運動以後，最大規模的民族運動，在韓國學生運動史中，有不可抹滅的地位。

三、海外的抗日獨立運動

除了國內，海外的抗日獨立運動也相當蓬勃地展開。1920 年上海臨時政府成立了陸軍武官學校，對流亡青年施以軍事訓練。1922 年南滿洲的北路軍政署、西路軍政署、韓族會、大韓獨立團、光復軍統營等團體，統合成為「大韓統義府」。而在建構抗日獨立戰爭形勢的過程中，臨時政府也分裂為民族主義與共產主義的兩大勢力，對獨立鬥爭有極大的影響。

1919 年 11 月由金元鳳組成的「義烈團」，轉移到上海從事暗殺日本要人與爆破有關機關。1926 年 12 月羅錫疇在漢城對東洋拓殖會社投擲炸彈後舉槍自盡，算是代表性的案例。1928 年朝鮮人趙明河潛來臺中，在臺中州圖書館前帶刀行刺日本裕仁天皇岳父久邇宮邦彥大將未遂，10 月 10 日於臺北刑務所被處絞刑。1929 年義烈團被解散，由金九組織的「愛國團」便直接訴諸武力

圖28：在臺中行刺日本天皇岳父久邇宮邦彥（左）的趙明河（右）。
在忠清南道天安的獨立紀念館裡，唯一跟臺灣有關，就是趙明河的事蹟

抗爭。愛國團團員李奉昌從上海潛入東京，於 1932 年 1 月在皇宮
向天皇投擲炸彈，當場被捕後來被判死刑。同年 4 月，尹奉吉在
上海虹口公園對日本將官投擲炸彈，造成多人死傷，而遭日本憲
兵逮捕處死。

　　此外，滿洲也成為獨立軍的根據地。在滿洲的獨立運動團體
經常越過鴨綠江與圖們江，潛入朝鮮境內襲擊日本軍警，其中以
1920 年的青山里戰役最有名。由北路軍政署的金佐鎮所率領的數
千名獨立軍，在吉林省青山里與三萬多名日本軍對抗，大破日軍，
造成三千多人死傷，而成為獨立戰爭中最大的勝戰。

　　此外，在俄羅斯的遠東地區以及美國等地，也都有透過武力
或外交活動進行的抗日獨立鬥爭；在日本也有以留學生為主的抗
日運動。

第十一章 | *Chapter 11*

戰後獨裁發展時期

第一節　李承晚建國與政治亂局

　　1943 年 11 月底，中、美、英三國元首在《開羅宣言》中指出，三國正視朝鮮人民被奴役狀態，決議在適當時機支持朝鮮自由與獨立。1945 年的雅爾達會議也討論了朝鮮戰後處理問題，同意朝鮮半島在戰後實施二十至三十年的信託統治。這兩項決議，成為列強日後處理朝鮮半島問題的依據。

　　1945 年 8 月 15 日，日本戰敗無條件投降，朝鮮終於從日本三十六年的殖民統治得到解放。由左傾獨立運動人士呂運亨擔任委員長的「朝鮮建國準備委員會」正式成立。半島上政治團體林立，左右立場鮮明對峙。

　　五天後，蘇聯軍從北韓的元山港登陸，8 月 22 日進駐平壤。8 月 25 日美軍則從南韓仁川上陸。9 月 2 日聯軍最高統帥麥克阿瑟將軍宣布，美、蘇兩軍以北緯 38 度線為界，分割佔領南、北

圖 29：將朝鮮半島劃分為兩半的北緯 38 度線

韓，美、蘇並分別在南、北韓實施軍政統治。10 月 10 日金日成設立「朝鮮共產黨北朝鮮分局」，後來擴大為「朝鮮勞動黨」（即北韓共產黨）。

10 月中旬，在主張「民族自決」的美國前總統威爾遜的力挺，及與東京盟軍總司令麥克阿瑟將軍面談後，獨立運動領袖李承晚自美國返回漢城；一個月後，在中國重慶的韓國臨時政府要員金九主席等人也返抵漢城。

12 月 28 日，在莫斯科召開的美、英、蘇三國外長會議發表「朝鮮五年信託統治案」，消息傳出後，反對信託統治的罷工罷市與街頭示威，在全韓各地激烈擴散開來。

1946 年 2 月 8 日在蘇聯的扶植下，由金日成擔任委員長的「北朝鮮臨時人民委員會」在平壤成立。六天之後，南韓則成立了軍政廳的最高諮詢機關「南朝鮮民主議院」，由李承晚擔任議長，金九與金奎植擔任副議長。7 月，南韓下令全面禁止人民北上到北韓。12 月初，李承晚赴美，主張如果共產黨不合作，南韓

也應該舉行選舉並單獨成立政府。不過，這項主張遭到民族意識強烈的金九等人的反對，金九與金奎植還曾北上平壤協商，試圖阻止南北分治，強烈主張應該成立統一政府。

1947 年 11 月 14 日，聯合國大會通過「韓國普選案」、「朝鮮臨時委員會設置案」、「政府成立後美、蘇兩軍撤退案」等決議。次年 5 月 10 日，南韓在聯合國監督之下，舉行有史以來的第一次普選。5 月底，制憲國會開議，由李承晚擔任議長。7 月 20 日依照新制訂通過的憲法，選出李承晚為第一任大統領，李始榮為副大統領。8 月 15 日，大韓民國 「第一共和」 在漢城正式宣告成立，從美軍的軍政府接收了政權。

9 月 9 日金日成在平壤宣布 「朝鮮民主主義人民共和國」 成立，朝鮮半島正式分裂為南北兩個國家。不過，聯合國大會在 12 月 12 日以四十六票比六票通過承認大韓民國為朝鮮半島的唯一合法政府。

這一年的 4 月 3 日，爆發了濟州四三事件。導因於前一年的「三一節」警察對群眾開火，造成六人當場死亡，後來為了對抗警察與極端右翼的「西北青年團」的鎮壓，舉著反對「單選單政」的旗幟，由南朝鮮勞動黨濟州黨部發動武裝起義，直到 1954 年 9 月漢拏山禁足地區全面開放為止，持續六年間在濟州島發生了武裝隊與討伐隊之間的武力衝突，以及討伐隊在殘暴的鎮壓過程造成約二萬五千至三萬居民犧牲的事件，佔了當時濟州人口的十分之一，其中又有 11.7% 是十歲以下的兒童與六十歲以上的老人。這是戰後反共的冷戰時代，南韓最悲慘的白色恐怖事件。

　　1948 年 10 月下旬，前往濟州島鎮壓暴動的部分軍人在麗水與順天陣前倒戈，是為「麗順事件」。估計有兩千至五千多名無辜民眾在國軍的鎮壓中犧牲。此事件導致李承晚政府制定「國家保安法」，成為強烈反共的國家。在政局動盪中，金九、宋鎮禹、張德秀、呂運亨先後遭到政治暗殺死亡。其中，1949 年 6 月底金九的遇刺，震驚了國內外。一般相信，兇手安斗熙是李承晚所派出的殺手，李氏為剷除異己，手段已幾近瘋狂。

　　儘管在政局紛擾之中，李承晚政府仍在 1950 年 3 月開始戮力推行農地改革，此項施政導致大地主的沒落，並落實了耕者有其田的理想，對於韓國農業的現代化具有重要的歷史意義。

　　不過，南韓建國後經濟的蕭條與混亂，漸漸惡化為政治危機，導致 1950 年 5 月 30 日第二屆國會大選時李承晚派的慘敗，也因此加速了北韓對南韓赤化統一的挑釁。

第二節　韓戰爆發與美中參戰

　　就在 1950 年 1 月美國與南韓簽署《美韓相互防衛援助協定》，以及 2 月 9 日美國眾議院通過對臺灣與南韓的經濟援助案之後，6 月 25 日北韓突然揮軍南侵，在 38 度線與南韓軍隊發生武力衝突，韓戰因而爆發，這就是南韓人所稱的「六二五動亂」。不過北韓在當天下午一時三十五分的說詞是，「李承晚的軍隊，從 38 度線開始向北部地區展開攻擊」。聯合國安理會則認定北韓為「侵略者」，要求撤軍回到 38 度線以北。

　　漢城情勢告急，南韓政府往南撤守，6 月 27 日撤至大田，次日，北韓軍佔領了漢城。7 月 16 日遷至大邱，8 月 18 日更撤退到了最南的釜山。7 月 12 日，美、韓簽署《大田協定》，南韓把作戰統帥權移讓給美軍。這是因為韓戰爆發時，南韓才建軍不久，只擁有十萬兵力，武器裝備也不堪一擊，若無美軍與聯軍的支援，根本不可能與北韓打這場戰爭。

　　韓戰爆發四天後，也就是 6 月 29 日，在臺灣的中國國民黨蔣介石通知美國政府，表示願意派三個師的兵力與二十架運輸機參戰援助南韓，不過兩天之後就遭到杜魯門政府的拒絕。蔣政權宣

圖 30：聯軍在仁川登陸，展開大規模反攻，使戰局從頹勢扭轉

稱，是因為美國擔心國民黨軍隊會一路打過鴨綠江「反攻大陸」，
所以拒絕了國民政府的軍隊參戰。

9月15日，由麥克阿瑟將軍 (Douglas MacArthur) 領導的聯軍
（共有十六國軍隊參戰）部隊登陸仁川，奪回戰局主導權，9月
26日收復了漢城。10月19日聯軍攻陷平壤，北韓政權退走新義
州，聯軍進逼到鴨綠江邊。10月29日李承晚視察平壤。聯軍氣
勢如虹之際，10月25日中共志願軍加入韓戰，號召人民「抗美
援朝」，並首次以「人海戰術」來誇示它充沛的兵力。次年1月1
日，中共軍六個軍團越過38度線南下，三天後漢城再度失守，南
韓政府再度退避釜山。1月底，聯合國大會認定中國為侵略者。

3月24日麥帥下令還擊38度線以北。4月11日，麥克阿瑟
將軍突然遭到杜魯門總統解除聯軍司令職務，由李奇威中將接任；
麥帥的去職，是因為太過強勢的作為，讓杜魯門認定他的桀驁不

圖 31：中共「抗美援朝」的一萬四千多名俘虜
被送到臺灣

圖 32：1952 年 12 月，艾森豪冒著韓戰的危險訪問漢城

圖 33：1953 年李承晚訪問臺灣，與蔣介石交換反共經驗

馴可能有抗命之虞。7 月 20 日韓戰停戰會議在北韓境內的開城召開。在戰亂中，1952 年 8 月 5 日南韓首次舉行總統直接選舉，李承晚以五百二十餘萬票獨佔鰲頭當選了總統。

　　1953 年 7 月 27 日，北韓、中共與聯軍三方交戰雙方在板門店簽署停戰協定，南韓則沒有資格參加。晚間十時全部戰線停止了戰鬥，8 月 15 日南韓政府還都漢城。

　　打了三年又一個月的韓戰，大致可分為四個階段：第一階段是 1950 年 6 月 25 日至 9 月 15 日，北韓人民軍以凌厲的攻勢一路長驅南下，企圖全面解放南韓的時期。第二階段是 1950 年 9 月 15 日至 10 月 24 日，聯軍從仁川登陸，全面展開大規模反攻作戰。第三階段是 1950 年 10 月 25 日至 1951 年 6 月 10 日，中共人民志願軍參與「抗美援朝」戰爭，中朝建立血盟關係反擊美帝侵略的時期。第四階段是 1951 年 6 月 11 日至 1953 年 7 月 27 日，戰局陷入膠著，停戰協商會議開開停停，直到最後正式簽署停戰協定為止。

　　韓戰一共投入了兩百億美元的戰費與七千三百萬噸的軍需物資,並投入了美國三分之一的陸軍,五分之一的海軍兵力與全部的主力艦隊。十六國的聯軍共有兩百多萬兵力參戰。南韓軍民死傷與失蹤共達六十萬人,美軍共有三十九萬人死傷,聯軍則有一百零九萬人傷亡。

　　韓戰在二次大戰之後的世界史中具有重大的意義。它不僅是1945年之後規模最大的戰爭,也因而促成了國際冷戰體制的全面啟動,戰爭景氣帶動了日本與亞洲周邊國家的經濟復甦。杜魯門總統派兵參戰的同時,下令第七艦隊協防臺灣,更保障了臺灣不受中共乘隙進犯而遭到赤化。

圖34:「四一九學生革命」以赤手空拳推翻了李承晚獨裁政權

第三節　學生革命與朴正熙軍事政變

韓戰結束的 1953–1960 年的八年之間，美國對南韓的經濟援助達二十億美元。不過，對美國而言，李承晚總統確實是個不合作而且難纏的人。美國政府與中央情報局對李的成見頗深，認為李承晚已無力治國，政府貪瀆舞弊，相當腐敗，李氏又執意獨裁統治。而他的反美傾向，曾數度讓中情局計畫利用政局不穩之際，運用監禁或綁架使他倒臺。

一、李承晚下臺

1960 年 3 月，李承晚在競選三度連任時，由於選舉舞弊，造成馬山為首的全韓各地接連發生暴動，4 月 19 日漢城的大學生爆發大規模的暴動，直逼景武臺總統官邸，並造成一百八十六人死亡，一千多人受傷的慘劇，政局在一夕之間急轉直下，一週之後，李承晚宣布下野，自由黨政權被推翻。5 月下旬李在美國中情局的安排下，流亡到夏威夷療養。「四一九革命」是二戰後

圖 35：1961 年發動「五一六軍事政變」的朴正熙少將

亞洲首次的人民革命，手無寸鐵的學生與槍砲對抗而成功地推翻政權，對南韓的民主發展具有重大意義，因而被稱為「四一九學生革命」。

二、第二共和

　　李承晚下臺後，張勉在改採內閣責任制的選舉後出任總理，「第二共和」自此成立。此後的一年間，因為政治情勢的逆轉，學生示威與社會動盪持續不斷，經濟則一路蕭條，導致 1961 年張都暎中將與朴正熙少將發動「五一六軍事政變」來收拾亂局，軍事革命委員會下令全國非常戒嚴，並解散國會與地方議會，禁止所有的政治活動。

　　兩天後，張勉內閣總辭。軍事革命委員會改組為「國家再建最高會議」，並著手控制新聞媒體，逮捕非法斂財的企業界人士。7 月 3 日，朴正熙以「陰謀反革命」的罪名逮捕張都暎等四十四人，自任最高會議議長並頒布「反共法」。

　　在軍政統治稍具穩定態勢之後，1962 年 1 月南韓開始實施第一次「五年經濟發展計畫」，全面進入經濟發展階段。3 月下旬，虛位總統尹潽善因對時局不滿宣布辭職，朴正熙議長暫代總統。11 月中旬，金鍾泌特使與日本外相大平正芳就「對日財產請求權」問題達成協議，為日、韓恢復邦交建立共識，雙方同意在 1963 年春天以前解決日、韓間的懸案問題，是為「金・大平備忘錄」。

三、第三共和

1963 年 10 月舉行的總統直接選舉，朴正熙僅僅領先尹潽善十五萬餘票當選，12 月正式就任，新憲法通過生效，「第三共和」自此正式出發。次年 3 月，漢城主要大學發起反對「對日本的屈辱外交」示威活動，後來更擴大到全國各地。1965 年 4 月，儘管反對韓、日簽署建交協定的示威在漢城舉行，幾至釀成政治風暴，兩個月後，南韓與日本還是正式簽署了建交協定，日本給予南韓三億美元的無償貸款與兩億美元的低利融資，南韓放棄所有的民間請求權，並在 12 月國會通過後正式建交。

1967 年 5 月朴正熙競選連任，再度擊敗尹潽善。不過，大學生抗議選舉舞弊的示威不斷，導致漢城十一所大學被當局臨時關閉停課。

四、南北韓關係

韓戰之後尚稱相安無事的南北韓關係，到 1968 年 1 月下旬，因為美國情報船「普布魯號」在元山外海被北韓劫持，而導致情勢緊張。十一個月之後，北韓才在耶誕節前夕釋放船上的官兵。軍人執政的朴正熙在越戰正烈之際，派遣戰鬥部隊參與越戰。第一批援越的「猛虎師」就是在 1965 年 9 月投入戰場。

為了對內與對外展現統一的決心，南韓在 1969 年 3 月 1 日正式在政府內閣部會中設立「國土統一院」，主管對北韓政策與協商實務。不過，由於意識型態的落差以及別有政治目的，統一院

的功能與績效始終不彰，甚至曾被譏為專門在「研究如何不統一」，也就是專為兩韓談判設計各種障礙。

儘管如此，南、北韓曾透過密使互訪，在 1972 年發表「七四共同聲明」，主旨包括「祖國和平自主統一原則」等七項，並試圖以「紅十字會談」的人道尋親，為兩韓的和解踏出第一步。不過，紅十字會談在兩次正式會談之後，就因北韓片面叫停而中斷。(有關南北韓統一協商，詳見本書第十三章)

在內政方面，為了尋求三選連任，朴正熙執意主導「修憲案」。在大學生激烈示威反對之下，1969 年 10 月修憲案仍經公民投票複決通過，朴正熙乃在 1971 年 4 月被質疑「做票」的大選中，以不到九十五萬票險勝金大中，當選第七任總統。但是當年 12 月，朴氏就宣布國家進入緊急狀態。

五、維新體制

1972 年，就在南北韓紅十字會談如火如荼展開之際，外有北韓鼓動，內有「反獨裁，爭民主」的聲浪，導致政局動盪不安。10 月中旬，朴正熙發表特別宣言，解散國會，全國宣布非常戒嚴，大學被關閉，媒體也被迫進行新聞事前檢查。11 月 21 日公民投票複決通過修憲案，「維新憲法」正式生效，一個月後，朴正熙由「統一主體國民會議」的間接選舉中，當選為第八任總統，所謂的「維新體制」於焉登場。

1973 年 6 月朴正熙發表七項有關和平統一的外交政策，也就是對蘇聯與中共等共產國家開放門戶的《六二三宣言》，這個宣言

後來成為南韓推動「北方外交」(Nordpolitik) 的濫觴。事實上，此時南韓對北韓的統一政策，相當程度是為了轉移人民對政治不民主與蹂躪人權等內政問題的注意力，甚至可說是為獨裁政權在服務。

朴正熙在處境內外交迫之際，1973 年甚至發生南韓中情部幹員從日本綁架政敵金大中回國事件，導致日本嚴重抗議主權遭到侵犯，日、韓關係因而陷入緊張好多年。不得人心的朴正熙，在 1974 年是靠接連發布「緊急措施」命令來維繫政權。8 月 15 日在慶祝光復節的儀式上，第一夫人陸英修遭到旅日韓僑刺客文世光開槍中彈身亡，成為第一家庭悲劇的開始。

為了鞏固獨裁政權，朴正熙無所不用其極地鎮壓新聞自由，除了派軍隊進駐報社從事新聞檢查之外，並千方百計要扼殺反政府媒體的財源。1974 年 10 月《東亞日報》全體記者發表《實踐新聞自由宣言》，激怒了當道，於是在 12 月底，進一步下令企業不得在該報刊登廣告，導致發生「東亞日報廣告解約事件」，全部留白的廣告版面激起全民的憤怒，於是紛紛捐款聲援，反而更高於原本商業廣告的收入。這個持續了一年多的事件，成為南韓媒體抗爭新聞自由最有名的案例。

朴正熙政權在反民主之餘，仍透過各種管道試圖在美國收買國會議員以爭取支持。1976 年 10 月，爆發朴東宣賄賂案而被稱為「韓國門事件」(Korean Gate)，遭美國司法部提起公訴之後，次年初，打著「人權外交」口號上任的美國總統卡特，為了對朴正熙政府表達不滿，在 3 月間宣布，駐韓美軍地面部隊將在四、

五年內逐漸撤退。美國對朴政權的抵制，頓時造成南韓人民的恐慌與信心危機，也讓北韓受到極大的鼓舞。不過，在朴氏低頭之後，卡特在兩個半月後表示，若南韓遭到侵略，美國將動用核子武器，才將北韓的囂張氣燄壓制下去。

1978 年起每年春天，美國與南韓都舉行大規模的「團隊精神」(Team Spirit) 軍事演習。被北韓斥為侵略行為的這項演習，一直持續到二十一世紀，只不過改了名稱也縮小了規模。不過，北韓南侵的企圖始終未曾稍歇，繼 1975 年 3 月發現北韓在非武裝地帶挖掘的第一、二號地道之後，1978 年 10 月駐韓聯軍司令部又發現第三條地道。北韓的地道可以通行裝甲車，並動員快速打擊部隊滲透進入南韓。

1978 年 7 月第二屆「統一主體國民會議」的間接選舉，選出朴正熙為第九任總統。跡象顯示，朴氏似乎無意交出權力，而執意要「鞠躬盡瘁，死而後已」。然而，12 月舉行的國會大選，執政黨卻輸給在野的新民黨一個百分點。次年 5 月底，金泳三當選新民黨總裁，對朴正熙的威權統治造成不小的威脅。

六、「十‧二六事件」

1979 年可以說是改變南韓現代史關鍵性的一年。這一年的 10 月，尤其是波濤洶湧的一個月。先是在月初，國會在執政黨操控下以多數暴力通過對金泳三的除名案，九天後新民黨籍國會議員提出總辭來抗議，但全數遭到駁回。美國因為不滿金泳三遭除名，召回駐韓大使來天惠抗議，而使美、韓關係陷入高度緊張。

10 月 16 日，釜山大學生激烈示威，要求廢除維新憲法回歸民主，兩天後馬山大學生也跟進上街示威，18 日朴正熙宣布釜山進入緊急戒嚴狀態，後來，進一步在馬山與昌原宣布衛戍令，並派遣空降特種作戰部隊南下強力鎮壓，史稱「釜馬民主抗爭事件」。這次事件可說是壓垮朴正熙十八年獨裁體制的最後一根稻草，導因於主張溫和處理的中央情報部長金載圭與主張強硬鎮壓的總統侍衛長車智澈之間的齟齬，金載圭認為車智澈在總統身邊進讒言，使他不再受到信任，兩人的恩怨讓金載圭埋下了殺機。

26 日晚間，在宮井洞中央情報部餐廳晚宴時，金載圭開槍射殺車智澈，再刺殺了朴正熙。同謀的包括青瓦臺祕書室長金桂元（曾任駐臺灣大使）。次日全國進入緊急戒嚴狀態，由陸軍總司令鄭昇和兼任戒嚴司令，國務總理崔圭夏暫代總統職務，刺朴案是為「十‧二六事件」。

「十‧二六事件」結束了朴正熙政權十八年的獨裁統治。對於南韓的經濟發展，朴正熙有不可磨滅的貢獻，他傾全力發展南韓的基幹工業與重化工業，為韓戰後奮力直追的經濟發展奠下了紮實的根基。但是，對於南韓民主發展的扼殺，以及用人徇私與國土發展不均衡導致「地域仇恨」加劇，朴正熙都難逃戕喪民主與踐踏人權的歷史罵名。他並且要為戰後南韓的「政變文化」背負起始作俑者的罪名。

Korea

第 V 篇

民主現代

圖 36：今南北韓行政區劃分圖

強控制解體與全面民主化

第一節　全斗煥政變掌權與高壓控制

　　朴正熙遇刺身亡之後的亂局，讓野心勃勃的國軍保安司令全斗煥少將有機可乘。他利用擔任調查小組召集人的機會，羅織陸軍總司令兼戒嚴司令鄭昇和上將亦涉及朴正熙遇刺案的莫須有罪名，在 12 月 12 日夥同盧泰愚由前線調派一營的部隊進入漢城包

圖 37：被軟禁在家中的異議分子金大中，在月曆上計算日子

圍鄭昇和的官邸，在槍戰後將鄭昇和逮捕而初步掌控了局面，是為「雙十二政變」。

1980 年 4 月，全斗煥自任中央情報部長掌握了實權，代總統崔圭夏形同遭挾持的傀儡。5 月中旬，全國各地大學生示威擴大，其中以光州地區最烈。十七日晚間，在新軍部挾持下的國務會議，宣布自次日零時起全國進入緊急戒嚴。然後，戒嚴當局以煽動社會混亂罪名逮捕出身全羅南道的反對黨領袖金大中，並將他以內亂罪移送軍法審理，並且以非法斂財罪名逮捕金鍾泌與李厚洛等前朝高官。

5 月 18 日上午，全羅南道光州的國立全南大學的一千五百名學生與戒嚴軍發生衝突，導致多人受傷，引發光州市民大規模的示威抗爭。新軍部調派駐守前線、由駐韓美軍司令部管轄的特種作戰部隊空降光州鎮壓，在 5 月 27 日殘酷掃蕩死守全羅南道廳的市民軍，造成死傷無數，結束光州市民十天的抗爭與無政府狀

圖 38：每年光州事件紀念日，光州人都會從展覽中憑弔死難者

態。官方後來發表的死亡人數為一百七十七人，但光州市民認為至少十倍以上，此即戰後史上有名的「光州事件」（金泳三政府時期正名為「五一八光州民主化運動」），光州因而被稱為「民主革命之都」。這次事件也被認為是全斗煥在政變掌握軍事權力之後，為進一步掌握政治權力的第二次政變。

而美國政府與駐韓美軍對鎮壓光州的「旁助」態度，引發韓國人的強烈反感，光州事件因而成為全民反美的濫觴。

5 月底，設置「國家保衛非常對策委員會」，由傀儡總統崔圭夏擔任議長，全斗煥自任「常任委員長」。兩個半月後，「國保委」以淨化社會為由，整肅了五千多名政府公務員。戒嚴司令部隨後對金大中以涉嫌「內亂罪」提起軍法公訴，並於 9 月中判處死刑；一年半後，才在國際壓力下減刑為無期徒刑（雷根政府首席外交顧問艾倫後來撰文證實，1981 年 1 月剛上任的雷根政府以邀訪全斗煥訪美作為交換條件，讓金大中得到「免死牌」），1982 年底在美國介入下，金大中自我放逐美國兩年。

8 月中旬，崔圭夏宣布下野，由全斗煥任命成員並在體育館召開的「統一主體國民會議」，以間接選舉的方式選出全斗煥為第十一任總統。11 月初，非民選產生的立法會議，決議通過「政治風土刷新法」，並公布了八百十一名禁止參與政治活動者的名單。

當年 11 月中旬，戒嚴司令部強制關閉或合併許多民營的新聞媒體，12 月底進一步通過制訂「言論（媒體）基本法」來加強控制輿論，根據此法，當局逮捕或免除了一千餘名新聞工作者的職務，為全斗煥與新聞媒體結下極深的仇隙。同時，為了洗刷中央

　　情報部昭彰的惡名，將之改名為「國家安全企劃部」(NSP)。1981年2月25日，依照特別為他量身訂做的新憲法，全斗煥在間接選舉下當選第十二任總統，任期七年，不得連任，是為「第五共和」。

　　全斗煥以戰後南韓正規四年制陸軍官校第一期畢業生，並且是第一位掛上星星成為將官的軍人，在軍隊裡組成前後期生的「一心會」，這個組織也就成為所謂「政變勢力」的基礎成員。但是全氏無視於「靠槍桿子奪權」的不合法性，以及不得民心的處境，仍一意孤行強力採取高壓統治。他甚至在謀士的獻策下，積極爭取主辦漢城奧運會，並於1981年9月底獲得國際奧會總會的通過。此後，全氏便傾舉國之力來為1988年漢城奧運從事建設，同時也藉由籌備奧運來轉移人民對極權統治與反民主鎮壓的注意力。

　　不過後來證明，漢城奧運成為南韓獨裁者加諸自身的枷鎖，是「政治惡」的最後爆出與開花（全斗煥在奧運後立即為家族的貪瀆濫權，被放逐到深山廟裡閉門思過，即為例證）。著名的哲學思想家金容沃形容，奧運對南韓是很重要的「歷史線」，把全國人民的歷史問題全都壓縮在奧運，朝鮮民族利用奧運達到民主，奧運則是南韓民眾爭取民主的戰利品，不能低估它在民族歷史中的意義。盧泰愚後來的民主化，其實也是為了奧運而不得不採取的讓步與自由開放。

　　1988年全斗煥下臺之後，南韓國會開始發動「調查權」並實施「聽證會」新制，成立「五共特委」與「光州特委」，來調查全斗煥掌權的第五共和時期第一家族的貪瀆斂財事件，以及屠殺光

州的罪行。當年漢城奧運會一結束，全氏夫婦被迫捐出財產，向全國人民道歉後，躲藏到深山裡的百潭寺閉門思過兩年。

　　1995 年底國會通過兩項永遠可以追訴的特別法：「五一八民主化運動特別法」、「破壞憲政秩序犯罪之公訴時效特別法」之後，全斗煥與盧泰愚這兩位靠槍桿子政變奪權，並血腥鎮壓光州的前總統，立即被逮捕起訴，被控以「軍人叛亂」、「內亂」、「內亂目的殺人」等罪名。第一審全斗煥被判處死刑、盧泰愚被判二十二年六個月；第二審全減為無期徒刑，盧則為十七年有罪定讞。第二審的主審法官並且反駁被告的抗辯，做下「成功的政變也必須受到司法制裁」、「政變不等於革命」的判例，遏止了後來野心軍人政變奪權的企圖，為韓國的民主深化奠下根基。1998 年 2 月上任的金大中總統，1997 年 12 月 20 日為求全民和解以全力挽救金融危機的國難，金泳三與剛當選總統的金大中會面後，宣布特赦，所以全斗煥與盧泰愚實際坐了兩年兩個多月的牢。

　　光州事件的轉型正義因兩名前總統被判刑，而得到了初步落實，不過，後來又有新事證被發現，包括有三名女性挺身指控被戒嚴軍強暴，另外軍方情報單位「機務司」流出的檔案也顯示，當年鎮壓光州群眾示威時，確實曾派直升機以機關槍自空中向群眾掃射，於是檢方重啟調查，在 2019 年 4 月對全斗煥再提起刑事起訴。

第二節　盧泰愚全面民主化與北方外交的落實

　　1987 年 5 月擁有高度社會公信力與支持度的天主教「正義司祭團」發表聲明指出，1 月中發生的漢城大學學生朴鍾哲命案，是被警方灌水刑求致死；接著，6 月初又發生延世大學學生李韓烈被鎮暴警察打死事件，兩案引發的大規模學潮，為後來的全民街頭民主化抗爭揭開了序幕。

　　6 月 10 日，執政的民正黨黨員代表大會推舉盧泰愚為總統候選人。「爭取民主憲法國民運動本部」也在這一天在全國各大都市發起大規模的聲討示威。下午六時，全國各大都市所有配備喇叭的車輛，全都發出長達三十分鐘的喇叭聲，藉以向全斗煥獨裁政權發出抗議之聲（這一天因而被稱為「韓國民主化紀元日」）。連續爆發五次「六月人民力量革命」的全國性民主抗爭，讓全韓人民將反全斗煥政權軍事統治的憤怒情緒發洩到最高點。一個月之間，全國大都市的街頭幾乎都宛如戰場。

　　在高度緊張與僵窒的氛圍中，政治的破局已在旦夕，為了替不得民心的全斗煥解套，盧泰愚在 6 月底以執政黨總統候選人身分發表《六二九宣言》，向民意全面投降，八項民主化承諾包括：總統由人民直接選舉、全面落實新聞自由等。一夕之間化解了政權幾乎被推翻的危機，也把他自己的聲望從谷底中救起。除此之外，來自外部的壓力則有：一、雷根政府通報南韓：不准動用軍隊武力鎮壓人民抗爭；二、「國際奧會」透過新聞稿表示，如果南

韓繼續動盪，不惜取消次年 9 月舉行的「漢城奧運會」。後者確實震懾到獨裁政權，奧運若被取消主辦權，不僅會成為國際笑柄，也會使七年間投注的努力與資金付諸流水。

盧泰愚的膽識與賭博性格，為他艱辛地在「三金」（金泳三、金大中與金鍾泌）競逐的夾縫中，僥倖以 36% 的得票率當選第十三任總統。此次選舉實現了政權的和平轉移，首次總統並非被推翻或死於非命而卸任。

盧泰愚執政的「第六共和」，除了在 1988 年成功主辦「漢城奧運」，提升了南韓的國際形象之外，並傾全力推動「北方外交」，要與共產國家全面改善關係。繼 1990 年 10 月以三十億美元的經援換取與蘇聯建交之後，次年 9 月進一步與北韓同時以個別會員國身分加入聯合國。由於兩韓能夠互相承認對方，並接受外國同時的外交承認，算是東、西德之後，分裂國家中較為務實的作法。

圖 39：1992 年 8 月南韓與臺灣斷交，漢城華僑示威抗議

　　與蘇聯建交並加入聯合國之後，北方外交只剩下中國就告完成。南韓在 1992 年 8 月宣布與北京建交，與臺灣維繫了四十四年的外交關係宣告結束，東亞兩個最反共的兄弟之邦從此分道揚鑣。和臺灣與南韓的關係一樣，與北京當局有著「抗美援朝」血盟關係的北韓，也因為漢城與北京建交而同樣有著被盟友背棄的感受。

　　其間，南、北韓曾於 1991 年底召開「總理會談」，並簽署《和解、互不侵犯與交流合作協議書》，次年 2 月進一步簽署《非核化宣言》。可惜的是，兩韓的和解之道走來並不順遂。由於美國持續對北韓的核武檢查惹惱了北韓，導致北韓在 1993 年 3 月宣布退出《禁止核武擴散條約》(NPT)，震驚國際社會，東北亞陷入高度緊張，戰爭態勢一觸可發。

　　在外交作為之外，為了突破少數執政的弱勢並安定施政，盧泰愚從上任後就不斷地收買在野黨領袖。1990 年初，執政的「民主正義黨」與在野的「統一民主黨」（金泳三）及「新民主共和黨」（金鍾泌）宣布三黨合併，組成名為「民主自由黨」的新黨，打破了國會「朝小野大」的局面，並孤立金大中的「平和民主黨」。這項合併被譏為世界政黨史上僅見的「朝野大茍和」。金泳三為求當上總統而背棄自己畢生所信奉的民主理念，讓許多支持他的選民大失所望。兩年後，金泳三果然挾著執政黨支持的優勢，以 42% 的得票率當選，成為三十一年來第一位文人總統。

第三節　金泳三將國難危機移交金大中

金泳三上臺之後戮力改革前兩任軍人政府的積弊，他師法盧泰愚在上任後立即與前朝劃清界線，並對全斗煥家族的貪瀆斂財行徑大肆整肅的作法，將全斗煥與盧泰愚繩之於法，並予以起訴判刑。兩位前職總統同時戴上手銬出庭應訊，曾經是國際媒體的頭版新聞。儘管全、盧兩人為他們的貪瀆斂財與政變奪權，遭到了身繫囹圄的「現世報」，但比起朴正熙遭到刺殺的命運算是好太多了。

一、金融風暴

除了清算與整肅，金泳三任內的政績乏善可陳。反而是 1997 年 7 月爆發的金融危機，讓南韓的國家資產與人民財富在一夕之間折損掉幾近一半，使金泳三的執政能力大受質疑。當時，韓元兌換美元的匯率由 7 月的八百八十韓元跌至 12 月最低時的一千六百九十五韓元兌換一美元，足足貶值了近百分之五十。這場金融風暴被形容為「韓戰以來最大的國難」。

金融危機的爆發，對才剛在前一年加入被稱為「富國俱樂部」的「經濟合作暨發展組織」(OECD) 的南韓，尤其是相當難堪的窘態。

金泳三總統在執政最後一年的跛腳鴨 (Lame Duck) 期間，先是年初發生「韓寶鋼鐵」官商勾結買空賣空弊案，為金融危機揭

開序幕。接著，金泳三的次子金賢哲涉嫌貪瀆事件被捕入獄，對跛腳鴨的金泳三無異雪上加霜。後來，接連發生起亞汽車、三美集團、真露釀酒、大農集團等中堅財團的倒閉事件，這些周轉不靈的企業集團平均的資產負債比率都高達百分之一千以上，十足暴露了企業體質的嚴重不良。

南韓的金融危機，是國家的根本性與結構性問題所造成，甚至可以說是整個國家的發展方向與先後順位的問題；戰後五十年所留下的積弊，必須靠長期的重構與翻修的大工程才可能逐漸改善。而改善之道則在於如何真正落實「經濟民主化」，縮短貧富差距，並讓社會資源與財富能夠重分配。從另一個角度看，金融風暴可說是以龐大的社會成本為不健全的產業體質在「償債」。

當年 12 月當選總統的金大中，接下了金泳三留下的爛攤子。在選舉期間，他就與其他候選人一起簽署切結書，保證當選後會履行「國際貨幣基金」(IMF) 所提供的五百八十四億美元紓困貸款的本金與利息的償還。IMF 的緊急紓困，意味著未來三年南韓經濟將喪失自主權，由 IMF 主導，等於是置南韓經濟於 IMF 的託管之下。當年南韓人民口中的「IMF 時代」，因而被形容為1910 年「日韓合邦」之後，朝鮮民族最大的「國恥」。

綜觀南韓的金融危機，從基本面來看，可歸因於：㈠整體經濟結構失衡，㈡金融體系不健全，㈢財經政策失當，㈣外債過高，加上國際投機客的隨機炒作，使得情勢一發不可收拾。

打著誓言治癒「韓國病」，創造「新韓國」口號上臺的金泳三，最後卻落得施政挫敗下臺的難堪，他因任內的無能與無作為

導致金融風暴，而被譏為「五十年來最昏庸無能的總統」，這對從高中時代就立志當總統的他，確是情何以堪。

二、政權和平轉移

而金大中這位與金泳三一輩子的政治宿敵，因為在選前與極端保守的金鍾泌派結盟，而以 39.65% 的得票率險勝執政黨推舉的李會昌，當選第十五任總統，接下了金泳三留下的沉重包袱。這次大選，讓政權首次民主和平地轉移到反對黨手中，成為一次真正的改朝換代。

儘管政權交替了，但不可否認地，金大中因為得票率未過半，只能成為少數執政的弱勢政府。但是長年從事反對運動，受盡政治迫害的金大中，基本上仍不脫「家父長式」的威權統治風格，剛愎自用與獨斷獨行的作為屢見於他的施政。不過，金大中在任內繼續落實政治民主化，人民所擁有的言論自由與民主生活，可以說是歷來所僅見。相較於國內的低支持率，金大中反在國際間享有崇隆與備受尊敬的地位。

金泳三任內的 1994 年 7 月，北韓頭子金日成突然死亡，使得由美國前總統卡特居間斡旋的核武檢查談判功敗垂成，北韓情勢充滿了不確定性。1998 年 8 月底，北韓的一枚大浦洞飛彈射進日本海（韓國稱「東海」），震驚了國際，北韓的飛彈發展繼核武之後，再次成為國際譴責的對象。次年 6 月 15 日，更因為北韓艦艇闖入南韓海域，雙方在朝鮮半島西海的南北分界線展開激烈的槍戰。朝鮮半島情勢絲毫未見鬆弛。

第四節　金大中戮力改革交出亮麗成績單

　　屢選屢敗而被譏為「萬年候選人」的金大中，在 1997 年底傾力最後一搏而當選總統，終於洗刷了全羅道人的千年遺恨；王建的高麗消滅百濟、統一了三國之後，百濟人終於靠金大中出頭天了。

　　但是承繼金泳三留下的爛攤子，金大中所面臨的是一個破敗的國家，除了韓幣大幅貶值之外，外匯存底降至谷底，對外債信被大幅降等，失業率高漲，外債節節攀升，國家整體經濟幾乎面臨破產的崩潰邊緣。

　　雖然他在任期最後一年（2002 年）的跛腳鴨總統時期，仍發生兒子貪瀆入獄事件，但比起前幾任總統，金大中政府的清廉度與政商關係，算是比較正常的。最諷刺的是，他是在 1998 年初背負金融危機的「國難」上任，要他這位奉獻一生的民主鬥士來收拾與清除五十年獨裁政權所留下的政治垃圾，歷史對他的作弄實在莫此為甚。

　　不過，金大中卻能以百濟人「風前細柳」的柔軟與善變性格，來迎戰困頓險阻，從一上臺就揭示他的 "DJnomics"（大中經濟學），矢志要以改革來矯正過去威權政治時代的「官治金融」、「政商勾結」、「貪瀆腐敗」等，呼籲全民揚棄過去的思考模式與積習，建立「大家一起求變才能存活」的共識。五年間，金大中領導的「國民的政府」，終於透過結構調整與改革，完成了「第二建國」的使命，讓南韓人民自信地邁進二十一世紀。

　　五年政績之犖犖大者，首推「救經濟」交出亮麗的成績單，得到國內外的肯定，並提升與重建了人民的經濟自信。其次是「文化紮根」——提升國民的文化素質，並大量輸出大眾文化產品，以及「意識改革」——讓人民從「強控制」體制與階級及威權思想解放。第三，動員國家力量與政策，全力發展電腦與網路產業，使網路族群成為社會脈動的主導力量。第四，婦女地位的全面提升，徹底顛覆「男尊女卑」的社會地位與傳統價值，女性參政與婦幼福祉得到完善的保障與照顧。

　　金大中政府的經濟政策可分為兩階段，在初期的 IMF 紓困危機時，政策集中在克服短期的外匯金融危機，獲致的成效包括：美元借款與短期外債展延了償還期限，國際收支轉虧為盈；1998年的經濟成長率為戰後以來最低的 –6.7%，經過一年的全力拯救，1999 年升到 10.9% 的高成長。1997 年 12 月中旬時的外匯存底曾經跌落到僅剩三十九億美元的谷底，2002 年 10 月則爬上一千一百七十億美元的新高。

　　第二階段則是為了克服「高開銷、低效率」的結構性問題，全力推動四大部門的結構改革：金融改革、企業結構改革（財閥改革）、公共部門改革、勞資關係改革。大財閥企業的「業種交換」(big deal)，促成五大財閥集團在半導體、石化、汽車、航太等七項核心產業進行事業互換，以抑制重複投資與過度競爭；與此同時進行的「改善作業」(work-out)，則迫使組織過度龐大的財閥集團「瘦身」，裁併掉不必要的關係企業或子公司，也有助於財閥集團改善惡化的財務結構，而使資產負債比率都降到百分之兩

百以內。

在經濟進行自由化與民主化改革之際,高科技產業(如半導體的產能等)的蓬勃發展,以及隨之而來的軟體內容產業的興起,給中小型的「創投事業」很好的發展土壤與養分。而從 1990 年代中半興起的網際網路,則造成了網路文化的普及,加上南韓政府對「資訊高速公路」的軟硬體的投資布建,使得當時全韓四千七百萬人口中,上網人口達二千五百萬,全球排名第四,幾乎家家戶戶都用電腦;寬頻的上網人口也突破一千萬人,上網人口的普及率確實為全世界第一。

2002 年 6 月與日本共同主辦的世界盃足球賽,南韓打進了前四強,讓亞洲的鄰國愕然,也讓國際媒體都把浴火重生的南韓當做焦點話題;接著,9 月間在釜山舉行的亞運會,更讓韓國人恢復了金融危機之後失墜的民族自尊與自信。

2002 年南韓的經濟成長率創下 6.3%,為亞洲四小龍之冠。不過,在亮麗的經濟成績單之下,仍有不少隱憂。那就是金融業的呆帳與壞帳餘額仍然非常龐大,企業債務也非短期所能解決。值得注意的是政府承擔的債務成長了兩倍半,從 1997 年的五十兆五千億韓元暴增為 2002 年的一百二十二兆七千億韓元 ,也就是說,政府概括承受了不少民間債務;同時,以消費為導向的經濟政策,也導致家庭負債急遽增加,人民的不良債信提高,這與國家債務及金融機構呆帳一樣,成為南韓經濟的不定時炸彈。

南韓能夠在 IMF 紓困期間迅速拯救經濟的另一個原因,就是排除過去的「排外性格」,大幅修改法令規章並開放門戶,大量引

進外國直接投資，讓外商企業直接購併南韓的倒閉企業。如此也讓外債大幅減少而成為外資，經營主導權成為外國人或多國籍企業。1997 年最慘時的外債為一千八百零一億美元，到 2002 年 9 月底，外債仍高達一千二百九十八億美元。

金大中政府雖然打著「落實民主政治與市場經濟」，但是「官方主導」的基本施政性格並未改變多少。像大財閥企業的「業種交換」與「改善作業」仍由官方介入主導，這與 1980 年代初期官方主導與干預的「產業重分配」措施，幾乎無分軒輊。

至於金大中政府最大的敗筆，應該要算 2002 年大選期間才被揭發出來、以四億美元的代價買通金正日，在 2000 年 6 月中旬與他在平壤舉行歷史性的南北韓高峰會。金大中對北韓的「陽光政策」因為太過躁進與妥協，在國內外引發不少爭議；雖然高峰會讓他贏得諾貝爾和平獎，但是單方面得到和平獎卻為歷來所僅見，後來進一步扯出他是透過現代集團的「現代商船」來對金正日賄賂，則讓諾貝爾和平獎蒙羞，因為沒人知道北韓的獨裁政權是否把這筆鉅款納入了私囊。金大中浪得虛名，也不免因而貽笑國際。

不過，金大中在辭世十年後，南韓朝野政治人物在追悼他時一致肯定他的成就。金大中執政期間致力復甦遭受亞洲金融風暴打擊的韓國經濟，他改革經濟體制，使韓國成功完成企業民營化和產業結構轉型；在對北韓方面，他採取「陽光政策」，2000 年成功進行首次南北韓高峰會，並在同年榮獲諾貝爾和平獎。南韓社會高度評價金大中生前為韓日關係指明的方向。金大中 1998 年與當時日本首相小淵惠三聯合發表《二十一世紀韓日新夥伴關係

共同宣言》，為韓日面向未來關係指明方向，韓國應在此基礎上努力克服當前的難關。金大中生前強調以韓美同盟為主軸，與周邊國家發展友好合作。這種「調和」與「比例」的智慧在當下顯得尤為關鍵。而且，金大中就任期間從未做過任何政治報復行為，金大中一生五度從死刑與死神的劫難逃生，他 1998 年上任後，韓國就停止執行死刑迄今，已被國際間視為形同廢除死刑的國家。這就是國民期盼的和諧象徵。做為「和諧政治的達人」，金大中當之無愧。

第五節　網路族群造就戰後世代盧武鉉的登場

2002 年 12 月 19 日晚，盧武鉉在反覆拉鋸的開票過程中，以 2.3%、五十七萬票的些微票差險勝李會昌當選南韓總統，韓國人在驚呼聲中接受了這個奇蹟般的事實。特別是選前與他結盟的鄭夢準，突然陣前倒戈棄他而去之後，在一片大勢已去的嘆息聲中，盧武鉉的勝出幾乎是化腐朽為神奇，簡直令人不敢置信。

盧武鉉的當選具有里程碑的意義，不僅落實了世代交替、結束「三金」的老人政治時代，也帶動南韓政壇版圖的重整。盧武鉉最後能夠當選，代表了以下的幾個意義：一、網路族年輕選民的狂熱支持，展現對選情的主導力量；二、南韓社會求新求變的積極能動性以及對進步與改革的高度期待；三、南韓人民「反美民族主義」的銳不可擋。

南韓選民給了「激進改革派」的盧武鉉機會，唾棄了「保守

親美派」的李會昌，也證明了民主政治的發展是不可能走回頭路或開倒車的。他們經過一次政權輪替，由金大中這位民主改革派主政五年之後，就不可能再走回保守僵硬的路線，因為這是與求新求變、生生不息的社會脈動相牴觸的。民主政治能夠不斷進步，正是社會充滿活力的具體表現。

　　1946 年生、屬於戰後「嬰兒潮」世代的盧武鉉，出身釜山貧農家庭，只有高商畢業，卻自修苦讀考上司法官特考，後來成為有名的人權律師。1988 年參選國會議員成功躋身政壇，後來不恥金泳三被收買投靠執政黨而與金訣別。在幾次選舉失利後，苦心經營地方關係並率先化解地域仇恨，而得到全羅道地方選民的支持；後來投身金大中陣營，成為金氏刻意栽培的接班人。

　　盧武鉉在 2003 年 2 月上任，「拼經濟」仍是他施政的基調。他主張應同時追求「成長」與「分配」，計畫每年達到 7% 的成長率，並透過分配達到成長。他最讓財閥企業緊張的，就是一貫「反財閥」的立場鮮明。他擔任國會議員時，曾主張將「財閥解體」，由政府買下財閥企業的股票分給勞工。預料他將持續金大中的經改政策，禁止大財閥經營與本業不相關的事業領域，促進財閥集團的改革，建立更具效率與透明的管理及財務制度，逐步削弱財閥獨佔與壟斷經濟。

　　2002 年初他也曾放話，要把主流大報「朝中東」（朝鮮、中央、東亞）收歸國營，引起這些報紙的強烈反彈，對他展開猛烈撻伐，後來他只好改口說那是「酒後失言」，但是與主流媒體已經結下樑子。不過，他並不在乎，因為他的支持者都是網路族，依

賴更大的是網路電子新聞，根本不看這些報紙。

他非常痛恨這些既得利益又「鴨霸」到無人可以制衡的報紙，多年前他與《朝鮮日報》打過官司，對這個保守反動的第一大報，誓言對抗到底，而且堅決不妥協，始終拒絕接受該報的訪問，擺明抵制到底的態度。

選舉投票的前一天深夜，當鄭夢準宣布撤銷對盧武鉉的支持之後，網路族到第二天上午六點開始投票的八個小時之間，一共有三百萬人次上網傳播與互動這個訊息，並且疾呼盧的支持者不要動搖，這個無可撼動的支持力量，正就是最後勝出的武器。

這次大選對南韓而言，是一次世代之間的大戰，年輕人獲得全面勝利，老人被迫交棒退出，一個戰後世代主導的政治新局正式登場。年輕人的支持是盧武鉉未來施政的最大本錢，而求新求變、不畏嘗試錯誤，正是網路族的最大特色。

盧武鉉從 2002 年 5 月在全韓掀起「盧風」到 12 月當選，他給南韓年輕選民的認知，與對傳統政治貪瀆腐敗的印象截然不同，「盧武鉉」這個名字代表的就是「新鮮的希望」。如果說「大中經濟學」成功的要素就是「大家一起求變才能存活」，藉此為南韓建立了隨時變化的動因與環境，那麼盧武鉉這位金大中的接班人、善於體察時勢的「網路民粹運動家」，以網路的優勢，帶動一個更快速變化與進步的南韓。

盧武鉉上任後，也跟金泳三政權初期一樣，挾著高支持率戮力改革。人權律師出身的他，對於勞工與弱勢族群的支持與關懷，不免引起大財閥企業與經濟既得利益勢力的緊張，加上主流媒體

對他的杯葛，使他在改革路上一路走得跌跌撞撞。

　　而且，上任一年之後，政局的紛擾持續不斷。執政的「新千年民主黨」也發生內紛，支持盧武鉉的少壯派國會議員脫黨另組新的「開放吾黨」。民主黨成員於是與反對黨「大國家黨」沆瀣一氣，在 2004 年 2 月，以盧武鉉「違反中立，介入選舉」等三大罪狀，在國會提出彈劾盧武鉉總統案，並在朝野激烈攻防之後，3 月 12 日在舊政治勢力的團結下，通過憲政史上首次的彈劾總統案，盧武鉉被迫停職，由國務總理高建代行職務。

　　當年 4 月 15 日的國會議員選舉結果，支持盧武鉉的開放吾黨大勝，成為國會的最大政黨，反映了民意對盧武鉉的支持，在如此的局面下，憲法裁判所對國會通過的彈劾案的審理，也只能順應民意，而在 5 月 14 日做出駁回的判決。彈劾政局落幕，隔天盧武鉉向國民道歉後復行視事。

　　事實上，南韓政壇對盧武鉉的杯葛，就如同經濟既得利益勢力對他的抵制，那不僅是保守勢力的反撲，還有世代間的鬥爭，更明顯的是，傳統主流社會對盧武鉉這位出身卑微的「賤民」的鄙視。這在階級意識鮮明的朝鮮社會，並不讓人意外。

　　儘管背負了重重壓力，盧武鉉仍致力於對過去史的導正與清算。2003 年 10 月 31 日他代表政府對國家公權力的過錯造成濟州四三事件的大規模屠殺，向濟州島人民正式道歉。此外，2005 年 12 月，依據特別法新設直屬總統的「為求真相與和解之過去史整理委員會」，盧武鉉任命了恩師、終身在釜山從事民主抗爭的天主教神父宋基寅擔任首任委員長，為調查歷史事件的真相，建置

了制度性的機構。

　　此外，盧武鉉政府也先後成立「親日反民族真相究明委員會」、「親日反民族行為者財產調查委員會」，以及「日帝強占下強制動員受害真相究明委員會」等。這些制度性機構，都是延續金大中政府在 2000 年 1 月制訂「濟州四三事件特別法」，開始揭櫫人權保障以來，又在當年 10 月成立「疑問死真相究明委員會」，接著在 11 月，在聯合國的建議下，設置國家層級的「國家人權委員會」等一連串施政作為之後，進一步落實歷史導正與轉型正義的具體成效。

　　儘管盧武鉉在深化與鞏固民主方面的建樹頗值得肯定，但是經濟施政卻在既得利益的大財閥的強力抵制下，使經濟改革措施動彈不得。南韓在 1997 年金融危機之後，大量拋售國內資產來償還外債，使得「外債」轉換成為「外資」，外國大企業相繼收購韓國企業。但是韓國經濟持續惡性循環，面臨著高度的危機。

　　韓國經濟的「惡性循環」指的是：短期外債激增→資本收支盈餘增加→韓元升值→出口企業不振→經常收支赤字→國內資金不足→短期外債激增。週而復始地惡性循環不斷。盧武鉉政權末期，媒體甚至報導，韓國經濟已到了政府、家庭、企業「三重赤字」的火燒車地步。

　　其實，韓國經濟一直處於「六種赤字」併發的危險狀況：經常收支赤字、資本收支赤字、政府財政赤字、家庭收支赤字、企業收益赤字等五大赤字，再加上全世界僅見的「中央銀行赤字」。

　　到 2006 年底，南韓的「短期外債」（即一年內必須償還的借

款）累計已達到一千二百億美元，佔整體外債的 46%。短期外債膨脹，是南韓的商業銀行所導演（短期外債佔了 2006 年借進的整體外債的八成）。韓國大財閥經營的商業銀行大量借進低利的短期日圓資金，也就是「日圓套利交易」(Yen Carry Trade) 提供房地產業界炒作，從中獲得暴利。

南韓的短期外債如此暴增，加上國際收支赤字、出口萎縮導致企業純益銳減、日圓套利交易的反噬等交相作用之下，結果就是導致韓元暴跌、外匯存底減半、股價崩盤，只要國際金融作手伺機進入翻雲覆雨，就可能釀成第二次金融危機。

由於房地產的投機炒作猖狂，2006 年韓國主要都市的不動產上漲率高達 20%，為亞太地區漲幅最高者，2001–2005 的五年間，首爾江南地區的高級公寓上漲了 263%（2.63 倍）。韓國的房地產何時會泡沫化，任誰都沒有信心。盧武鉉一再推出錯誤的不動產政策，讓房地產投機猖狂，導致不動產價格暴漲，如此導致物價跟著飆漲，國民所得差距因而拉大，社會階層的差距也隨之擴大，人民因而對盧武鉉怨聲載道。

對經濟施政的束手無策，註定了盧武鉉狼狽下臺的命運，儘管他的操守沒有問題，但執政黨被選民唾棄，在 2007 年 12 月大選之前，態勢已經底定。人民決定「換人做做看」，而給了出身企業界的李明博有了出頭的機會。尤其是三十歲的年輕世代，因為「大學畢業就是失業」的刺激，大舉轉而支持李明博，他們不再像五年前一樣，被盧武鉉動人的左傾口號所炫惑而如癡如狂地把票投給盧；五年之後的民心轉向，證明了意識型態實在是不敵荷

包裡的鈔票。

南韓選民選擇李明博，也是選民對左派政府的「反噬」。對過去五年間「過左」的反感所造成。打著「左派、反美、親北韓」旗幟上臺的盧武鉉，讓韓國人痛切體會到，「意識型態畢竟不能當飯吃」。李明博的當選，同時證明了盧武鉉五年「口號治國」的無能。「實感經濟」讓韓國人成為新貧族，加上第二次金融危機隨時會被引爆的陰影籠罩下，韓國人最後也只能用選票來唾棄「不會拼經濟」的盧武鉉，才讓李明博有機會當選。

第六節　上任後聲望立即暴跌的 CEO 總統李明博

李明博是在人民普遍「憎惡」盧武鉉的情勢下，打著救經濟的旗幟，才讓選民在沒有選擇的情況下脫穎而出。他在選戰中喊出亮麗的七四七支票：每年經濟成長率 7%，五年後人均國民所得四萬美元，並且躋身世界第七大經濟強國。讓選民對他畫出的美麗大餅，垂涎欲滴。

然而，李明博上任後所面對的情勢，並不遜於 1997 年金融危機爆發時的南韓，首先迎面而來的是高油價招致物價上揚；而美國控股公司雷曼兄弟倒閉帶來全球金融海嘯，南韓股匯市暴跌，再加上世界經濟蕭條及國內外市場需求減少，對發展倚賴出口的南韓造成短期衝擊。雖然政府透過持續支援金融圈，以及利用韓、美、中、日的貨幣互換機制防堵美元拋售等緊急措施來穩定局面，暫時克服經濟危機，但李明博不得不在上任一個月時，就承認做

不到 7% 的經濟成長率，向下修正為 4%；接著，人均所得也跳票而下修為兩萬美元。至於成為第七大經濟強國，則被南韓媒體譏笑為「癡人說夢」。至此，七四七的選戰支票完全跳票。南韓人民對他由高度期待到失望至極，不過短短的三個月。

李明博在 1964 年因搞學運反對日韓建交談判被朴正熙特別召見後，靠著朴正熙的力薦才在現代建設坐直昇機一路高升，所以才能在三十六歲就當上社長。否則在尊卑意識強烈的韓國，這是絕不可能的事情。但是朴正熙遇刺死亡後，李明博就失去了靠山，所以只好離開現代集團，靠著斂聚的財產在 1992 年參選國會議員從政去了。

事實上，他是一位「過時 (Out of Fashion) 的企業家」，他的企業觀與經營邏輯，是 1970 年代「官權主導下的特權經濟體制」下，在草莽的狂人老闆鄭周永與獨裁軍人朴正熙的「政商勾結」下被鍛鍊出來的。

這種「軍政商複合體」的結構，靠的就是「勾結」與「賄賂」，也就是東亞 "Crony Capitalism"（裙帶、朋黨資本主義）的極致，李明博就是其中最關鍵的執行者、也是最具代表性的人物。因此，韓國人普遍對當年朴正熙獨厚大財閥的經濟發展政策非常反感，因為讓一般人完全沒有「經濟自主」的可能。

韓國人享受了十年的民主自由的芳香空氣，終於不再天天被催淚瓦斯與國家暴力所凌遲。但在追求「經濟轉型正義」的路途上，卻走得跌跌撞撞。以致於大財閥與經濟特權階級仍時時掣肘盧武鉉的改革，並靠借進大量的短期外債來炒作全國的房地產，

導致物價騰飛，貧富差距與社會不公持續擴大，人民對經濟惡化怨聲載道，才讓李明博宛如「經濟救星」出線。

李明博擔任首爾市長時，成功地整治以往的臭水溝清溪川，此項政績深得南韓市民的人心，而普遍誤認為，他的企業家背景加上魄力能夠成功整頓南韓的經濟問題。很顯然的，南韓民眾歷經了十年在國際上的政治經濟停滯，政治上無法改善與北韓關係，反而花了一大堆冤枉錢，在這種氛圍中，大多數南韓民眾乃將選票投給了象徵振興韓國經濟的李明博。

但是，李明博上任一個月後，從2008年3月底開始，就因為連連的失策，導致聲望直直落，上任三個月的民調支持度已經落到20%的新低，創下南韓二十年來、盧泰愚以降五任直選總統的最差紀錄。許多原本支持他的年輕選民，無不大感後悔。

造成李明博聲望如此低落的原因，固然有著南韓國內左右對立的背景，以及人民反美情結與地域仇恨的因素，但是，李明博

圖40：整治清溪川成功的政績，讓李明博更上一層樓

的性格與行事風格，　更是關鍵因素。　出身勞力密集的營造業CEO，以及首都市長的資歷，畢竟不若一國元首所需面對事務的繁複。把CEO與市長的格局與作風帶來經營國家大政，才讓李明博的前三個月做得如此離離落落。

而且李明博挾著有史以來第二高的選票差距（一千一百四十九萬票 vs. 六百一十七萬票）當選，大勝之後的驕氣與傲慢，讓他誤以為是「全民擁戴」的總統，更是有恃無恐地我行我素，為所欲為。

原本期待李明博上臺拼經濟的南韓選民，在幾次重大決策過程中發現，原來李明博的行事風格竟然是「獨斷獨行」的威權式，而且不脫 1970 年代的「密室政治」作風。

在進口美國牛肉的社會爭議之前，李明博最被人民詬病的是他的「京釜大運河」計畫。這個華而不實的計畫，不僅毫無民意基礎，後來更被發現是圖利財閥企業去炒作地皮，儘管他口口聲聲說會凝聚民意共識之後才決定，但是後來被揭穿根本是連細部的施行計畫都已悄悄地在進行了。

大運河計畫的獨斷獨行與黑箱作業，讓南韓民眾對李明博完全失去信任，以致於進口美國牛肉的議題，一發不可收拾，成為李明博上任以來最大的危機。數十萬人在首爾市中心的燭光示威，結果竟是警力的強勢動員與濫捕，所招致的民怨，讓他的聲望跌落谷底。他雖然幾度公開向全民道歉，並且承認自己「不懂政治」，但是民心已難以挽回，上任不到半年就成為跛腳鴨總統，這也是南韓憲政史上所僅見。

　　此外，在「新右翼勢力」(New Right Movement) 當道的新局之下，李明博政府不僅對盧武鉉政府時期所推動的過去史清算作業，展現了消極的態度，以刪減預算或合併機構的方式來頓挫進步勢力與人權團體，並且，對於過去十年金大中與盧武鉉從未適用、幾乎已經成為死法的「國家保安法」，在上任後不到半年就恢復適用，並且有人因而被收押，進步派人士甚至被貼上左派親共的標籤。左右勢力的對立，儼然回到了冷戰時代；李明博代表的保守反動勢力的復辟，已讓南韓民主發展的歷史時鐘開始倒轉了。

　　2010 年 6 月 2 日舉行的十六個地方首長選舉，執政黨的慘敗，成為李明博上任兩年半以來最難堪的一天。選民用選票給了他的「期中考」不及格，也就是對他任期前半的「失政」給了不信任投票；李明博因而被提早宣告成為「令不出府」的跛腳鴨。

　　選舉前十天正好是前總統盧武鉉自殺的週年祭，南韓反對黨陣營喊出：「用選票來替盧武鉉報仇！」因為支持者認為他是「冤死」的，是李明博政府用司法追殺逼迫盧武鉉，他只好跳懸崖以死來明志。所以這場選戰擺明就是一場「死人與活人的鬥爭」。

　　再加上選前發生兩個事件：天安艦爆炸沉船及四大江整治計畫，成為執政的大國黨慘敗的導火線。前者被李明博政府拿來操弄選民的恐共症，後者則是讓李明博圖利財閥與既得利益者的政商掛勾無所遁形。

　　天安艦爆炸沉沒事件發生在 3 月 26 日，艦上一百零四名官兵中四十六人死亡。南韓軍民聯合調查團 5 月 20 日公布調查結果，指控沉船原因是「遭北韓小型潛水艇發射的魚雷攻擊」。不過

北韓國防委員會迅速作出反應，拒絕接受這一指控，並表示要派團到南韓調查證據，但遭到南韓拒絕。

調查報告的片面指控，旋即使整個東北亞情勢陷入高度緊張，並且掀起國際社會的譴責聲浪。李明博執意訴諸聯合國制裁，並尋求中日兩國的背書。但中國始終表明「不偏袒南北韓任何一方」的立場。

事實上關於調查結果，南韓國內也出現質疑聲浪，形成了「信者恆信，不信者恆不信」的現象。反對黨陣營指控，政府與執政黨沿用威權時代的老套伎倆，靠「打北風牌」來營造恐共心理，以達到對執政黨有利的選舉操弄。但是直到選前兩天，《韓國日報》民調仍顯示，有近三成的受訪者不相信調查報告。

執政黨慘敗的結果，等於南韓民意認定了天安艦沉船與北韓無關。其實，這次選舉會讓李明博政府灰頭土臉的另一個原因，就是李明博已經被選民認定「毫無誠信」可言。自他上任以來，先是執意孤行主導「京釜大運河」計畫，又發生進口美國狂牛病牛肉事件，聲望早已跌落谷底。雖然他數度公開道歉，並以輕聲細語向人民告白，但是南韓人民已經看破並厭倦他那一口裝出來的腔調。拿不出政績還失政連連的總統，光靠文宣包裝是行不通的。

李明博除了在「京釜大運河」、「天安艦爆炸沉船」、「美國狂牛病」等政治議題明顯處理失當外，後來一些舉措也使得他盡失民心。李明博篤信「利益均霑主義」，認為大企業對經濟的貢獻可同時為中小企業與消費者帶來利益，因此在經濟上倚重財閥。政府擴大投資並對大企業給予減稅等優惠鼓勵輸出，財閥積極擴張

海外市場而獲得巨額收益，但中小企業卻因被忽視而苟延殘喘。據統計，包括三星、現代、LG、SK與樂天等各財閥的資產在李明博五年任內成長近兩倍。大企業營收表現極為亮眼，但庶民經濟卻一塌糊塗，大企業的擴張擠壓了民生經濟的成長。所得分配嚴重不均、家庭負債逼近一千億韓元大關、青少年失業率逼近10%，在在顯示經濟發展過度集中於財閥，而收益並未均分至一般百姓手中。

　　李明博延續以往擔任 CEO 的強勢經營作風，他不與在野黨或反對勢力妥協。在五年間，大肆任用親信擔任公職的「空降人事」，也招致批評。尤其是媒體相關機構，包括主管傳媒事務的國家放送通信委員會與公共電視臺等，李明博恣意安插校友學弟或親政府人士操控媒體，以弱化媒體批判政府的功能。

　　2012 年，韓國第二大公營「文化放送」(MBC) 電視臺的員工，為抗議李明博安插進來的社長金在哲屢次干預新聞自由，多次淡化或強制撤除對政府不利的報導，工會展開了罷工抗爭要求金在哲下臺。罷工持續達一百七十天，創下亞洲媒體史上最長的紀錄。其間，最大的電視臺「韓國放送公社」(KBS)、新聞頻道YTN，以及國家級的「聯合通訊社」都跟進串聯，顯示箝制新聞自由現象在李明博任內極為嚴重。但政府毫不吭聲，執政黨與保守媒體還指責媒體罷工是具有「特定政治意圖」，更放任電視臺高層整肅參與罷工的員工。李明博執政期間，遭解職或懲戒的媒體人多達四百一十五人，創下 1980 年代全斗煥政權殘暴打壓媒體之後的最大規模。

在威權時代中成長的李明博，以獨斷獨行之姿統治自由民主的國度，與南韓人民的期望越行越遠，也就無怪乎南韓人以他名字的韓語發音：「2MB」，諷刺他腦容量僅如電腦硬碟容量 2MB 的大小，「運作能力」有待加強了。

除了前述的缺失外，李明博本人與親屬還接連遭揭發違法弊案。2008 年，第一夫人金潤玉的表姊因涉詐欺而遭起訴；2011 年底，李明博被踢爆以兒子李時炯名義，購買房地產的「內穀洞私宅風波」；2012 年 7 月，曾任國會議員的親兄李相得，更因收受來自銀行的賄賂而遭檢方起訴，最後被判有罪入獄，李明博亦為此出面向南韓國民道歉。

接二連三的貪瀆風波，對執政黨大國家黨即將面臨的國會與總統大選造成衝擊。2011 年底，大國家黨一名議員的祕書，被揭發對南韓中央選舉管理委員會網站進行駭客攻擊，引起社會譁然，大國家黨情勢雪上加霜，頓時陷入崩解危機。

此時，前獨裁者朴正熙的女兒朴槿惠在大國家黨組成「非常對策委員會」，並擔任委員長。2012 年初，朴槿惠對黨內進行結構重組以力拼選舉，並將大國家黨改名為「新世界黨」。其間，爆出國會議長朴熺太在黨代表大會上公開行賄的「紅包門」事件，使朴熺太成為史上第一位在任內去職的國會議長，而為執政黨帶來負面形象。不過，上屆總統初選敗給李明博的朴槿惠，成功切割與李明博政權的功過，透過行銷自身而使選民將注意力轉移到朴槿惠個人，除凸顯對手陣營無人能與她抗衡外，並淡化民主統合黨打出「審判執政黨」的號召。最後，新世界黨在國會選舉驚

險過半，但進步勢力在國會的席次也大幅成長逾四十席。

　　朴槿惠帶領新世界黨在國會選舉中過半勝出，鞏固了黨內地位，而順利成為總統候選人，她成功攏絡與吸納保守陣營各派別，使得過去因分裂而遭致選戰失利的戲碼不會重演。同時，在野陣營有前總統盧武鉉親信的民主統合黨國會議員文在寅，以及無黨籍的首爾大學教授安哲秀出馬角逐總統大位。

　　人權律師出身的文在寅，曾任盧武鉉總統的首席祕書官，「親盧」形象深厚，他在 2012 年民主統合黨舉行的各地黨內初選勝出；安哲秀則是防毒軟體公司創辦人，形象清新又無政黨包袱，而頗得年輕世代的好感，總統大選的「三強鼎立」態勢維持了一段時間。但由於朴槿惠氣勢如日中天，在野陣營要勝出，勢必要進行整合，推出單一候選人與朴競爭。文在寅與安哲秀兩人因此進行數次協商，但遲至選戰倒數時日，都還無法確定「候選人單一化」的產生方式。安哲秀曾在途中退出協商，他必須在毫無政治資源奧援的情況下，面對文在寅的苦情攻勢，再加上進步勢力媒體倒向文，而對安哲秀施展壓力，最終安只好含淚退出選舉。

　　由於李明博過度將經濟發展偏向財閥造成貧富差距拉大，「經濟民主化」成為候選人不約而同提出的政見。「經濟民主化」指的就是讓百姓「做自己錢包的主人」，削弱財閥壟斷經濟的影響力，並調整過分傾斜的經濟體質，讓民生經濟能獲得舒展，並讓更多人能夠投入創造經濟成長。

　　這次大選中，二十至四十歲的年輕選民是文在寅的支持主力，而五十到六十歲的中老年階層則多倒向朴槿惠。步入高齡化社會

的韓國，這次選民結構有所變化，中老年選民人數首次超越年輕階層。由於年輕選民向來不甚關心政治，厭惡政黨惡鬥，原先被年輕人視為救世主的安哲秀退選，更使許多年輕世代的選民感到失望，因而未能激發出他們的投票意願。

　　另一方面，在經濟情勢嚴峻的情況下，中老年階層懷念朴槿惠的父親朴正熙帶動的經濟起飛、國家安定成長之情景，加上這些老世代的選民大多接受朴正熙時期的反共教育，在南北情勢緊繃的此時，更能贊同保守勢力親美反北的立場，催生出投票意願。中老年世代「暴衝」投票的結果，是朴槿惠最終以一百零八萬票差距擊敗文在寅，保守陣營繼續維繫政權。

　　不過，李明博卸任後，檢方對他任內的貪腐積弊隨即展開調查。2017 年 3 月 31 日朴槿惠被收押之後不久，檢方立即起訴李明博，他被控的罪名有收賄一百一十億韓元、侵占三百四十九億韓元、逃漏稅三十一億韓元，於是在 2018 年 4 月將他收押（第四位被收押起訴的總統）。但是李明博始終否認犯罪，除了保持一貫的緘默權之外，也大聲疾呼這是文在寅政權對他的「政治迫害」，是為了替盧武鉉被逼自殺所做的報復行為。歷經三年多的審理，2020 年 10 月 29 日最高法院以收受三星等公司鉅額賄賂，以及侵占公款等罪名，重判李明博十七年刑期定讞，一度保外就醫的李明博再重返牢籠。

第七節　暴起暴落被收押審判的女總統朴槿惠

　　2012 年 12 月以 51.6% 的得票率當選總統的朴槿惠，是南韓自 1987 年恢復總統普選以來，唯一過半當選的總統，而且是第一位女性總統。挾著高人氣與人民對改善經濟的高度期待，2013 年 2 月底朴槿惠強勢登場，父女先後擔任總統也成為佳話。

　　朴槿惠在 1979 年 10 月父親朴正熙遇刺死亡後，搬出總統府「青瓦臺」，從皇宮跌落民間成為一介平民。除了運作以父母為名而成立的基金會，以及擔任父親創辦的嶺南大學理事長之外，並無任何公職，因為父母雙亡使她的心智受創頗巨。

　　韓國有一句成語「七顛八起」，意指跌倒七次之後，不服輸再繼續努力拼鬥的話，第八次就能站起來了。這是一句很勵志的話。不過這句話如果用在朴槿惠身上，可能要倒過來改為「七起八顛」，才比較貼切。她一生的大起大落，真的只能這樣來形容。

　　朴槿惠從宮廷的公主跌落凡間成為平民，蟄伏多年之後，再從谷底爬升。1997 年朴槿惠挺身支持執政黨候選人李會昌，次年當選國會議員重返政壇，這樣艱辛的奮鬥歷程，確實讓人敬佩。不過這段歷程卻讓她嚐盡人間冷暖，有當年她父親的屬下見到她視若無睹，有競逐權力的對手對她的抹黑等等，而促使她奮鬥上進的動力，則是一股「恨 (Han) 的意識」。於是登上總統之位後，她演出了一齣「公主復仇記」。

　　她上任總統第一年除了喊出「創造型經濟」的口號，並出訪

美國與中國的元首外交之外，並無其他的具體建樹。她在 2013 年先訪美再訪中，但是任期內從未訪日，反而因為「獨島／竹島」❶ 爭議與「慰安婦問題」，在 2015 年與日本建交五十週年之際，與日本關係跌落谷底。不過，她與中國卻因慰安婦問題與安重根紀念館在哈爾濱車站建立開館而水乳交融，這是可以與中國有所交集，進而「連中反日」的兩大議題。當年 9 月 3 日，朴槿惠甚至站上天安門與習近平主席共同閱兵，但是此舉太向中靠攏而引起美國不快，致使她不得不在美國的壓力下，草率與日本就慰安婦問題達成十億日圓基金的協議，並與日本簽署軍事情報交換協定，這兩項未徵得民意認可的妥協，在國內引起不小的波瀾與反彈。

2014 年 4 月 16 日發生的「世越號」船難事件，造成三百零四人死亡或失蹤，成為朴槿惠聲望開始一路下跌的關鍵。由於政府從中央到地方在救援過程中的「失能」與不作為，導致人命犧牲如此慘重，人民普遍認定這是一樁「人禍」。但是，在青瓦臺與國家情報院的操控之下，主流媒體受到打壓而噤聲，在事故現場第一線採訪卻無法報導真相，只有受難學生家屬在市中心的光化門搭帳篷長期抗爭，並要求國會訂定「世越號特別法」，但是始終遭到國會的冷落。

這次船難事件朴槿惠政府展現的無情與冷血，讓人民寒心至

---

❶ 「獨島／竹島」指的是位於日本海的兩座島嶼和礁岩群，韓國稱之為獨島，日本則稱之為竹島。兩韓和日本皆欲爭奪獨島主權，進而獲得臨近豐富的漁業資源。雖然獨島主權爭議不斷，但目前實際控制獨島的是韓國。

圖 41：世越號船難事件

極。於是在 6 月舉行的地方首長選舉，朴槿惠的執政黨新世界黨首嚐敗績：十五個市與道的首長只得七席，地方教育監的選舉，十七席中只得四席，完全慘敗。此時，她的支持度只剩下 17%。

2016 年 4 月的國會議員選舉，新世界黨再遭挫敗。不僅在三百議席中未過半（新世界黨 122：其他政黨 178），而且淪為第二大黨，韓國媒體都說這是對朴槿惠的審判，南韓選民用選票制裁傲慢的朴槿惠政府，也算是對她的不信任投票，朴槿惠因而提前成為「跛腳鴨總統」（Lame Duck）。國會這次的變天，猶如 1988 年的「朝小野大」（民主正義黨 125：其他政黨 174），揭開了「過去清算」的序幕。

事實上在朴槿惠之前，同為保守派的李明博政權的作為，就已經開始「開民主的倒車」。除了再度動用「國家保安法」起訴異議人士之外，對安京煥教授主持的「國家人權委員會」的打壓與對行政部門的報復，使得國家人權委員會的獨立性與監督政府的

功能，遭到嚴重的蹂躪，迫使安京煥委員長提早掛冠求去，並且向「憲法裁判所」控訴李明博總統。不僅如此，韓國也從聯合國「國家人權機構國際協調委員會」（International Coordinating Committee for National Human Rights Institutions) 的副主席，淪落為人權「待觀察」的國家，也就是從保障人權的「模範生」變成劣等生。

　　後來，在 2012 年大選期間，南韓最高情治單位「國家情報院」（國情院），召集工作小組指揮網民，在網路大量散播攻擊在野黨總統候選人文在寅的言論，並散播支持朴槿惠的輿論干政，事件於 2013 年初遭揭發後，引起南韓社會譁然。最高法院於是在 2014 年 9 月 11 日對此案做出宣判，前院長元世勳違反「國家情報院法」，判處兩年六個月徒刑、緩刑四年，並褫奪公權三年。但針對檢方所告發支持特定候選人、違反「公職選舉法」部分，則獲不起訴處分。這是一個讓人民無法信服的判決。因為元世勳對朴槿惠當選有功，一般韓國人咸信，法院也是看朴槿惠的眼色，而做出這樣荒唐的判決。

　　接著，多數法官都由朴槿惠提名的「憲法裁判所」（即憲法法庭），判決解散左傾的「統合進步黨」。2014 年 12 月 19 日經法官表決後宣判，解散左派小黨「統合進步黨」，並沒收所有財產、禁止再度成立替代性質之政黨，該黨五位國會議員立即喪失資格，這是韓國憲政史上，首次有政黨被憲法法庭判決強制解散。已經經過金大中、盧武鉉兩任總統的十年「最民主自由時代」的韓國人，眼見保守政權的胡作非為，無不瞠目結舌。

　　無視於兩次選舉自己已成為少數派的局面，朴槿惠仍一意孤行強行推動「國編版歷史教科書」，也就是要將實施了十五年的「審定版」收回國編。她意圖美化父親朴正熙的軍事獨裁以及他的「親日」行為，並執意在 2017 年 3 月自己任內的新學年度，要將國編版歷史教科書普及全國中學使用（2017 年 11 月為朴正熙的百歲冥誕）。這本意圖美化朴正熙獨裁的國編教科書，被全國歷史教授與教師譏為「孝心課本」。由於「審定版」歷史教科書的執筆學者，全部拒絕受聘撰寫，於是另外找了一批不敢具名的學者，以黑箱作業的方式來撰寫「國編版」，後來更被揭發沒有一位是歷史學者。

　　沸沸揚揚喧騰了一年多的「國編版」事件，在全國六千多所高中的抵制之下，只有朴槿惠故鄉大邱旁的慶山市文明高中的董事長與校長表態要使用，但仍遭到全校學生、家長的抵制，全校歷史教師甚至集體辭職抗議。國編版歷史教科書演變至此，耗費巨額公帑，結果是失敗收場。

　　2016 年 10 月中旬，韓國媒體揭發朴槿惠命令文化部長趙允旋與青瓦臺秘書室長金淇春連手，將九千四百七十三名影視與藝文界人士列入黑名單，取消對他們的補助。其中包括最知名的「國民影帝」宋康昊與導演朴贊郁等人。他們曾因公開表態支持反對黨政治人物，或批判政府當局處理世越號船難失當，甚至包庇與隱匿事實真相，觸怒當道而遭到報復。

　　在此之前，梨花女子大學被指控為崔順實的女兒鄭幼蘿大開方便之門，讓她以馬術特技生特權入學，而且整學期沒有上學、

未交報告也有成績，在校內引發學生示威，逼使校長崔京姬辭職謝罪。此外，韓國財閥企業組成的「全國經濟人聯合會」所屬會員企業，也被指遭到崔順實強索巨額的捐款，為她成立 Mir 與 K-Sports 兩個基金會。

　　10 月 24 日，新興的 JTBC（中央東洋電視臺）揭發了朴槿惠親信崔順實「干預壟斷國政」的事件，如滾雪球般越演越烈。電視臺並掌握了崔順實的平板電腦裡，有青瓦臺寄給她的電子郵件，朴槿惠透過祕書將青瓦臺的重要公文與演講稿寄給崔順實修改後再寄回。至此已釀成軒然大波，韓國人民無法忍受一個沒有一官半職的神祕宗教「永世教」的第二代傳人，竟然可以干預國家大政到如此地步。而朴槿惠與崔順實的「閨密關係」，幾乎成為此後半年每天媒體的頭條新聞。

　　韓國人原本期待第一位女性總統的出現可以使韓國社會有所

圖 42：韓國民眾手持燈燭，群聚在首爾光化門前舉行和平示威晚會

不同，改變「父權主義」(Paternalism) 的政治風氣，但沒想到朴槿惠與永世教的關係如此密切，使得全國人民都有被愚弄的感覺，舉國的憤怒於焉而起。

10 月底開始在首爾市中心光化門廣場舉行的和平燭光示威晚會，成為「倒朴」的全民運動。每個週六在全國各大都市的市中心，也跟光化門的燭光示威串聯，這種景象就如同 1987 年的「六月抗爭」，全民的憤怒展現在街頭，當年連白領階級與中產階級都上街激烈對抗軍事獨裁政權；而在已進入民主化時代的現今，韓國人民則是以和平理性的燭光示威為手段，要求朴槿惠下臺或被彈劾。

11 月 29 日朴槿惠第三度發表談話。但在前一晚，執政的新世界黨「親朴派」的議員突然召開緊急會晤，並達成決議，力促朴槿惠總統能維護名譽「自行下臺」。這個倒戈動作引起各界錯愕，但事後再看，這顯然是先「做球」給朴槿惠，讓她在第三度談話時，做了如下的說法：「我將把包括縮短總統任期在內的進退問題，交由國會決定。由政界朝野討論……根據時程與法律程序，我就會從總統位子上離開。」

很顯然朴槿惠仍一意孤行，要以自己編寫的劇本來演出，不願意在民意的壓力之下妥協，或是應觀眾的要求而起舞。結果事態越演越烈，至 12 月 3 日全國集會人數竟高達兩百三十二萬人，創下 1987 年「六月抗爭」以來的最高紀錄。眼見大勢已去，連國會都不得不向民意低頭，而在 12 月 9 日以出人意料的超高票（贊成彈劾 234：反對彈劾 56）通過對她的彈劾案。即使國會已通過

彈劾案，但是隔天（12 月 10 日）首爾光化門前的燭光示威大會仍有將近八十萬群眾參加，而且他們誓言每週六都要持續舉行示威，直到朴槿惠下臺為止。

就在國會通過彈劾案前的 12 月 6、7 日，國會召開聽證會就崔順實仗勢斂財案傳訊九位大財閥企業的老闆作證，儘管他們的辯詞都避重就輕，但是朴槿惠利用職權強行索賄的事證已經非常明確。這些大財閥平常呼風喚雨不可一世，但是面對使全民關注，而且是實況轉播的聽證會，卻都低聲下氣、避重就輕，或支吾其詞、答非所問，荒腔走板的演出，讓全民的憤怒無以復加。

大財閥會這樣卑怯，是因為他們都有把柄落在朴槿惠手裡，才不得不對朴槿惠強索的不樂之捐全力配合，在此列舉四家財閥企業的把柄所在。一、三星：接班人李在鎔持股不足，涉及贈與稅與遺產稅的繳稅問題，以及「三星物產」合併「第一毛織」時，「國民年金公團」涉及的弊案；二、鮮京：老闆挪用公款的官司及要求給予開設免稅店的特許；三、現代汽車：因大罷工事件尋求情治單位的協助；四、樂天：要求增開免稅店的特許、父子兄弟的奪權惡鬥（兄求助青瓦臺、弟求助《朝鮮日報》）等。

持續到 2017 年 3 月下旬的燭光示威　（朴槿惠被收押後改為歡慶集會），會吸引這麼多年輕世代走上街頭，主要原因有三點：一、崔順實女兒特權入學；二、政府對世越號人命的冷血態度；三、國編版歷史課本扭曲史實。這三大理由令人民怒不可遏。

1998 年金大中執政及其後的盧武鉉政權，十年間全面落實自由化與民主化後，民主化韓流世代的主流價值是「反親日」、「反

獨裁」、「要人權」、「要正義」。這樣的價值觀是延續自三十年前的
1987 民主化抗爭。（韓國民主化進程：1987 民主化抗爭→1998 韓
流起步→2016 和平燭光抗爭→2017 倒行逆施的獨裁垮臺）

　　嚴格來說，朴槿惠 2012 年的當選就是「獨裁的復辟」。1974
年她的母親遇刺死亡之後，她長年以長女身分在獨裁者父親身邊
扮演第一夫人的角色，或許受父親影響，養成她獨裁威權的性格。

　　這也是近年韓國年輕世代嘲諷的「地獄朝鮮」的極致展現。
在這個充斥「階級霸凌」的社會，這齣爛戲也就是「甲（總統）
的橫暴，乙（全民）的眼淚」的寫照。這次事件會引發巨大的民
怨，原因可歸納如下：一、社會不公的現象暴露無遺，特權橫行
為非作歹；二、社會貧富差距持續擴大，富益富、貧益貧；三、
世代不正義，年輕世代的失業率高居不下，幾乎翻身無望；四、
朴槿惠當政非但沒為人民帶來幸福，反而比威權統治時代更獨裁
與惡質。

　　韓國人細數朴槿惠從上任之前，到被罷黜為止的惡行惡狀，
大致可以歸納出下列各項：一、國家情報院直接干預捏造總統大
選的輿情（2012 年 12 月）；二、國家情報院對「世越號」沉船與
不澄清真相的連環套陰謀（2014 年 4 月）；三、對 Kakao Talk（韓
國民眾常使用的一款免費通訊軟體） 用戶的監聽 （2014 年 10
月）❷；四、國家情報院介入「十常侍」鄭潤會事件風波（2014

---

❷　世越號船難發生後，韓國民間出現許多反朴政府言論與對政府救災做
　　法的批評，南韓檢方因而以「防止網路散播毀謗言論」為由，欲透過

年 11 月）❸；五、國家情報院引進駭客程式，國情院職員 Matiz 自殺（2015 年 7 月）❹；六、韓國史教科書「國編化」，推動歪曲歷史（2015 年 10 月–2017 年 5 月）；七、關閉「開城工業區」，無視投資企業一兆韓元損失（2016 年 2 月）；八、農民白南基遭水柱攻擊致死，並捏造死因（2015 年 11 月–2016 年 10 月）❺；九、製作文化藝術界黑名單，徹底執行政治報復（2016 年 10 月–2017 年 5 月）。此外，還有無數貪瀆事件：「鄭雲浩門」、「Nexon

---

監控、監視韓國最大免費通訊軟體 Kakao Talk 的用戶，以控制輿論。（《關鍵時報》）

❸ 鄭潤會為崔順實前夫。「鄭潤會事件」起因為韓國《世界日報》於 2014 年 11 月曝光一份政府內部文件，稱朴槿惠前助手鄭潤會定期會面三位總統祕書與青瓦臺內十位官員商議國家事務，有干政之嫌。該報導稱此十位官員為「十常侍」（指的是東漢靈帝時操縱政權的十位宦官）。（《中時電子報》）

❹ 韓國國情院曾向某義大利公司購買監控軟體，國情院卻強調並未用該軟體對國民進行監聽。但韓國某獨立媒體卻發現國情院職員曾試圖用該軟體攻擊一位韓國學者。隨著事件越演越烈，國情院某名職員突然燒炭自殺並留下遺書。遺書指稱此事件皆因他而起，但否認有對國人進行監控。該職員自殺並將有關數據全數刪除的舉動，使民眾猜測案件本身並不單純。（BBC 中文網）

❺ 2015 年 11 月 14 日，在一場爭取勞工權益的抗爭中，警力驅散群眾時，六十八歲農民白南基遭強力水柱攻擊而倒地造成腦死，十個月後身亡。青瓦臺施壓醫院（院長為朴槿惠的主治醫師），要求將他的死因記載為「病死」而非「外因死亡」，此舉引發社會非難。2017 年 5 月政權輪替後，首爾大學醫院公開道歉。（楊虔豪《轉角國際》）

禹柄宇門」、「朴秀桓門」等。壓倒駱駝背上的最後一根稻草,則是崔順實直接干預國政(2016 年 10 月 24 日 JTBC 電視臺揭發)。

韓國國內輿論普遍認為朴槿惠至此已集結恨、報復、獨裁性格、冷血、邪教附身等形象於一身。韓國人原本對南韓第一位女性總統的期待,至此不僅落空,還相當失望。

崔順實與青瓦臺核心幕僚安鍾範、鄭浩成先後被收押調查之後,檢方從他們的供詞而將朴槿惠列入「共犯」。理由是:一、濫用職權;二、洩漏公務機密;三、強行索賄。至此,朴槿惠在「閨密干政」事件中的違憲與違法的事證已經非常明確。

其實,在上述的「失政」當中,引發民怨最大的關鍵就是「世越號」船難事件。她從頭到尾展現的「冷血」與「無能」,讓全民怨不可遏。尤其是她當天失蹤七小時,後來被揭發有七十五分鐘是請兩名專屬的美容師進青瓦臺替她「做頭髮」,之後又去整形醫

圖 43:2017 年 5 月 23 日朴槿惠首次出庭受審,
圖為朴槿惠剛從囚車下車後,前往法庭的畫面

院打肉毒桿菌，這樣的冷血無情是她壓垮自己的最後一根稻草。

　　朴槿惠的父親朴正熙採取高壓集權統治，雖然對民主與人權的成績是零分，但至少他對經濟發展的成就甚有貢獻，把韓國經濟從廢墟中快速救起，而讓多數韓國人感念；相較於此，朴槿惠喊出發展「創造型經濟」的口號，三年半來證明只是一場斂財的騙局。

　　從競選期間包裝出來的溫柔婉約、親民的形象，四年之後終於被拆穿了真面目。當初投票支持她的近 51.6% 的選民，無不在錯愕中認清自己「選錯人」的事實（尤其是她大邱的鄉親）。彈劾通過後，又經過「憲法法庭」的全員通過罷免的裁決，而憲法法庭也是依循民意來做判決。所以可以說，朴槿惠是因自己的「惡政」而被「人民政變」所推翻的。

　　醜聞雖然讓絕大多數的韓國人覺得很羞恥（連朴槿惠不來往的弟弟朴志晚都說讓他丟臉到「頭都抬不起來」），但是對韓國也絕非是負面的效應。「閨密干政」事件最大的貢獻，就是促成韓國社會的「全民大團結」，不論左派或右派，也不論進步或保守陣營，大家有志一同地「倒朴」，除了極少數的「親朴派」人士或受惠於她的既得利益者之外。

　　朴槿惠雖然仍未蓋棺，但是她的歷史定位已經完成：「她的執政是獨裁遺緒的復辟：一個封建時代的獨裁者，統治民主時代的人民。當年獨裁的歷史創造了她；今天的民主人民創造了歷史，請她離開！」憲法法庭的彈劾罷免案全員一致通過之後，2017 年 3 月 31 日檢方進一步將朴槿惠收押調查，成為繼全斗煥、盧泰愚

之後，第三位被收押的前總統。2021 年 1 月 14 日最高法院以收賄、濫用職權等罪名，判處朴槿惠二十年徒刑定讞。

第八節　自由進步派再登場

朴槿惠垮臺後，韓國依憲法規定，在 2017 年 5 月 9 日選出四年半前與朴槿惠競逐敗北的「大統領重考生」、共同民主黨的文在寅，他以 41.1% 的得票率，史上最高的選票差距（一千三百四十二萬票 vs. 七百八十五萬票）當選第十九任總統。這次文在寅勝選的功臣，主要是全羅南北道與十五年前的「三八六世代」（三十多歲、八十年代念大學、六十年代出生），這些當年盧武鉉的支持者，現在已成為「五八六世代」，他們期待文在寅能完成盧武鉉的遺志。

這位盧武鉉的傳人標榜「統合與改革」，希望消弭地域對立並清除政治積弊的新總統，一上任就以用人「平衡、年輕化」（兼顧地域、黨派與世代）展現改革的意志。文在寅任命媒體人出身的全羅南道道知事李洛淵擔任國務總理；青瓦臺秘書室長則由中生代的任鍾晢出任；國家情報院長徐薰跟文在寅在盧武鉉政府就是老搭檔。

不過，因為五個政黨在國會席次都不過半，勢必得依靠溝通與協調才能完成人事任用與政策的推動。如此，難免重蹈政黨間「分贓政治」的覆轍。但相對於盧武鉉與朴槿惠的「極左」與「極右」的兩極化，文在寅的性格與路線，應該比較穩健、理性、務

實主義、中道偏左、不拘格式。

　　文在寅未來的施政，對外如何在美中之間尋求平衡，是極大考驗；對內的挑戰，則是如何將財富重分配，促進世代正義，以及與北韓關係的改善等。儘管韓國面對的挑戰不曾稍減，一個快速改變的「新韓國」（自由、開放、年輕），是韓國人普遍的期待。

　　文在寅是北韓當局信得過的人，所以北韓對他也展現了相當大的善意。2018 年 2 月平昌冬奧，北韓派出金正恩的胞妹金與正赴會，遞出了和平的橄欖枝，4 月下旬更進一步促成南北韓在板門店召開高峰會，當金正恩跨過板門店分隔 38 度線的水泥椿時，觀看電視實況轉播的南韓人民幾乎都含淚歡欣鼓舞，文在寅的聲望也因南北韓的和解創下了新高，達到了 77.4%。

　　接著，在文在寅的仲介下，2018 年 6 月 12 日，美國總統川普與金正恩在新加坡舉行第一次「川金高峰會」，雙方的第一次接觸，保持了良好的風度與氣氛，並且發表了聯合聲明。川普在沒有事先知會美韓聯軍的情況下，承諾要縮小軍事演習的規模並逐漸撤離駐韓美軍，震撼了南韓與美軍。這次美朝高峰會最大的贏家是北韓的金正恩，他向國人展現了與美國總統平起平坐的架式，更進一步展現了他的實力。9 月，文在寅搭總統專機飛到平壤，與金正恩再次舉行高峰會並簽署《平壤共同宣言》，兩人甚至登上朝鮮民族的聖山「長白山天池」，各自在國人面前「演很大」，但是相較於兩人在板門店的高峰會，平壤高峰會就不再讓南韓人民那麼激情了，畢竟經濟施策的窘境，讓文在寅的支持率一路下跌到 50% 以下。

　　2019 年 2 月底越南河內第二次「川金會」的破局，讓文在寅落得裡外不是人，信用盡失，也顯示了南北韓想要靠自力決定「國族前途」，也就是「民族自主」、「民族自決」，並不是自己說了算，他們都忘了背後還有他國勢力在操控他們。而且，儘管文在寅的聲望一度因推動南北韓和解而短暫提升，但是南韓國內經濟的蕭條、出口衰退，以及失業率高居不下，民生經濟與立法改革績效不彰等，卻都讓文在寅焦頭爛額。2019 年南韓第一季經濟成長負 0.3% 之外，一百位財經學者給文在寅總統就任兩年的經濟政策成果打分數，竟然有將近七成給他 D 與 F 的成績。

　　不過幾年之間，三星手機在中國市場跌落了六成，市佔率跌到第七位；現代汽車在中國也衰退了四成。手機與汽車這兩大主力產業都大幅衰退的局面下，南韓也只能跟著臺灣的新南向政策，在東南亞另覓新市場。此外，2019 年 6 月下旬 G20 峰會後，因日韓對慰安婦與徵用工賠償的問題談判決裂，日本首相安倍突然宣布，自 7 月 4 日起禁止輸出三項半導體與顯示器的精密科技原料到韓國，包括光阻劑、高純度氟化氫、氟化聚醯亞胺，兩國立即爆發貿易戰，8 月 2 日日本更進一步將韓國從貿易友善國家的「白名單」中剔除。

　　事實上，日本對南韓管制出口高科技產品的另一個原因是，南韓被指控在四年間流出一百五十六件戰略物資到中東國家以及北韓。南韓檢方只在 2018 年起訴一名「三星顯示器」的職員，他涉嫌流出「有機發光二極體 (EL) 的技術」。日本擔心南北韓和解、「開城工業區」重開之後，高科技技術可能會從開城流進北韓，

尤其有些軍事用途的原料可用來生產導彈，對日本會造成安保的威脅。

兩國這次的衝突，導因於文在寅總統一上任，就否決了前總統朴槿惠在 2015 年與日本簽訂的十億日圓　《韓日慰安婦基金協議》。文在寅揚言，韓國可以自己賠償慰安婦，不需要日本的錢。日本對於韓國政權輪替後就撕毀前朝簽署的國際協定頗不以為然。接著，在 2018 年 11 月，南韓的最高法院判決日本的「戰犯企業」：三菱重工與新日本製鐵，必須賠償戰時「徵用工」，並可以凍結或徵收這些戰犯企業在南韓的資產。此舉激怒了日方，日本首相安倍晉三痛批南韓是「一個不守承諾的國家」，因為在日本的認知裡，1965 年日韓建交時簽署的協定，日本給予三億美元的無償貸款，韓方便已概括承受並放棄所有的民間請求權，包括慰安婦與徵用工在內。日韓建交時，放棄民間請求權等問題，是與建交協定一起經南韓國會通過的正式國際條約，但是二十多年後南韓開始反悔，聲稱慰安婦問題並不包含在放棄的項目之中。

南韓以 1990 年代初期的「韓國挺身隊（志工團）問題對策協議會」為焦點，要求日本必須對慰安婦道歉與賠償，並訴諸國際媒體，讓日本的「軍妓」問題再起風波。2011 年南韓民間團體在日本駐韓大使館與釜山總領事館前各樹立一座「和平少女像」，要求日本針對慰安婦議題道歉。有輿論批評，此舉是將「挺身隊＝慰安婦＝少女」三者的形象相互串聯，是以刻板印象刻意強化南韓社會的反日情緒，日本則在盛怒之下，召回大使與總領事表達抗議。

在徵用工方面，1997 年受害人向日本法院提告，但法院不受理；2005 年再向南韓法院提告，同樣不被受理。但是 2012 年受害人再次提告，南韓法院不僅受理，在一、二審時都判決受害人勝訴。2018 年南韓最高法院的判決，讓日本政府認定韓國不遵守雙方協定，文在寅政府甚至提出「完善 1965 韓日協定（《建交基本關係條約》）」，等於要重新翻修建交協定，日本更是無法接受，兩國的緊張情勢已到了劍拔弩張的地步。

日本將韓國剔除「白名單」之後，南韓政府也祭出反制措施，在 8 月 12 日宣布計劃在 9 月份將日本從南韓的「白名單」中剔除，將加強戰略物資對日本的出口管制。不過，韓國媒體指出，南韓政府的反制措施是「象徵意義大於實質」，對日本的打擊並不大。

文在寅總統在盛怒下接連召開國務會議與青瓦臺首席顧問會議，義正詞嚴地公開指責日本，甚至連「賊反荷杖」（竊賊反而背負木杖要打人，近似中文的「做賊的喊捉賊」）這個韓國成語都罵出來，實在很意外，讓人感覺他太沉不住氣了。連續幾天召開緊急對策會議，也顯出了文在寅的緊張，與會的部長們則人人都面無表情，試圖展現同仇敵愾的「反日」氣勢，但日本根本不在乎。

但是，到了 8 月 14 日韓國的「慰安婦紀念日」，他卻拉低姿態不再嚴詞批判日本，隔天是韓國「光復節」，文在寅的致詞中對日韓關係，同樣也是輕描淡寫，顯然他知道以總統身分說出這番話，已經誤導了全民的反日高潮，同時，也為了等候日本展現協商的誠意，他勢必需要妥協。

文在寅這位「自由進步派」的總統如此強烈「反日」，著實讓

人詫異。文在寅可說是歷來最「反日」的總統，一般認為，他應該是受到朴正熙強力推動的「反日教育」影響所致。2021 年 7 月23 日開幕的東京奧運會，文在寅以包括婦安婦、徵用工等歷史問題，及福島排放核廢水、管制半導體原料出口韓國等議題，沒有實質進展，再加上日本駐韓公使相馬弘尚的不當發言，拒絕出席開幕典禮，還回絕與日本首相菅義偉舉行高峰會，使得日韓關係持續陷於僵局，文在寅 2022 年 5 月卸任之前，試圖改善日韓關係勢成泡影。

韓國的自由進步派通常是「左派、反美、親北韓」，但「反日」則因人而異。文在寅看過當年盧武鉉的強烈反美，但上任第一年就妥協了，在美國壓力下配合派兵伊拉克，而遭全民訕笑與抵制，所以文在寅不敢公然反美。他原本強烈反對美國在南韓部署的薩德防禦系統，但是上任後也只能追認既成事實。任總統兩年多來，從未聽過文在寅有任何反美的論調，因為他知道南韓需要美國的保護，需要遵循美國的東亞政策，所以川普要求南韓提高分攤駐韓美軍的軍費，他也只能默默承受。

文在寅把復甦南韓經濟的希望，完全寄託在北韓，他主張南北韓協力的「和平經濟」就能打敗日本，但這個「北韓夢」何時才能夠實現？南韓人民也都在看笑話，因為「兩韓和解不等於復活經濟」；他又把反日的「民粹式民族主義」煽動到如此高漲，走鋼索的後果難以收拾，甚至使自己面臨騎虎難下，勝算渺茫的局面，這些做法對國家發展也極為不利。到 2019 年上任兩年多的文在寅總統，外交上儘管與北韓交好，卻與日本交惡；內政上，面

臨國內層出不窮的經濟問題，這些恐怕都是他任期內難以改善的。且韓國在國際上某些不守規則，或破壞誠信，對協定不認帳等作為，也讓人認為這似乎不是「文明國家」會有的行為。

在此之前的 2018 年 2 月，南韓也繼美國之後，爆發「Me Too」性騷擾事件。先是檢察官徐志賢現身 JTBC 電視新聞，直接控訴她被前輩檢察官安泰根撫摸屁股，她向上級舉報遭性騷擾後，卻被流放到地方，儼然是上司對她的報復舉措。接著，被視為文在寅接班人的忠清南道道知事安熙正，也被他的祕書金智恩在 JTBC 電視新聞舉報遭到多次性侵，安熙正當天深夜立即宣布辭職，一顆政壇的明日之星從此殞落。

這兩件「權力型性犯罪」只是韓國 Me Too 運動的前奏，更驚人的案例還在後頭，就是全韓最大、第二大都市的市長：首爾市長朴元淳與釜山市長吳巨敦也都因為「性醜行」而落馬，前者

圖 44：2018 年 3 月 8 日國際婦女節在南韓首爾舉行的 #me too 運動

在 2020 年 7 月 9 日留下遺書後去山上上吊自殺，後者自請辭職。朴元淳還曾經是人權律師， 在 1987 年和趙英來律師聯手為遭到「性刑求」的首爾大學女生權仁淑辯護，如今自己也犯下權力型性犯罪，顯見在男尊女卑、父權思想，而且階級意識強烈的韓國社會，這已經是普遍又嚴重的社會現象了。（註：英文的 Sexual Harassment，在韓國依情節的輕重可翻譯成「性戲弄」與「性醜行」。）

懸缺的兩個大都市市長在 2021 年 4 月 7 日舉行補選， 執政的共同民主黨因為醜聞而處於劣勢，而且特意在首都推出女性候選人朴映宣，意圖扭轉選民的觀感，但是選戰中卻完全避談性醜行事件，也提不出未來防範的對策，導致兩都的選舉都以慘敗作收。 文在寅政權在 2020 年 6 月的國會議員選舉才因防疫有成而大獲全勝的欣喜，不到一年之間就化為泡影。年輕世代的選民用選票制裁了執政黨的「沙豬文化」。

2021 年 5 月 20 日已進入任期最後一年的跛腳鴨總統文在寅，成為拜登總統上任後第二位會見的外國元首（第一位是日本首相菅義偉）。對文在寅而言，這趟訪美之行算是他的 「畢業旅行」，他出人意料地配合美國的要求，達成了包括四大財團鉅額投資美國等多項協議。美韓在共同聲明中，首次一反常態提到「維持臺海和平安定的重要性」，這是 1992 年臺韓斷交之後，歷任南韓總統基於對中國的「事大主義」，對臺灣問題幾乎都是避之唯恐不及的敏感議題。

文在寅這位歷來最親中的南韓總統提出臺海議題，其實具備

了一石多鳥的策略，一則取悅美國，為 2022 年的總統大選取得美國對共同民主黨的支持，再則安撫並瓦解國內保守勢力的掣肘，在野的「國民力量黨」儘管挾著兩都選舉大勝的優勢步步進逼，但是不可否認的是，它仍舊推不出具備全國名度的政治明星來對抗文在寅的共同民主黨。此外，北京當局對美韓聲明中提到臺海問題並無激烈反應，顯然文在寅政府事先已經知會過了，所以沒有觸動雙方的敏感神經。

事實上，文在寅為了取悅美國而在「畢業旅行」時提到臺海問題，只能說是一時的形式意義而已，因為他的下一任並沒有義務要延續他的承諾，甚至還可能會推翻，這是有前例可循的。文在寅上任後馬上推翻「日韓慰安婦協定」，這個被認為第二次日韓協定，是永久而且不可逆轉的國際條約，都可以被否定，沒有人可以保證文在寅的繼任者不會如法炮製。

有趣的是，通常國家元首出訪的外交成績，都會得到國人的肯定，但是文在寅訪美回國之後，支持率不升反降，韓國 Realmeter 的民意調查顯示，對文在寅的支持率從 36% 降到 34.9%。訪美成果不只保守陣營訕笑，連自己執政黨內也大感錯愕。

畢竟，人民最關心的還是民生與經濟問題。韓國的物價不斷飆漲，失業率不斷攀升，確保疫苗進口失敗，打房政策反而使房價更加暴漲等，都讓文在寅政府焦頭爛額。文在寅似乎重蹈了盧武鉉後半期的覆轍，房價背後的操盤手幾乎全是大財閥集團，打壓財閥使其利益受損，自然會遭到財閥的聯合反噬。

儘管有六成的民意不滿意文在寅的施政，這位上任四年多都

沒有爆發貪瀆醜聞的自由進步派總統，能否在 2022 年 5 月 9 日全身而退，值得拭目以待。

已經為拚經濟焦頭爛額的文在寅政府，在 2021 年下半年開始，又因為肺炎疫情一再飆高而神經緊繃。確診的病例從 9 月初起，有 99.2% 是 Delta 變種病毒株，以及 Delta 的再變種株，每天持續盤旋在兩千人上下的確診數，而且近八成是集中在首都圈人口密集群聚的地方，讓人民憂心經濟之外，日常生活過得戒慎恐懼。尤其是四天中秋節連假的群聚感染，造成確診人數的高峰，達三千兩百七十三人。此外，肺炎疫情爆發一年半以後，共有四十五萬三千家商店倒閉，平均每天達一千家之多，許多小本自營商的老闆甚至在強大的經濟壓力下選擇走上絕路。

用「屋漏偏逢連夜雨」來形容文在寅任期的最後七、八個月，應不為過。儘管經濟與疫情的情勢如此嚴峻，但朝野政黨卻忙於 2022 年 3 月的總統大選，互相攻訐也互揭瘡疤，民調趨勢則互見消長，不到開票最後確實難見真章。

第十三章 | *Chapter 13*

南北韓關係與統一問題

　　南、北韓分裂之後，雙方都把「國家統一」當作最高的政策目標，因為朝鮮半島的分裂是受到列強的宰制所造成的，與中國是因國共內戰而分裂不同。但是，南北韓因為各自施行資本主義與共產主義制度，雙方為了「體制優越性」的競爭，也可說到了無所不用其極的地步。

一、1970 年代紅十字會議

　　在嚴峻的備戰與鬥爭的態勢下，要協商統一問題何其容易。儘管如此，南北韓雙方還是煞有介事地從 1970 年代初期就開始有了以民間形式為包裝的官方接觸。

　　1971 年 8 月南韓提議召開「紅十字會談」，促使離散家屬能夠重逢。9 月 20 日，雙方各派五名代表在板門店召開第一次「預備會議」，這是韓戰停戰以來雙方首次的和平接觸。此後一年間，一共召開了二十五次預備會談，雙方同意於 1972 年 8 月底在平壤舉行第一次南北韓紅十字會談。

圖 44：1972 年朴正熙總統接見密訪漢城的
北韓代表朴成哲

　　1972 年 7 月 4 日漢城與平壤同時發表一項「七四南北共同聲
明」，震驚了全世界。南韓中央情報部長李厚洛宣布，他曾於 5 月
初以總統特使身分祕密前往平壤訪問四天，並會晤了金日成；同
時，北韓副總理朴成哲也於 5 月底到過漢城見到了朴正熙。

　　這次密使互訪是在極高度機密下進行的，雙方達成了互設「熱
線電話」並召開紅十字會談的協議。8 月 30 日南韓代表團經由板
門店驅車北上，到平壤舉行第一次紅十字會談，9 月 13 日北韓代
表團則南下漢城。此後一年間，雙方如火如荼地召開七次會談，
並逐漸由人道層次提升至政治層次的會談。不過，那只是雙方的
宣傳姿態而已，因為南北的立場差異極大，政治會談只是在各說
各話。

　　到了 1973 年 8 月底 ， 北韓突然發布聲明片面中斷紅十字會
談。北韓是顧慮代表團成員頻繁出入資本主義社會，恐有腐蝕人
民思想之虞，而驟然喊停。兩韓的協商與談判，於是中斷了十二

年，直到 1980 年代中期才又恢復。

二、1980 年代離散家屬互訪

從 1985 年 5 月起，雙方召開了各項會談，包括：紅十字會談、國會會談、體育會談、經濟會談等。到 9 月下旬更促成了離散家屬首次互訪故鄉的活動，訪問團的成員都是雙方情治當局審核通過的「思想忠貞」人士，甚至有偽裝臥底的特工。而且只限於在雙方首都的會親，還是在安全人員嚴密監視下進行的，會親的場面往往是在一片淚海之下結束。由於全然不知還有沒有下一次，反而徒增離散家屬更大的思親痛苦。儘管如此，這樣的探親活動又因為北韓叫停而斷絕。

1970 年代與 1980 年代南北韓的紅十字會談與離散家屬互訪，表面上雖屬人道層次，但雙方都帶有高度的政治意圖，在截然不同的政治體制與社會狀況下，人道問題卻被惡用為政治宣傳與角力的工具，雙方真正有多少誠意也可想而知了。

分裂國家人民的探親與政治性協商，必須是在雙方社會已經達到相當程度的開放與自由，人民的意識型態已臻成熟之後，才有可能促成。更重要的是，人道層次的接觸，絕不能成為政治利

圖 45：1985 年首次舉辦的離散家屬故鄉訪問活動，在雙方的樣板安排下反而造成更大的離愁

用或政治宣傳的工具。兩韓的失敗經驗，正是導因於此。

1988 年上任的盧泰愚總統，發表《七七宣言》，倡導南北韓做為一個「民族共同體」來發展雙方關係，內容包括兩韓間的交流與貿易、離散家屬團聚、改善朝鮮與美日的關係，在盧泰愚執政期間得到相當大的進展。1991 年底召開「總理會談」，並簽署《和解、互不侵犯與交流合作協議書》，次年 2 月進一步簽署《非核化宣言》。

總理會談召開之際，北韓也頻頻與臺灣接觸，金日成感受到北京的「血盟」將棄他而去，與南韓建交，於是下令打「臺灣牌」給北京一點顏色瞧瞧，金日成是基於「敵人的敵人就是朋友」而有的戰略布局，派他的表弟、主管對外經貿的副總理金達鉉隨旅日朝僑的「金剛山集團」訪問團到臺灣，並簽署了互設民間辦事處的協定。但是旋即因為美國對北韓的核武檢查激怒了北韓，而在 1993 年 3 月宣布退出《禁止核武擴散條約》(NPT)，臺朝關係也因此無法進一步發展。

北韓退出 NPT 的舉措，震撼了國際社會。美國與北韓的緊張關係，已到了劍拔弩張的地步了。柯林頓政府一度增加駐韓美軍人數，並且準備轟炸北韓的寧邊核子反應爐。但是 1994 年 7 月委請前總統卡特以特使身分訪問平壤與金日成會談（一週後金日成驟逝），暫時化解了核武危機。美國國防部長裴利提出的「預防性防禦」被柯林頓接納，於是美國與北韓在瑞士日內瓦舉行數回合的談判，在 1994 年 10 月美朝《日內瓦架構協定》，雙方同意「以石油換核武」，緩解了東北亞的緊張。

此後，兩韓的接觸又中斷了近十年。直到二十世紀的最後一年，才以紀念韓戰五十週年，並告別戰爭與敵對的二十世紀為由，重啟協商的爐灶。

三、世紀末的高峰會

1998 年上任的金大中總統，對北韓改採懷柔的「陽光政策」，兩韓的和解開始出現曙光。2000 年 4 月 10 日南北韓同時宣布，兩韓將在 6 月 12 日至 14 日在平壤舉行首次的高峰會，消息傳出後，立即震驚了國際社會。世人在錯愕之餘，無不引頸翹首這場可能左右朝鮮民族命運的「千禧大豪賭」。

較原訂推遲了一天才進行的高峰會日程，在 6 月 15 日發表五項《南北共同宣言》之後落幕，南北韓雙方同意，「將以自主自決促成鬆散的『邦聯制』的統一」。這次高峰會後，也促成了一次離散家屬的互訪，規模較 1985 年更大。四個月後，金大中因推動陽光政策促成南北韓和解而得到諾貝爾和平獎。

四、金大中的困境

2001 年 9 月初，南韓國會對親北韓的「國土統一院」長官林東源通過不信任案，引發狂烈的政治風暴，這除了是南韓朝野政黨的政治鬥爭，為 2002 年底的總統大選揭開序幕戰之外，從更深層的角度看，其實是對金大中政府以及他的「陽光政策」的不信任投票，因為「陽光政策」在高峰會舉行後的十五個月間，已造成南韓人民國家認同的混亂以及朝野互信的危機，同時，這也是

如何在國內高漲的民族主義情緒與國際戰略大環境之間取得平衡點的兩難。

姑且不論南韓國內的爭議，金大中政府罔顧國際情勢以及美國在西太平洋的戰略利益與布局（「山姆大叔」絕不會容許兩韓的私相授受而斷送美國在亞洲的戰略利益），一廂情願地對北韓採取陽光政策，證明是有其「侷限性」。更值得重視與檢討的是，它在國內因為共識基礎薄弱，導致朝野間的信心與認同的危機。

南、北韓分裂對立半世紀，不僅政經體制互異，也毫無互信可言，南韓社會之所以因為兩韓和解而產生價值錯亂，就是因為一個自由民主多元開放而且中產階層佔多數的「公民社會」，如何能夠對一元化的共產主義教條社會無條件地示好與開放交流，而要求人民完全解除自我的心防呢？

金大中不顧國際客觀環境的限制，以及南韓在東亞的重要戰略地位，甚至忘了自己不過是周邊超級強權的一個「棋子」的角色，而且與北韓和解的時機仍未臻成熟，便貿然與北韓頭子金正日舉行高峰會談，不免失之於躁進。他也因而在國內遭致為求個人功名，不擇一切手段爭取諾貝爾和平獎的罵名，儘管他在國際上享有崇隆的聲譽，在國內卻落得聲名狼藉與支持率極低的際遇，更遑論他被揭發是以四億美元收買金正日才換來這尊和平獎。南韓右派陣營抨擊，北韓取得的四億美元可能被金正日用來發展核武，而非改善人民的生活。

五、南北韓關係的進與退

如同南、北韓的分裂是二次世界大戰之後，冷戰對峙的列強所導致，兩韓的統一議題同樣受制於列強在朝鮮半島的利益糾葛。在這樣的情勢之下，兩韓所能夠發揮的「自主性」空間，事實上相當有限。這也可以從美國小布希新政府上臺之後，將北韓界定為「無法充分信賴的國家」，在 2001 年美國遭到 911 恐怖攻擊事件之後，更進一步將北韓列入「邪惡軸心」國家之林，準備長期對抗北韓，導致兩韓和解之路完全受挫，美國與兩韓的關係必須重啟爐灶，得到充分的證明。

南、北韓的統一議題，儘管雙方從 1970 年代初就開始接觸與談判，但是由於統一談判始終被雙方政府惡用為「政治宣傳工具」而毫無實質進展。金大中推動的陽光政策雖為兩韓和解帶來一線曙光，由於主客觀條件仍不具備而成為曇花一現。

盧武鉉政府雖然延續金大中的陽光政策，對北韓採取包容與懷柔態度，並推動「和平繁榮政策」，投入數千億韓元，繼續擴大開放南韓人民到北韓金剛山的觀光事業，並且於 2004 年在北韓開城設立工業特區，鼓勵韓國企業前往投資，為北韓勞工製造就業機會，並且拓展當地市場。

不過受制於 2002 年的第二次核武危機 ，以及美國以反恐為由，將北韓列入「援恐國家」名單（布希政府直到 2008 年 10 月 11 日才正式將北韓除名），再加上北韓在「六方會談」過程中的扭捏作態，暗中繼續發展核武，2006 年 10 月第一次核子試爆成

功，2007 年進一步宣布退出六方會談，完全失信於與會各國，以致於南韓與北韓的實質關係，在盧武鉉政府任內幾乎毫無進展。

盧武鉉總統雖然在任期屆滿的五個月前，於 2007 年 10 月 4 日前往北韓訪問，並且與金正日總書記舉行南北韓第二次高峰會，也共同發表《南北韓關係發展與和平繁榮宣言》，但是並無實質成效。而且他在總統大選的一個半月前，選戰已經態勢分明的情況下前往平壤，被譏為選舉操作太過明顯，金正日此次則完全無法像過去一樣操弄南韓選情。

南北韓關係於是在毫無進展的情況下，隨著盧武鉉的下臺，進入李明博的反共親美的強硬路線時代，讓南韓的進步派與自由派人士扼腕不已。

2008 年 2 月 25 日上任的李明博政府為保守陣營，向來主張對北韓採取強硬立場，並強化韓美同盟。李明博曾提出「無核、開放、3000」的政策，表明只要北韓放棄核武發展計畫，並且進行改革開放，南韓就會幫它在十年內達到人均所得三千美元（現為五百美元）。但這對北韓無異於羞辱，因為「無核」等於自廢武功，「開放」就會像東歐一樣政權崩潰，如此換來三千美元已毫無意義。除此之外，南韓還計畫幫北韓，在十年內培育年出口額三百萬美元的企業達一百家，以及三十萬名經濟、金融、科技人才；同時還要支援北韓興建高速公路、鐵路等基礎建設。

但是由於李明博政權缺乏對北韓的協商管道，2010 年天安艦沉沒事件與延坪島炮擊事件後，李明博宣布中斷南北貿易，僅保留些許援助措施，雙方關係陷入冰點。

在關係緊繃之際，北韓領袖金正日於 2011 年 12 月 17 日因心肌梗塞驟世，得年六十九歲。金正日死後，大權由三子金正恩接掌，北韓成為共產國家絕無僅有的三代世襲體制。由於金正恩當時年僅二十八歲，又接班倉促，未如祖父金日成在將權力交替給金正日之前，先使其歷經二十年的政治訓練，外界認為，少主接班後實權可能落在金正日的妹婿張成澤（金正恩的姑丈）身上，由攝政王輔佐一段時間。

不過，2013 年 12 月，張成澤因圖謀政變奪權遭到整肅處決。12 月 10 日傳出的消息，張成澤遭整肅垮臺的真正原因，是他的核心幹部曾與金正日的長子金正男接觸，試圖擁戴金正男回國取代金正恩，犯了金正恩的大忌，於是展開腥風血雨的肅殺。其次，張成澤獨自壟斷了對中國的龐大經濟利益，損及北韓軍方的利益，讓軍方痛惡，非將他除掉不可。做為金正恩私人金庫的勞動黨「第 39 號室」，許多外匯與資金沒有進來，卻流向張成澤的行政部，尤其讓金正恩非將攝政王拔除不可。

在李明博任內，北韓多次放話發動攻擊南韓，甚至發射長程火箭及核子試爆，以建立政權正當性，鞏固第三代領導人的威望，並向周邊國家和美國誇耀武力與軍事技術的提升。面對北韓的軍事威脅，李明博政府同樣以火箭發射為發展重點，南韓與俄羅斯合力製造的「羅老號」於李明博任內試射，歷經 2009 年與 2010 年兩度發射失敗後，最終於 2013 年初順利發射，所攜衛星也成功進入軌道。

在北韓情勢不透明且不確定的狀態下，加上兩韓愈發緊張的

關係，一般預料，李明博的北韓政策落實的可能性極其渺茫。因此，南北韓關係改善的關鍵，還是在於美朝關係的進展。

近年來南韓與日本一直因為教科書、慰安婦與「獨島／竹島」主權的問題產生爭端，如 2012 年 8 月，李明博為了年底選舉的策略運用，親自登上獨島，成為首位登上獨島的南韓總統。儘管保守派的主流媒體對此給予正面評價，認為此舉成功展現韓國維護主權的魄力，卻也再度挑動韓日間的矛盾，激發日本右翼勢力的強烈反韓，美國也因東亞兩個盟友間的緊繃關係，一度感到不滿。

不過李明博一直以來都謹慎鞏固與美方之關係，符合美國在東亞的利益，因而深得美方信任。此外，他在任內成功爭取到平昌冬季奧運主辦權，且於首爾舉行 G20 峰會，提升了南韓的國際影響力，這些都讓南韓在對抗北韓時，略占上風。

即使如此，朝鮮半島出現和平安定的局面，可能還是要等美朝建交談判展露曙光，才能有所期待。

2013 年 2 月上任的朴槿惠政府，對北韓政策揭示「韓半島信任進程」(Trust Process)，但是就在她上任的十三天之前，2 月 12 日上午 11 時 57 分，北韓在咸鏡北道吉州郡豐溪里的核子試爆場，進行了第三次的核子試爆，很明顯是衝著朴槿惠而來的「慶賀行情」；同時，當年初才剛上任的中國國家主席習近平，也認為北韓突如其來的核子試爆極具挑釁意味，於是在聯合國安理會的制裁決議案中，中國首次投下了贊成票，朝中關係頓時陷入空前的僵局。朴槿惠推出的「信任進程」政策，立即被北韓的金正恩打臉，兩韓關係從朴槿惠上臺前就已失去了信任關係。

接著，因北韓不斷試射洲際彈道飛彈，造成東北亞情勢緊張，朴槿惠在 2015 年片面宣布關閉開城工業區，撤出所有南韓企業的員工。2016 年 2 月 16 日，她在國會發表演說表示：「全面關閉開城工業區不過是個開始，今後（南韓）將與國際社會合作，採取更多應對手段。我們（南韓）必須帶領國際社會一同合作，用盡各種方法，以解決我們自身（朝鮮半島）的問題。」朴槿惠此次發表演說，除宣告朝鮮半島間信賴關係破滅外，更申明南韓將「主導改變北韓體制」。這是極其挑釁的用語，意味著將「推翻北韓政權」，兩韓關係至此已經完全凍僵。這一年的 1 月與 9 月，北韓又進行了兩次核子試爆，與國際間的關係更形緊張。

2017 年北韓一共發射了十七次、共二十枚導彈，以及一次氫彈試爆（9 月 3 日第六次核爆成功，11 月 29 日再發射了「火星 – 15」導彈）。而且北韓的洲際彈道飛彈 (ICBM) 越射越遠，一萬三千公里的射程實力打到美國本土綽綽有餘。聯合國安理會也因此在一年之內，通過了四次對北韓的制裁決議案，創下了最多次的紀錄。川普一再揚言，不排除以軍事鎮壓行動來逼北韓就範，但是真正能夠化解危機的關鍵在於南韓的文在寅總統，而不是中國的習近平。

文在寅總統是 2007 年盧武鉉訪問北韓、舉行第二次高峰會的關鍵角色，當時擔任青瓦臺秘書長的文在寅並沒有隨行，但是他與國家情報院副院長徐薰負責行程的安排，不僅與北韓方面建立了人脈關係，也是北韓信得過的南韓人，所以 2017 年 5 月 9 日文在寅在總統改選當選，也預告了這位自由進步派總統所揭示的左

派、親北韓路線,將會開始啟動。

　　由於擔心北韓可能會抵制 2018 年 2 月在南韓平昌舉行的冬季奧運會,當年 1 月南北韓的實務談判階層就開始祕密地進行接觸,並且同意在一些競賽項目共組隊伍參賽。雙方的溝通相當順利與和諧,於是,北韓派了國務委員長金正恩的胞妹金與正,偕同人大常務委員長金永南出席了 2 月 9 日的開幕典禮,搶盡了鎂光燈的焦點。

　　金與正利用冬奧遞出了和平的橄欖枝之後,兩韓關係迅即融冰。此後,南韓由國家情報院院長徐薰率領幹部穿梭平壤與首爾之間,並在 4 月 27 日促成了第三次南北韓高峰會在板門店舉行。當金正恩跨過板門店軍事分界線的水泥椿時,在首爾市中心收看電視實況轉播的南韓人民,無不歡欣鼓舞亢奮到極點,儼然下一刻南北韓就要統一似的。

　　這次高峰會金正恩主導了全程,無疑是最大贏家。東北亞的強權國家,都跟著他的指揮棒起舞。同時,也不能排除兩韓領導人,對於「靠自力」解決國族問題,已經事前建立了默契,也就是說,不再任由周邊的強權國家所擺布,他們要建立自己的自主性,也就是「民族自主」與「民族自決」。但是,兩韓的背後各有老大哥在下指導棋,能夠擁有多大的自主性,確實不無疑問。以下是《板門店宣言》的重點。

　　(一) 韓朝將劃時代地全面改善並發展雙邊關係,讓民族血脈再相連,提前迎接共同繁榮和自主統一的未來。改善和發展韓朝關係是全民族始終不渝的夢想,也是時代的迫切要求,不容再拖。

1. 韓朝確認民族命運自決的自主原則，將通過切實履行已經發表的共同宣言和已經達成的協議，開創改善和發展關係的新局面。

2. 韓朝將盡快促成高級別會談等各領域的對話和談判，想方設法落實首腦會談達成的共識。

3. 韓朝將在開城地區設立雙方官員常駐的韓朝共同聯絡事務所，以期加緊官方協商並確保民間交流合作順利進行。

4. 韓朝將為營造民族和解團結氣氛而促進各界各階層在各領域的合作交流與人員往來，對內積極推動在 6 月 15 日等對韓朝都有重要意義的日子舉行雙方國會、政黨、地方政府、民間團體等參加的全民族聯合活動，對外聯合參加 2018 年亞運會等國際賽事彰顯民族的聰慧才智和團結面貌。

5. 韓朝將努力解決民族分裂造成的迫切人道問題，舉行韓朝紅十字會會談協商離散親人團聚等問題，今年 8 月 15 日將舉行離散親人團聚活動。

6. 韓朝將為實現民族經濟的平衡發展和共同繁榮，積極落實 2007《十·四宣言》所列項目，首先將採取切實措施，連接並升級改造東海線及京義線鐵路和公路。

（二）韓朝將共同努力，緩和半島軍事緊張，消除戰爭風險。

1. 韓朝決定，在地面、海上、空中等一切空間，全面停止引發軍事緊張和衝突的一切敵對行為。自 5 月 1 日起，在軍事分界線一帶停止包括擴音喊話、散布傳單在內的一切敵對行為，撤走其工具，並將非軍事區打造成和平地帶。

2. 韓朝決定，將西部海域北方界線一帶打造成和平水域，防止突

發性軍事衝突，確保漁業生產安全。

3. 韓朝將採取多種軍事保障對策，促進互相合作交流、往來接觸。
為了及時迅速討論並妥善處理雙方間的軍事問題，韓朝將經常
舉行防長會談等軍事部門會談，先於 5 月舉行將軍級軍事會談。

（三）韓朝將為在半島構建牢固的永久性和平機制積極合作，
終結半島目前不正常的停戰狀態並建立牢固的和平機制是刻不容
緩的歷史使命。

1. 韓朝再次確認不向對方動用任何形式武力的互不侵犯協議，並
將嚴格遵守該協議。

2. 韓朝決定，在消除軍事緊張建立軍事互信後，分階段裁軍。

3. 韓朝決定，在《停戰協定》簽署六十五周年的今年宣布結束戰
爭狀態，推進停和機制轉換，為建立牢固的永久性和平機制，
努力促成韓朝美三方會談或韓朝美中四方會談。

4. 韓朝確認通過完全棄核實現半島無核化的共同目標。韓朝一致
認為，朝方主動採取的一系列措施對半島無核化具有重大而深
遠的意義，今後將各自盡責發揮應有作用。韓朝決定，為了贏
得國際社會對半島無核化的支持與合作積極努力。

兩韓達成歷史性的和解之後，美國與北韓也在南韓總統文在
寅的仲介下，於 2018 年 6 月 12 日在新加坡召開了第一次「美朝
高峰會」（亦稱第一次「川金會」）。川普總統與金正恩委員長發表
了「新加坡聲明」，要點如下：㈠美國和朝鮮承諾，依照兩國人民
對和平及繁榮的渴望，建立新型美朝關係。㈡美國和朝鮮將合作
在朝鮮半島建立長久穩定的和平機制。㈢朝鮮重申了 2018 年 4

月 27 日簽署的《板門店宣言》，承諾努力實現朝鮮半島的完全無核化。㈣美國和朝鮮承諾，處理朝鮮戰爭戰俘和失蹤人員遺骸工作，包括立即歸還已確認身份的遺骸。

　　新加坡峰會之後，9 月中旬文在寅專程飛去平壤，與金正恩舉行兩人之間的第二次高峰會，並發表了五項《九一九平壤共同宣言》，不過最重要的僅在於第五項的三點：㈠北方對東倉里引擎試驗場與飛彈發射臺，在有關國家專家的「參觀」下，將優先永久性廢棄。㈡北方表明「有意」繼續採取措施，依循《六一二朝美共同宣言》的精神，採取相應措施，如寧邊核子設施的永久廢棄等的追加措施。㈢南與北在韓半島完全非核化的促進過程，將一起緊密合作。這三點暗藏了兩處用字隱晦的玄機，「參觀」與「有意」未來在落實的過程中都可以被做不同的解讀。

　　新加坡的「川金會」中，川普對金正恩讓步較多，諸如將取消美韓聯合軍事演習，逐步撤除駐韓美軍等，讓川普倍受美國國內與南韓保守陣營的批判；反觀金正恩，能夠與美國總統平起平坐地談判，使他在國內的地位更顯崇隆，得到全民的喝采。原本應該在同年 9 月舉行的第二次川金會，因為美朝雙方歧見仍深，文在寅的掮客扮演失靈，以至於川普在紐約與文會談後，誓言繼續制裁北韓。

　　直到 2019 年 2 月底，第二次美朝高峰會才在越南河內召開，但是因為事先的協商籌備過程不夠完整，以至於第二次川金會以破局收場。川普開完記者會後連共進午餐都取消，當場登機走人。川普在記者會中指責，北韓對非核化的進程無回應，並要求全面

解除經濟制裁；但北韓外長李榮浩半夜記者會否認要求全面解除
制裁，而是要求解除攸關民生的部分制裁。

表 1：北韓核武發展表

北韓核武發展	
金正日時代	2006.10 第一次核子試爆
	2009.05 第二次核子試爆
金正恩時代	2013.02 第三次核子試爆
	2016.01 第四次核子試爆
	2016.09 第五次核子試爆
	2017.09 第六次核子試爆

　　事實上，這次高峰會雙方都期待解決的議題包括：㈠緩和經
濟制裁；㈡互設聯絡辦事處；㈢展開部分非核化。但是卻對期待
的幅度有落差，主要的爭議在於：以「非核化」交換「經濟制
裁」，很顯然雙方歧見仍大，以至於不歡而散。不過，雙方仍都保
持風度，並未惡言相向，以便為第三次的川金會預留後路。

　　隨後在 4 月 25 日，金正恩到海參崴與俄羅斯總統普亭舉行
「普金會」，金正恩「聯俄制美」的意圖至為明顯。金正恩談及川
金二會的僵局，認為是美方單方面態度不佳，讓朝鮮半島情勢重
回緊張狀態。普亭認為，平壤需要的是「安全保證」，也許可以進
行保障北韓主權且六國會談的方式，討論無核化問題。普亭力挺
金正恩需要的是政權的「安全保障」，是否還有其他承諾，外人不

得而知；不過看兩人離別時笑容滿面，應該有相當的成果。但是，美國國安顧問波頓立即打臉，反對重開六方會談。金正恩的意圖應該是想重返「六方會談」擺脫美國的單邊主義，透過六方會談來承認北韓為「擁核國家」。

俄羅斯之後，北韓也對日本示好。共同社5月5日引述多位日本政府人士說法，稱在河內川金會時，美國總統川普與北韓領導人金正恩曾提及日本人遭北韓綁架問題，金正恩甚至對川普說：「該問題確實懸而未決，將與安倍晉三會面。」共同社稱，日本政府正與北韓暗中接洽，朝「無條件召開日朝峰會」方向努力。《朝日新聞》估計，如果日朝關係正常化，北韓將可收到數百億美元的經濟援助。在日本的國家安全、東亞的區域和平、綁架案的失蹤國民之間，當年曾到過平壤的安倍很可能正在盤算，究竟該如何取捨設局，才能成為小泉純一郎之後第一位前往平壤訪問的日本首相，甚至簽訂新的《日朝平壤宣言》。

日本方面認為，日朝峰會對解決綁架問題最為關鍵，但要走到安倍與金正恩見面的那一步，還有許多難關需要克服。畢竟北韓反覆主張剩下十二位人質「八死、四人未曾入境」，但日本政府堅持要讓存活者儘速返國，雙方立場完全沒有交集。南韓《中央日報》說，如果日本與北韓這次能夠成功接觸，兩次川金會遭到疏遠的日本，有可能自此成為代替南韓的「新仲裁者」。

2019年5月5日朝鮮《中央通信社》報導，金正恩於4日視導一項在北韓東部海域舉行的火力打擊訓練，這項訓練中試射了長程多管火箭發射器和戰術導向武器，目的是在評估和檢驗這些

武器的性能。

　　有趣的是，南韓與美國都替北韓掩蓋。美國和南韓都未證實北韓試射彈道飛彈。南韓國防部 5 日說，北韓測試「新戰術武器」和火炮，射程為七十到兩百四十公里，但南韓並未提到「飛彈」。川普說：「我相信金正恩充分體認到北韓擁有極大經濟潛力，不會做出干預或搞垮它的任何舉措。他也曉得，我跟他站在一起，他不想毀棄對我的承諾，將會達成協議。」

　　5 月 9 日下午 4 時 29 分和 4 時 49 分左右，在平安北道龜城地區朝向東方共發射兩枚疑似短程飛彈的不明飛行物，飛行距離分別為四百二十公里和兩百七十公里。北韓官方媒體證實，北韓領導人金正恩審視了長程攻擊演習的程序無誤後，就下達演習的指令。北韓試射飛彈的幾小時後，川普回應說，我們現在非常認真地看待。並稱北韓試射的是「最小型短程飛彈」，還說最近的北韓試射，「沒有人會為此感到高興」。川普表示，與北韓的交流還在持續，不過我們走著瞧，「知道他們想要簽署協議，但我不認為他們為簽協議做好準備了。」5 天內二度發射不明彈體，美韓軍方證實這次發射的是射程超過三百公里的短程導彈，川普後來又表示，美方正「非常嚴肅」對待這件事。5 月 9 日是南韓總統文在寅當選就職兩年，北韓此舉難道是贈送「賀禮」嗎？在飛彈發射數小時後文在寅接受 KBS 訪問表示，若北韓發射的物體證實是彈道飛彈，即使是短程的飛彈，也明顯違反聯合國安理會要求北韓不得使用彈道飛彈技術的決議。

　　韓國軍方人士稱，美韓情報部門正在對這次發射的導彈進行

分析。現階段可以肯定的是，朝鮮在 4 日發射彈體的發射車是輪式，而 9 日則是履帶式。專家指出，這很可能是朝鮮版的伊斯坎德爾（Iskander，一種俄製短程導彈）。南韓青瓦臺「國家安全室」前安保戰略秘書官全成勳表示，這些新飛彈可以打到南韓境內配備飛彈防禦系統的美軍基地，但現有的飛彈防禦系統攔截不到。他不認為南韓境內的南韓或美國部隊擁有能防禦北韓伊斯坎德爾飛彈的防禦系統，首爾慶南大學極東問題研究所教授金東燁表示：「這些武器顯然改良了傳統彈道飛彈弱點的短程飛彈，增加了巡弋飛彈的導引功能。」

後來，到 2019 年 7 月 31 日為止，北韓又發射了多次短程飛彈與新研製的大口徑可控型火箭炮，顯示了北韓並未放棄窮兵黷武的念頭。同時，這也可以解讀為美朝協商的進展並不順利，迫使北韓繼續以武力展示來要脅。

從 2018 年 2 月以來，南北韓關係的急速和解，牽動了整個東北亞的情勢，讓世人看得目不暇給，周邊強權國家的領導人也不得不跟著金正恩的節拍起舞。北韓的戰略目標是，讓國際間承認它是「擁核國」，也因為它確實擁有核武，才能夠跟美國在談判桌平起平坐。所以，儘管美國一再要求北韓「棄核」，但是失去了這張談判的王牌，也等於是自廢武功，北韓是絕不可能同意的。同時，北韓要求整個朝鮮半島的「非核化」，是包括美國在整個東北亞的核子傘與駐日韓美軍的核武，甚至是美軍自南韓撤退，美國也絕不可能做到。這樣的僵持局面，要到何時才能真正化解，恐怕還有漫漫長路要走。

北韓原本期待，2019 年底以前會召開第三次「川金會」，預期可以解除經濟制裁，北韓經濟將可大幅改善。即使國際制裁不終止，中國也會解除制裁。但是事與願違，川普忙著選舉已無心再跟金正恩周旋了。

2020 年伊始，全世界都受到 Covid-19（或稱武漢肺炎）的衝擊，北韓立即關閉邊界，全面禁止與中國及其他國家的人員與物資交流，北韓也自此進入「三重苦」的困境：經濟制裁苦、肺炎病情苦、自然災害苦，對北韓已經凋敝的經濟更是雪上加霜。而且國際油價在 2019 年年中的兩個月間暴跌了 60%，北韓無視國際制裁，靠走私到中國的煤礦與鐵礦價格也暴跌，外匯收入降低，對改善北韓經濟毫無助益。

至於肺炎，北韓始終堅稱「零確診」，但是 2020 年 3 月 29 日，日本《讀賣新聞》從中國邊境得到消息報導說，從二月底以來北韓有超過一百名軍人確診死亡。北韓自稱零確診，外界實在無法置信。到了 4 月中旬金正恩突然神隱，沒有公開露面，讓外界議論紛紛。因為他在 4 月 11 日主持勞動黨政治局委員會之後，就沒有再出現於公開場合，連 4 月 15 日的「太陽節」（他祖父金日成的生日），金正恩都沒有參加紀念活動。

一連串超乎尋常的狀況，讓各種傳言亂舞。南韓的脫北者媒體《每日朝鮮》(*Daily NK*) 首先報導說，金正恩因為「心臟手術」失敗而呈腦死；美國有線電視新聞網 (CNN) 在 4 月 20 日引用匿名消息來源獨家報導說，金正恩已經死亡，全世界的媒體都跟進報導。在南韓的脫北者國會議員池成浩也說金正恩 99% 已經死

亡。北韓前駐英國公使、也成為脫北者國會議員的太永浩也附和說，金正恩已成為植物人無法下床自己行動。

結果在匿蹤二十天後的五一勞動節，金正恩出席了平安南道順川的磷肥工廠竣工儀式，親自剪綵並且巡視工廠，打破了他已死亡的臆測。由於北韓實在太過封閉，西方世界根本無法取得正確資訊，只能靠脫北者的訊息並不可靠。

到 6 月 4 日，金正恩胞妹、勞動黨第一副部長金與正發表談話，強烈譴責南韓的脫北者團體對北韓散發傳單的行動，要求南韓採取應對措施，否則將拆除開城工業園區，關閉開城的朝韓共同聯絡事務所，甚至解除兩韓軍事協議。

脫北者團體 「自由朝鮮運動聯合」 5 月 31 日對北韓散發傳單，在京畿道西北部的金浦市用大型氣球散發五十萬份傳單、五十本手冊、兩千張一美元紙幣和一千張記憶卡，傳單上寫有「金正恩是宣布新戰略核武器路線的偽善者」等內容。事實上這種空飄氣球到北韓境內散發傳單的事情，已經行之多年，北韓一貫睜隻眼閉隻眼，但是這次不無藉題發揮之嫌。

兩韓共同聯絡事務所工作人員原本每天上午九時和下午五時通兩次電話。南韓 6 月 8 日打電話過去，但北韓那方未接電話。朝鮮中央通信社指出，北韓於 9 日中午全面切斷和關閉與南韓的聯絡管道，包括北韓勞動黨與南韓青瓦臺熱線、軍方通信線路、南北韓共同聯絡事務所的聯絡管道。這項決定是由朝鮮勞動黨第一副部長金與正及中央委員會副委員長金英哲在會議中作出。

金與正 13 日更語出威脅，警告 「共同聯絡事務所將支離破

碎」，6月16日果然成真。北韓官方電視臺16日播出，當天下午二時五十分共同聯絡事務所在發射砲彈的巨大爆炸中已被摧毀，「南韓必須為自己的罪行付出代價」。這棟由南韓出資興建在2018年9月14日啟用的大樓，瞬間被夷為平地。南韓統一部次長徐虎發表聲明表示遺憾並強烈抗議，他也強調北韓違反了2018年兩韓簽署的《板門店宣言》；同時，南韓統一部長金鍊鐵以未能掌握正確情資而引咎辭職，這位受文在寅信任而且對北韓態度溫和的北韓問題專家，無端成為替罪羔羊。原本朝向和解的南北韓關係歷經兩年後，又回到冷戰對峙時代的原點。

因肺炎疫情使兩韓關係平靜了一年多之後，2020年8月16至26日又因美韓聯合軍事演習而再掀波濤，北韓勞動黨副部長金與正痛批美韓聯合軍演是「自取滅亡」。接著，北韓立即還以顏色，在9月11、12日各發射一枚長程巡弋飛彈。15日下午再從平安南道陽德郡朝東部海域發射兩枚潛射短程彈道飛彈，射程約八百公里，飛行高度約六十公里，落入日本經濟海域，這是北韓2021年以來第五度試射彈道飛彈，引起日本的憤怒。菅義偉首相痛斥「可惡至極」，並透過日本駐北京大使館向北韓表達抗議。

南韓總統文在寅則表示，南韓自製飛彈戰力的提升能有效遏制北韓挑釁。晚間胞妹金與正回嗆，若文在寅繼續詆毀北韓，兩韓關係可能瓦解。北韓算準文在寅任期來日無多，雙方和解或進一步改善關係已經無可期待。北韓更關心的，應該是下一任南韓政府究竟「自由進步派」或「保守派」掌權，如果是保守派在2022年3月的大選勝出，兩韓關係勢將陷入僵局的惡性循環。

附　錄

臺、韓民主發展對照年表

臺灣		韓國
臺灣受到日本殖民統治五十年	1895	
	1910	韓國受到日本殖民統治三十五年
日本戰敗，國民政府接收臺灣	1945	朝鮮半島解放
國家暴力悲劇		
二二八事件爆發，為戰後臺灣最嚴重的人權侵害事件，官方調查報告稱死亡人數一萬八千～兩萬八千人。	1947	發生「三一節開火事件」，隔年「濟州四三事件」爆發，持續到 1954 年 9 月。造成濟州島約三萬餘人死亡，佔人口十分之一，其中 11% 為不滿十歲的孩童與七十歲以上的老人。
	1948	南北韓依北緯 38 度線分治，各自成立政府。
兩岸對峙		**南北韓分裂**
國共內戰蔣介石國民政府敗退臺灣；5 月 19 日頒布戒嚴令。	1949	成立「國民保導聯盟」，讓共產黨員自動申告予以思想改造，共有三十萬盟員，韓戰期間有二十萬盟員遭到屠殺，此乃韓版的白色恐怖。
韓戰爆發		
杜魯門總統下令第七艦隊協防臺海，遭孤立蔣介石政權獲救；同年大肆抓捕左傾與共產主義分子。	1950	6 月 25 日北韓揮軍南侵，美國率聯合國軍參戰。
5 月 17 日一千名新生被送綠島管訓，為白色恐怖的濫觴。	1951	保導聯盟結束屠殺，此事件堪稱現代史上最大的人權悲劇。
追求民主		
雷震宣布組織新黨，雷震等人被捕。	1960	因選舉舞弊爆發「四一九革命」，李承晚總統下臺。同年，民主黨政府登場。
	1961	5 月 16 日朴正熙發動軍事政變掌權。
時代動盪的 70-80 年代		
4 月 24 日黃文雄在紐約廣場飯店行刺蔣經國未果，蔣經國開始起用本省菁英，稱為「吹臺青」政策。	1970	紡織工人全泰壹為爭取勞工權益自焚，震撼全韓國，也影響了後來三十年的工運，因而被譽為「工運之神」。
聯合國 2758 決議案將蔣介石政權的代表逐出聯合國，隔年與日本斷交，開始「雪崩式斷交」。	1971	朴正熙與金大中在直選中險勝，因抗爭不斷當年發佈「國家緊急狀態」。
開放增額立委選舉，黨外人士大舉參選，升高民主運動的熱度。	1972	朴正熙通過「維新憲法」，韓國總統無任期限制。
在石油危機中，蔣經國推動十大建設，其中也留下了石化與核電污染等環保後遺症。	1973	漢城大學法律系崔鍾吉教授「被自殺」事件。金大中遭中央情報部幹員從日本綁架回韓。
	1974	第一夫人陸英修在光復節大會遇刺身亡，朴正熙發布第一號「緊急命令」。

臺灣	年	韓國
蔣介石辭世，嚴家淦繼任，行政院長蔣經國出任國民黨主席，實質掌控黨政軍大權。《臺灣政論》等黨外雜誌相繼創刊。	1975	4月8日「人民革命黨事件」八名被告被判處死刑，次日立即執行。三十二年後他們被宣判無罪。
桃園縣長選舉舞弊，爆發「中壢事件」，群眾燒毀中壢分局。	1977	
前高雄縣長余登發父子被逮捕判重刑。	1978	國會議員選舉在野黨大勝，朴正熙成立「維新政友會」。
1月1日美國與臺灣斷交；1月爆發橋頭事件；12月10日發生美麗島事件。	1979	10月16日「釜馬抗爭」爆發，反對朴正熙「維新體制」；中央情報部長金載圭與總統侍衛長車智澈鬥爭，10月26日金載圭槍殺朴正熙，維新體制落幕；12月12日全斗煥發動政變掌握軍權。
2月28日中午林宅血案發生，林義雄痛失母親及兩名雙胞胎女兒。	1980	5月18日～5月27日光州人反獨裁政權，全斗煥下令鎮壓「光州抗爭」造成大量人員死傷，至少二百零九人死亡，四千三百多人輕重傷。
7月發生陳文成命案，臺灣的恐怖政治讓社會風聲鶴唳。	1981	
軍情局雇用黑道赴美殺人，發生江南命案。	1984	
社會抗爭從環保運動開始，接著農民、勞工運動，在戒嚴下打著「自力救濟」名義，由下而上從事「反政府活動」。	1985	五大工業國簽署「廣場協定」強迫日圓升值，臺韓因而受惠，中產階級大量興起，獨裁政權無法再高壓統治。
9月28日民進黨在戒嚴下非法成立。	1986	數萬人參與「五三仁川民主大抗爭」，成為隔年「六月抗爭」的導火線。漢城亞運會成功舉辦，兼具為1988漢城奧運暖身的目的。
「二二八和平日促進會」成立；7月15日蔣經國在「由下而上」的人民抗爭壓力下，被迫解除長達三十八年的戒嚴。	1987	1月朴鍾哲遭水刑求致死；4月爆發權仁淑被性刑求。6月9日李韓烈遭催淚彈擊中身亡；六一〇被稱為「韓國民主化紀元日」。六月抗爭迫使盧泰愚向民意投降，宣布《六二九民主化宣言》。
民主化後的發展		
1月13日蔣經國死亡，李登輝繼位，臺灣揭開民主化序幕。	1988	民選的盧泰愚總統上任，成為軍事政權轉型民主化的過渡階段；漢城奧運成功舉辦。
鄭南榕為爭取100%言論自由自焚身亡；據稱是受到全泰壹影響。	1989	打破禁忌，辦理首次「濟州四三追慕祭」。
3月爆發「野百合學運」，是國民政府遷臺後最大規模學運。	1990	盧泰愚總統策動朝野三黨合併，孤立金大中的政黨；10月與蘇聯建交。
廢除「動員戡亂時期臨時條款」，臺灣民主邁入新階段；行政院公佈《「二二八事件」研究報告》；修正刑法第100條不再以言論入罪，成為100%言論自由的國家。	1991	南北韓同時加入聯合國。
	1992	8月24日盧泰愚政府與中國建交，同時與臺灣斷交，對臺灣的欺瞞與背信成為臺灣人「反韓」的根源；金泳三當選總統，次年2月上任，為三十二年來首位文人總統。

李登輝總統正式向二二八事件受難者道歉。	1995	韓國國會通過永遠可以追訴的「五一八民主化運動特別法」、「破壞憲政秩序犯罪之公訴時效特別法」。
第一次總統直接選舉，真正落實「主權在民」。	1996	全斗煥及盧泰愚等人因「雙十二政變」與屠殺光州被起訴並判處重刑。
臺北二二八紀念館開館。	1997	5 月 18 日成為法定紀念日，藉以紀念五一八民主化運動；9 月爆發金融危機，IMF 紓困 584 億美元。12 月金大中當選總統，首次政黨輪替。
臺灣完成首次政黨輪替。	2000	南北韓雙方領導人首次高峰會後 6 月 15 日簽署《南北共同宣言》。
立法院制訂通過公民投票法。	2003	濟州四三真相調查報告書公布，盧武鉉以總統身分首次為事件道歉。
《二二八事件責任歸屬研究報告》出版。	2006	
二二八國家紀念館揭牌；〈二二八條例〉中「補償」改為「賠償」。	2007	濟州四三研究所、光州五一八紀念財團與臺灣二二八事件紀念基金會簽署備忘錄。
11 月初，中國「海協會」會長陳雲林訪台，警方過度鎮壓示威學生，引發「野草莓學運」。	2008	濟州四三事件六十週年；濟州四三和平紀念館開館營運。
二二八國家紀念館開館營運。	2011	聯合國教科文組織認定五一八民主化運動文物為世界紀錄遺產。
反媒體壟斷大遊行。	2012	
軍中人權蹂躪事件引發二十五萬年輕人凱道大示威。	2013	
因反對三十秒通過「服貿協定」，3 月 18 日太陽花學運爆發。	2014	4 月 3 日成為法定紀念日以紀念濟州四三犧牲者；4 月 16 日發生世越號船難，三百零四人罹難。
7 月反課綱微調學生衝進教育部，一週後參與者林冠華自殺。	2015	
蔡英文當選總統，第三次政黨輪替。	2016	10 月下旬爆發「閨密干政」事件，引發「燭光革命」大示威，朴槿惠總統被國會彈劾、憲法裁判所罷免，隔年三月底被收押起訴；5 月文在寅當選總統。
民進黨在地方選舉中慘敗。韓國瑜異軍突起，掀起「韓流」旋風。5 月國家人權博物館開幕。	2018	
5 月立法院通過同性婚姻法制化，為亞洲首例。6 月「反親中媒體大遊行」。	2019	撤銷十八名濟州四三受難者有罪判決記錄，七十一年冤屈終獲平反，因查獲五一八新事證，同年重新刑事起訴全斗煥。
蔡英文當選連任；韓國瑜被罷免高雄市長。	2020	光州民主化運動四十週年，持續調查真相，追究加害者責任。

大事年表

384	摩羅難陀由東晉至百濟，枕流王迎之，翌年建寺於漢山，佛教傳入百濟。
427	高句麗長壽王遷都平壤。
475	高句麗攻百濟，殺蓋鹵王，百濟遷都熊津。
503	新羅制定國號稱王。
598	高句麗掠遼西地，隋遣水陸大軍三十萬伐之，無功而返。
611	隋煬帝率大軍親征高句麗，大敗而回。
613	煬帝再伐高句麗，因國內叛變而回。
644	唐太宗以高句麗王淵蓋蘇文無道，伐之。
645	唐軍攻陷遼東諸城，久圍安市城不下，無功返。
650	新羅真德女王奉唐為正朔。
660	唐高宗遣蘇定方聯合新羅伐百濟，俘義慈王，滅之。
661	蘇定方伐高句麗，久圍平壤不下。
667	唐復遣李勣、薛仁貴聯合新羅伐高句麗。
668	高句麗滅，唐於平壤設遼東都護府治之。
675	新羅敗唐將薛仁貴併百濟故土。
677	唐冊封寶藏王為遼東都督朝鮮王，徙遼東都府於遼東新城，新羅取得高句麗故土，統一三國。
685	新羅定九州及五小京之制。
757	新羅郡縣制仿唐制。
765	新羅惠恭王即位。
768	新羅角干大恭叛亂，史稱「角干之亂」。
780	新羅金志貞發動叛變，惠恭王被弒。金良相平定後繼位。
822	新羅發生金憲昌之亂。
825	新羅發生梵文之亂。

892	甄萱起兵稱王，國號後百濟，殺新羅景哀王。
916	契丹耶律阿保機建國，國號遼。
918	後高句麗太祖王建立國。
926	契丹滅渤海國與高麗接壤。
936	高麗統一朝鮮半島。
956	高麗實施奴婢按檢法。
958	高麗實施科舉制度。
960	高麗制定百官服色。
993	契丹遣蕭遜寧率軍渡鴨綠江侵高麗。
1010	遼聖宗率軍親征高麗，佔開京。
1115	女真族完顏阿骨打統一全族，稱帝，國號大金。
1126	高麗受金冊封。高麗發生李資謙之亂，翌年為武將拓俊京平定。
1135	高麗發生妙清謀反事件。
1170	高麗將軍鄭仲夫等人發動兵變，史稱「庚寅之亂」或「武臣政變」。
1172	高麗昌州、成州、鐵州各地發生民變。
1176	高麗忠清道公州「鳴鶴所」發生「亡伊」、「亡所伊」叛變。
1193	高麗發生金沙彌與孝心之亂。
1196	高麗將軍崔忠獻殺李義旼掌握政權，開啟「崔氏政權」。獨斷集權時代，前後四代，歷時六十餘年。
1218	蒙古與高麗定約，蒙古年遣受貢使至高麗受貢。
1225	蒙古受貢使歸國時遭殺害。
1227	日本海盜侵擾高麗沿海。
1231	蒙古問罪高麗，高麗王請和，蒙古於高麗置官監督行政。

1232	蒙古再次興兵，高麗遷都江華島。蒙古陷開京、漢陽山城。於處仁城一役為高麗將領擊退。
1234	高麗出版以金屬活字印刷而成之《詳定古今禮文》。
1258	高麗崔氏政權倒臺，與蒙古締結和約。
1274	蒙古與高麗合作第一次攻打日本。
1281	蒙古二次東征日本。
1370	高麗遣使明朝。
1392	高麗將領李成桂篡位自立。明太祖封李成桂為朝鮮王。李氏朝鮮開國。
1394	朝鮮興建景福官為遷都預做準備。
1419	日本海盜侵擾平息。
1443	與日本對馬地區宗主簽定《癸亥條約》。
1446	創製「訓民正音」，為韓國文字之濫觴。
1453	朝鮮完成《高麗史》。白雲洞書院建立，為最早賜額書院。
1455	朝鮮端宗叔父首陽大君發動政變，成功，稱世祖。
1470	朝鮮頒布《經國大典》。
1498	戊午士禍。
1504	甲子士禍。
1506	朝鮮燕山君欲廢韓文遭大臣反對，被黜。中宗繼位。
1512	與日本訂立《壬申條約》，重開貿易。
1519	己卯士禍。
1545	乙巳士禍。
1555	倭寇犯全羅道，為「乙卯倭變」。
1592	豐臣秀吉遣軍十五萬攻打朝鮮，史稱「壬辰倭亂」。朝鮮遣使向明求援。

1593	明將李如松率五萬軍隊援朝鮮，同時開始與日本議和。
1597	談判破裂，戰事復起，稱「丁酉再亂」。
1598	豐臣秀吉病死，日本退出朝鮮。
1609	日朝議和，簽訂《己酉條約》。
1616	女真族努爾哈赤建國，國號後金。
1627	「丁卯胡亂」後金派兵入侵朝鮮。朝鮮遣使求和訂「兄弟之盟」。
1678	鑄錢幣「常平通寶」。
1680	「庚申大黜陟」。
1735	首次頒布禁教令。
1801	大規模鎮壓天主教徒，史稱「辛酉邪獄」。
1811	洪景來之亂。
1836	法籍神父自中國偷渡入朝鮮。
1839	再次大規模鎮壓逮捕天主教徒。
1860	崔齊愚創始宣揚東學。
1862	晉州民亂。
1864	興宣大院君掌權。崔齊愚遭處死，朝鮮政府鎮壓東學。
1866	下達對天主教的鎮壓令，史稱「丙寅邪獄」。為此，法國派遣軍艦攻入漢江，史稱「丙寅洋擾」。
1871	美艦砲擊江華島，史稱「辛未洋擾」。
1873	朝鮮大院君退隱。
1875	日艦雲揚號砲擊江華島。
1876	朝鮮與日本訂立《丙子修好條約》或稱《江華條約》。
1882	朝鮮發生壬午軍亂，清朝派丁汝昌前往平亂，逮捕大院君。
1884	甲申政變。三日後為清朝袁世凱所平。

1885	朝鮮、日本締結《漢城條約》。中日為韓國問題訂《天津條約》。
1894	朝鮮爆發東學農民運動。日清同時派兵。7月發生日清（甲午）戰爭，清朝戰敗，與日議和。
1895	清朝與日本簽訂《馬關條約》，承認朝鮮獨立。日本策動「乙未事變」，閔妃被刺身亡。
1896	俄國大使韋貝與朝鮮親俄派聯合殺害親日內閣大臣。並且將國王從皇官移至俄使館，史稱「俄館播遷事件」。
1897	朝鮮獨立，改國號「大韓帝國」。
1904	日俄戰爭爆發。日本迫韓國簽訂「日韓議定書」。
1905	日俄議和，簽訂《樸茲茅斯條約》，俄國承認日本對朝鮮有指導、保護、監理之權。同年，日本派伊藤博文締結保護條約，即《乙巳保護條約》，剝奪韓國外交權。
1907	海牙和會密使事件，日人迫高宗退位，讓位於太子純宗，並簽訂《丁未條約》，日本取得干涉內政權利。
1910	伊藤博文遭韓愛國志士安重根刺殺。日、韓簽署《合併條約》，改大韓帝國為朝鮮，李氏朝鮮滅亡。
1919	三一獨立運動爆發，韓國臨時政府於上海成立。
1922	左派青年於漢城組織「漢城青年會」。
1925	朝鮮共產黨成立。
1926	朝鮮最後一位國王純宗去世，於6月10日出殯，發生「六‧十萬歲運動」。
1929	光州學生運動。
1932	韓「愛國團」派遣尹奉吉至上海虹口公園投擲炸彈，殺死日本白川大將，嫌犯當場被捕，遭處死。

1940	太平洋戰爭爆發。日本政府禁止韓人以韓文創作。
1943	中美英召開「開羅會議」確定韓國問題處理方針。
1945	日本投降，大戰結束，韓國結束三十六年之殖民統治。9月2日，美軍統帥麥克阿瑟宣布以北緯38度為界，美蘇分佔南北韓。10月10日朝鮮勞動黨成立（即北韓共產黨）。12月28日美英蘇三國於莫斯科達成「韓國託治五年」之協議。
1947	聯合國大會通過「韓國普選案」、「朝鮮臨時委員會設置案」、「政府成立後美蘇兩軍撤退案」等決議。濟州爆發「三一節開火事件」。
1948	「三一節開火事件」引發4月3日濟州島民起義，是為「濟州四三事件」。漢城舉行選舉，國民議會成立。7月選出李承晚為第一任大統領，李始榮為副大統領。8月15日，大韓民國第一共和成立。9月9日金日成於平壤宣布「朝鮮人民民主主義共和國」成立，朝鮮半島正式分裂。12月，聯合國大會投票承認大韓民國政府為唯一合法政府。
1950	6月25日北韓軍隊過38度線，韓戰爆發。7月，聯合國通過制裁北韓案，美軍參戰。7月25日美軍在忠清南道永同郡老斤里展開屠殺，三百多名無辜民眾受難。9月，聯軍登陸仁川。11月中共志願軍參戰協助北韓，戰事逆轉。
1951	7月20日停戰協商展開。
1952	8月5日，南韓舉行首次總統直選，李承晚當選總統。
1953	7月27日北韓、中共與聯軍於板門店簽署停戰協定。
1960	3月李承晚於競選時舞弊，引發漢城學生暴動的「四一九

學生革命」。李承晚下臺避居夏威夷。8 月選出尹潽善為
大統領，稱「第二共和」。

1961　張都暎發動「五一六」政變。7 月，朴正熙逮捕張，自任
最高議會議長。

1963　朴正熙當選總統，「第三共和」成立。

1970　成衣廠工人全泰壹自焚喚起勞工意識，引發此後二十多
年工運勃興。

1971　朴當選第七任總統，12 月宣布國家進入緊急狀態。

1973　朴正熙發表《六二三宣言》，宣布對中共、北韓及蘇聯開
放門戶。

1978　朴正熙當選第九任總統。

1979　10 月 16 日至 19 日發生「釜馬民主抗爭」；10 月 26 日朴
正熙被刺，結束十八年獨裁統治。全斗煥趁亂發動「雙
十二政變」奪權。

1980　5 月爆發光州事件，死者 202 人、輕重傷 4300 多人。8
月，全斗煥就任第十一任總統。

1981　2 月，全斗煥當選第十二任總統，「第五共和」開始。

1987　北韓女間諜金賢姬爆破韓航班機。盧泰愚當選第十三任
總統，「第六共和」開始。

1988　奧運於漢城舉行。

1990　南韓與蘇聯建交。
史上僅見的朝野三黨合併，孤立百濟人金大中。

1991　南北韓以個別會員國身份同時加入聯合國。

1992　南韓與中共建交。

1993　金泳三當選第十四屆總統，為三十一年來首位文人總統。

　　　　　　3 月，北韓因為核武檢查問題與美國發生摩擦，宣布退出
　　　　　　《禁止核武擴散條約》，東北亞緊張態勢升高。

1997　　　東亞爆發金融危機，南韓尋求 IMF 紓困。12 月金大中接
　　　　　　任總統。

2000　　　南北韓元首金大中與金正日在平壤舉行歷史性高峰會，
　　　　　　金大中因而獲得當年的諾貝爾和平獎。

2002　　　南韓與日本共同舉辦世界盃足球賽。12 月盧武鉉當選總
　　　　　　統，結束「三金」老人政治。

2004　　　國會彈劾盧武鉉，總統被停職兩個月。國會大選後執政
　　　　　　黨大勝，憲法法庭駁回彈劾案，盧武鉉總統復行視事。

2006　　　7 月，北韓對日本海發射七枚飛彈，10 月核子試爆，震
　　　　　　驚世界。

2007　　　右翼保守的李明博當選總統，終結十年的自由進步路線。

2008　　　美國宣布將北韓從「援恐國家」除名。

2009　　　5 月，北韓再度核子試爆。前總統盧武鉉不堪司法追殺的
　　　　　　羞辱，5 月 23 日跳懸崖自殺以明志。8 月 18 日前總統金
　　　　　　大中病逝。

2010　　　3 月 26 日南韓「天安艦」在西海海域爆炸沈沒，南韓指
　　　　　　控是北韓，北韓嚴詞否認。10 月 10 日北韓勞動黨六十五
　　　　　　週年黨慶大會上，第三代領導人金正恩正式公開亮相，
　　　　　　三代世襲王朝的態勢底定。11 月 23 日北韓砲擊北方分界
　　　　　　線上的延坪島，造成二死二十傷。南北韓情勢陷入高度
　　　　　　緊張。

2011　　　12 月 17 日北韓領袖金正日逝世，三子金正恩接班，共產
　　　　　　國家首次出現三代世襲體制。

2012	8月10日李明博登上獨島，引發釣魚臺爭議的後遺症。12月12日北韓發射長程火箭「銀河3號」並順利進入軌道。12月19日新世界黨候選人朴槿惠擊敗民主統合黨的文在寅，成為南韓首任女總統。
2013	2月12日北韓第三次核子試爆；3月11日北韓片面宣布廢除1953年的《朝鮮停戰協定》；4月上旬北韓揚言發射飛彈，東北亞情勢再陷高度緊張。
2014	世越號船難造成三百零四人喪生或失蹤，朴槿惠政府的失能與不作為，引起全民憤怒。
2015	朴槿惠參加中國九三建軍節閱兵大典，引起美國不悅；在美國施壓下，與日本就慰安婦問題以十億日圓基金達成和解，但在國內引起爭議。
2016	10月下旬爆發崔順實「閨密干政」與貪腐醜聞，之後每週六的燭光示威，要求朴槿惠下野，對政局造成壓力。
2017	朴槿惠總統遭國會彈劾與憲法裁判所宣判罷免，旋即被收押調查，二審重判32年徒刑。5月9日文在寅當選第十九任總統，隔天立即宣誓就職。
2018	4月舉行南北韓高峰會，發表《板門店宣言》，加強並改善兩韓關係。9月舉行平壤高峰會，兩韓簽署《平壤共同宣言》，以推動朝鮮半島無核化為共同目標。
2019	前總統李明博收賄侵占等罪嫌，被判處15年重刑。日本宣布管制三項半導體等高科技產品出口到南韓，並將南韓從貿易友好國家的「白名單」除名，兩國關係高度緊張；南韓要求協商1965年《日韓建交協定》，被日本拒絕，安倍首相批評南韓為「不守誠信的國家」。

2020	1月20日南韓出現首例Covid-19確診病例。6月9日北韓因不滿南韓默許脫北者團體空投反北韓文宣，宣布切斷與南韓的聯繫管道，6月16日北韓再炸毀由南韓出資建立的「南北共同聯絡事務所」，兩韓關係惡化。10月底前總統李明博遭最高法院判處十七年刑期定讞。
2021	1月前總統朴槿惠因收賄、濫用職權等罪名遭最高法院判處二十年徒刑定讞。7月23日總統文在寅因日韓的歷史問題及核廢水議題、日本駐韓公使不當發言等因素，拒絕出席東京奧運開幕典禮，日韓關係陷入僵局。7月27日南、北韓共同宣布重啟聯繫管道，兩韓恢復對話。

歷代主要帝王世系表

一、高句麗（西元前 37– 西元 668 年：28 代 705 年）

*括弧內數字為在位期間

高氏

1.東明王 ── 2.瑠璃王 ── 3.大武神王 ── 5.慕本王
(37–19)　　　(19–18)　　　(18–44)　　　(48–53)

　　　　　　　　　　── 4.閔中王 ── 6.太祖王
　　　　　　　　　　　　(44–48)　　　(53–146)

　　　　　　　　　　── 再　思 ── 7.次大王
　　　　　　　　　　　　　　　　　　(146–165)

　　　　　　　　　　　　　　── 8.新大王 ── 9.故國川王
　　　　　　　　　　　　　　　　(165–179)　　(179–197)

　　　　　　　　　　　　　　　　　　　　── 10.山上王
　　　　　　　　　　　　　　　　　　　　　　(197–227)

── 11.東川王 ── 12.中川王 ── 13.西川王 ── 14.烽上王
　　(227–248)　　(248–270)　　(270–292)　　(292–330)

　　　　　　　　　　　　　　　　　　　── 咄固 ── 15.美川王 ── 16.故國原王
　　　　　　　　　　　　　　　　　　　　　　　　(300–331)　　(331–371)

── 17.小獸林王
　　(371–384)

── 18.故國壤王 ── 19.廣開土王 ── 20.長壽王 ── 助多 ── 21.文咨明王
　　(384–391)　　(391–413)　　(413–491)　　　　　　(419–519)

── 22.安藏王
　　(519–531)

── 23.安原王 ── 24.陽原王 ── 25.平原王 ── 26.嬰陽王
　　(531–545)　　(545–559)　　(559–590)　　(590–618)

　　　　　　　　　　　　　　　　　　── 27.榮留王
　　　　　　　　　　　　　　　　　　　　(618–642)

　　　　　　　　　　　　　　　　　　── 太陽 ── 28.寶藏王
　　　　　　　　　　　　　　　　　　　　　　　　(642–668)

二、百濟（西元前 18– 西元 660 年：31 代 675 年）

扶餘氏

```
 1.溫祚王 ── 2.多婁王 ── 3.己婁王 ── 4.蓋婁王 ─┐
(18–28)      (28–77)     (77–128)    (128–166)   │
┌──────────────────────────────────────────────┘
│
├─ 5.肖古王 ──────────── 6.仇首王 ──────────── 7.沙伴王 ─┐
│ (166–214)              (214–234)              (234)     │
│                                                          │
└─ 8.古爾王 ── 9.責稽王 ── 10.汾西王 ── 12.契王    11.比流王 ─┐
  (234–286)   (286–298)   (298–304)   (344–346)   (304–344)  │
┌────────────────────────────────────────────────────────────┘
│
├─ 13.近肖古王 ── 14.近仇首王 ─┬ 15.枕流王 ── 17.阿莘（華）王 ─┐
│ (346–375)       (375–384)    │ (384–385)    (392–405)        │
│                              │                                │
│                              └ 16.辰斯王                       │
│                                (385–392)                      │
┌────────────────────────────────────────────────────────────────┘
│
├─ 18.腆支王 ── 19.久爾辛王 ── 20.毗有王 ── 21.蓋鹵王 ─┐
│ (405–420)    (420–427)      (427–455)    (455–475)   │
┌──────────────────────────────────────────────────────┘
│
├─ 22.文周王 ── 23.三斤王
│ (475–477)    (477–479)
│
└─ 昆支 ──────── 24.東城王 ── 25.武寧王 ── 26.聖王 ─┐
               (479–501)    (501–523)    (523–554)  │
┌───────────────────────────────────────────────────┘
│
├─ 27.威德王
│ (475–477)
│
└─ 28.惠王 ── 29.法王 ── 30.武王 ── 31.義慈王
  (598–599)  (599–600)  (600–641)  (641–660)
```

三、新羅（西元前 57– 西元 935 年：56 代 992 年）

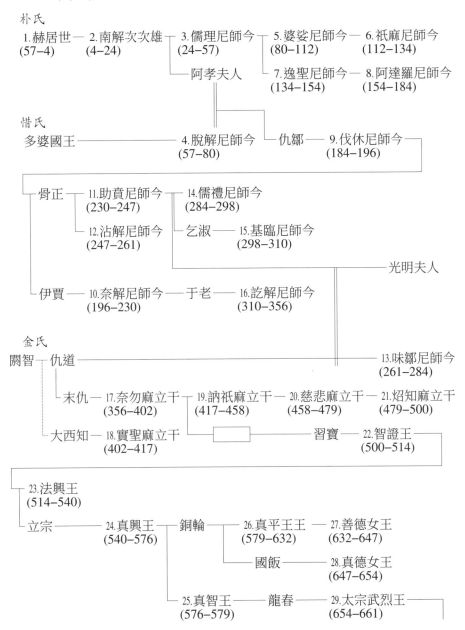

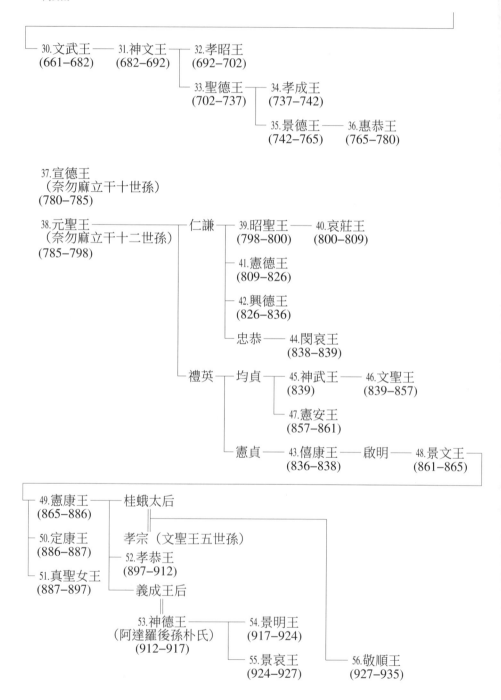

四、渤海（西元 699–926 年：15 代 228 年）

金氏

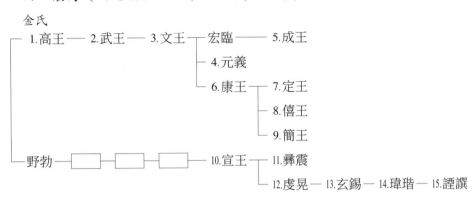

五、高麗（西元 918–1392 年：34 代 475 年）

王氏

```
1.太祖————— 2.惠宗
(918–943)     (943–945)

           ┌ 3.定宗
           │ (945–949)
           │
           ├ 4.光宗————— 5.景宗————— 7.穆宗
           │ (949–975)    (975–981)    (997–1009)
           │
           ├ 旭（戴宗）— 6.成宗
           │             (981–997)
           │
           └ 郁（安宗）— 8.顯宗
                         (1009–1031)
```

```
┌ 9.德宗
│ (1031–1034)
│
├ 10.靖宗
│ (1034–1046)
│
└ 11.文宗————┬ 12.順宗
  (1046–1083) │ (1083)
              │
              ├ 13.宣宗————— 14.獻宗
              │ (1083–1094)   (1094–1095)
              │
              └ 15.肅宗————— 16.睿宗————— 17.仁宗
                (1095–1105)   (1105–1122)   (1122–1146)
```

```
┌ 18.毅宗
│ (1146–1170)
│
├ 19.明宗————— 22.康宗————— 23.高宗————— 24.元宗————— 25.忠烈王
│ (1170–1197)   (1211–1213)   (1213–1259)   (1259–1274)   (1274–1308)
│
└ 20.神宗————┬ 21.熙宗
  (1197–1204) │ (1204–1211)
              │
              └ 襄陽公————— 始安公·········· 34.恭讓王
                                            (1389–1392)
```

```
└ 26.忠宣王————┬ 27.忠肅王————┬ 28.忠惠王————┬ 29.忠穆王
  (1308–1313)   │ (1313–1330;   │ (1330–1332;   │ (1344–1348)
                │ 復位           │ 復位           │
                │ 1332–1339)     │ 1339–1344)     └ 30.忠定王
                │                │                  (1348–1351)
                │                │
                └ 31.恭愍王————— 32.禑王————— 33.昌王
                  (1351–1374)     (1374–1388)   (1388–1389)
```

六、朝鮮（西元 1392–1910 年：27 代 518 年）

李氏

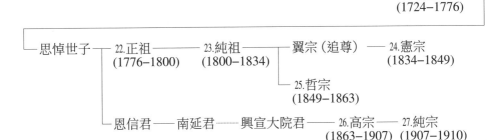

```
1.太祖 ——┬── 2.定宗
(1392–1398) │   (1398–1400)
          │
          └── 3.太宗 —————— 4.世宗 ——┬── 5.文宗 —————— 6.端宗
              (1400–1418)   (1418–1450) │   (1450–1452)   (1452–1455)
                                        │
                                        └── 7.世祖 ——┬── 德宗（追尊）
                                            (1455–1468) │
                                                        └── 8.睿宗
                                                            (1468–1469)

┌── 9.成宗 ——┬── 10.燕山君
│   (1469–1494) │   (1494–1506)
│              │
│              └── 11.中宗 ——┬── 12.仁宗
│                  (1506–1544) │   (1544–1545)
│                             │
│                             ├── 13.明宗
│                             │   (1545–1567)
│                             │
│                             └── 德興大院君 —————— 14.宣祖 ——┬── 15.光海君
│                                                   (1567–1608) │   (1608–1623)
│                                                               │
│                                                               └── 元宗（追尊）

┌── 16.仁祖 —————— 17.孝宗 —————— 18.顯宗 —————— 19.肅宗 ——┬── 20.景宗
│   (1623–1649)   (1649–1659)   (1659–1674)   (1674–1720) │   (1720–1724)
│                                                         │
│                                                         └── 21.英祖
│                                                             (1724–1776)

└── 思悼世子 ——┬── 22.正祖 —————— 23.純祖 ——┬── 翼宗（追尊） —— 24.憲宗
               │   (1776–1800)   (1800–1834) │                    (1834–1849)
               │                            │
               │                            └── 25.哲宗
               │                                (1849–1863)
               │
               └── 恩信君 —— 南延君 ┄┄┄ 興宣大院君 —— 26.高宗 —— 27.純宗
                                                        (1863–1907) (1907–1910)
```

參考書目

中文部分：

清‧馬建忠著，《東行三錄》，上海：神州國光社，1952 年。

李丙燾著，許宇成譯，《韓國史大觀》，臺北：正中書局，民國 50 年。

胡春惠著，《韓國獨立運動在中國》，臺北：史料研究中心，民國 65 年。

邵毓麟著，《使韓回憶錄》，臺北：傳記文學出版社，民國 69 年。

朱立熙著，《漢江變》，臺北：時報出版公司，民國 78 年。

朱立熙著，《再見阿里郎》，臺北：克寧出版社，民國 82 年。

蔡茂松著，《韓國近世思想文化史》，臺北：東大圖書公司，民國 84 年。

簡江作著，《韓國史》，臺北：五南圖書出版公司，民國 87 年。

韓文部分：

鄭世鉉著，《抗日學生民族運動史研究》，漢城：一志社，1975 年。

朴成壽著，《獨立運動史研究》，漢城：創作與批評社，1980 年。

成滉鏞著，《日本의對韓政策》，漢城：明知社，1981 年。

旗田巍著，李元浩譯，《日本人의韓國觀》，漢城：探求堂，1981 年。

李在五著，《解放後韓國學生運動史》，漢城：形成社，1984 年。

韓國歷史研究會著，《韓國歷史》，漢城：歷史批評社，1992 年。

河一植著，《年表와寫真으로보는韓國史》，漢城：日光社，1998 年。

河炫綱著，《韓國의歷史》，漢城：新丘文化社，2000 年 18 刷。

李榮薰著，《大韓民國이야기》，首爾：圖書出版기파랑，2008 年新版。

日文部分：

尹景徹著，《分斷後の韓國政治》，東京：木鐸社，1986 年。

李庭植著，小此木政夫譯，《戰後日韓關係史》，東京：中央公論社，
　　1989 年。

朝鮮史研究會編，《朝鮮の歷史》，東京：三省堂，1995 年新版。

英文部分：

Cumings, Bruce, *Korea's Place in the Sun*, W.W. Norton & Company,
　　New York, 1997.

Lee, Ki-baek, etc., *Korea Old and New, A History*, Ilchokak Publishers,
　　Seoul, 1990.

圖片出處：公有領域：1, 2, 3, 5, 10, 15, 17, 18, 22, 23, 24, 25, 27, 28；美
　　聯社：41；路透社：42, 44；歐社新：43。

在字裡行間旅行，
實現您 周遊列國 的夢想

國別史叢書

國別史叢書

印尼史——異中求同的海上神鷹

印尼是一個多元、複雜的國家——不論在地理或人文上都是如此。印尼國徽中，神鷹腳下牢牢地抓住 "Bhinneka Tunggal Ika" 一句古爪哇用語，意為「形體雖異，本質卻一」，也就是「異中求同」的意思。它似乎是這個國家最佳的寫照：掙扎在求同與存異之間，以期鞏固這個民族國家。

伊朗史——創造世界局勢的國家

曾是「世界中心」的伊朗，如今卻轉變成負面印象的代名詞，以西方為主體的觀點淹沒了伊朗的聲音。本書嘗試站在伊朗的角度，重新思考那些我們習以為常的觀念與說法，深入介紹伊朗的歷史、文化、政治發展。伊朗的發展史，值得所有關心國際變化的讀者深入閱讀。

阿富汗史——戰爭與貧困蹂躪的國家

歷經異族入侵、列強覬覦，阿富汗人民建立民族國家，在大國夾縫中求生存，展現堅韌的生命力。然而內戰又使阿富汗陷於貧困與分裂，戰火轟隆下，傷痕累累的阿富汗該如何擺脫陰影，重獲新生？

以色列史——改變西亞局勢的國家

本書聚焦於古代與現代以色列兩大階段的歷史發展，除了以不同角度呈現《聖經》中猶太人的歷史及耶穌行跡之外，也對現代以色列建國之後的阿以關係，有著細膩而深入的探討。

南非史——彩虹之國

南非經歷了長久的帝國殖民與種族隔離後，終於在1990年代終結不平等制度，完成民主轉型。雖然南非一路走來如同好望角的舊稱「風暴角」般充滿狂風暴雨，但南非人期待雨後天晴的日子到來，用自由平等照耀出曼德拉、屠圖等人所祈願的「彩虹之國」。

奈及利亞史——分崩離析的西非古國

奈及利亞，這個被「創造」出來的國家，是歐洲帝國主義影響下的歷史遺緒。國內族群多元且紛雜，無法形塑國家認同、凝聚團結意識；加上政治崩壞、經濟利益瓜分不均，使得內戰不斷、瀕臨分崩離析的局面。今日的奈及利亞，如何擺脫泥沼，重展非洲雄鷹之姿？

國家圖書館出版品預行編目資料

韓國史：悲劇的循環與宿命／朱立熙著.－－增訂七
版一刷.－－臺北市：三民，2021
　　　面；　　公分.－－（國別史叢書）

　　ISBN 978-957-14-7305-5 （平裝）
　　1. 歷史 2. 韓國

732.1　　　　　　　　　　　　　　110016068

國別史

韓國史──悲劇的循環與宿命

作　　　者	朱立熙
發 行 人	劉振強
出 版 者	三民書局股份有限公司
地　　　址	臺北市復興北路 386 號 (復北門市) 臺北市重慶南路一段 61 號 (重南門市)
電　　　話	(02)25006600
網　　　址	三民網路書店 https://www.sanmin.com.tw
出版日期	初版一刷 2003 年 7 月 增訂六版一刷 2019 年 11 月 增訂七版一刷 2021 年 11 月
書籍編號	S730140
I S B N	978-957-14-7305-5

三民書局